José Antonio Marina

W0330557

Ética para náufragos

EDITORIAL ANAGRAMA
BARCELONA

Portada:
Julio Vivas
Ilustración: «Reverberation», Kenneth Noland, 1961,
colección Kimiko y John Powers, Colorado

© EDITORIAL ANAGRAMA, S.A., 1995
Pedró de la Creu, 58
08034 Barcelona

ISBN: 84-339-1389-1
Depósito Legal: B. 1432-1995

Printed in Spain

Libergraf, S.L., Constitució, 19, 08014 Barcelona

A Pilar

INTRODUCCIÓN

Estoy frente al mar que se luce bajo el sol pavoneándose. Este resplandeciente lugar batido por todos los vientos y por el aupado sonido de las olas no parece adecuado para hablar de ética. Tenemos el runrún de que la moral sólo puede medrar en aires clausurados de catacumba o celda, como los mohos. Moral entona mejor con el color morado, de medio luto, que con este azul ensoberbecido y alegre. Mencionar palabras tan tremendas como *deber, norma, responsabilidad, imperativo, categórico, falta* parece antinatural aquí, en el seno de esta naturaleza amable que nos brinda sus cálidas delicias y esa luz enjambrada entre las olas.

Frente a la costa está anclado un velero de tres palos que convierte el mar en un anacronismo y también en una invitación. ¡Navegar! ¡Qué gran metáfora del vivir inteligente! Ese barco que cabecea en el resol es una creación de la inteligencia humana para aprovechar a su favor las fuerzas que están en su contra, y apoderarse así del mar. Un buen timonel sabe navegar contra el viento sirviéndose del empujón del viento al que ha confundido previamente entre las velas. El viento extraviado sale por donde puede, que es por donde el navegante quiere. Ese hábil navegar dando bordadas, ciñéndose de una amura y luego de otra, en un zigzag que engaña a las olas y que a mí me recuerda lo que Hegel llamaba *astucia de la razón*, le permite avanzar a barlovento, plantando cara al aire encrespado, que es lo que antes o después tenemos que hacer todos. Navegar es una victoria de la voluntad sobre el determinismo. Como escribió el sentencioso Séneca: «El buen piloto aun con la vela rota y desarmado y todo, repara las reliquias de su nave para seguir su ruta.»

¿Por qué, entonces, no escribir una *ética para navegantes?* Eso habría podido hacerlo Séneca, supongo, pues escribió otra frase muy hermosa y muy engreída: «Náufrago fui, antes que navegante.» Y quizá también el pobre Nietzsche, que varado en los peñascos de la alta Engadina y en su aflicción soñaba con singladuras arriesgadas. Yo no doy para tanto. Si acaso podría decir: Náufrago soy, ¡ay, quién fuera navegante! Y barrunto que ésa es también la situación del lector, si bien lo mira. Así que no navegamos en el mismo barco sino que braceamos en el mismo mar.

Este libro es un manual de supervivencia para náufragos; lo que a las claras o a las oscuras deberían ser todos los libros de ética. Los temas que trata son fáciles de enunciar y menos fáciles de resolver. No son más que tres: cómo mantenerse a flote, cómo construir una embarcación y gobernarla, cómo dirigirse a puerto. La obra es también un tratado de ética constituyente, pero sobre esto guardaré por ahora absoluta reserva.

Sobrevivir, navegar, elegir rumbo son los decisivos niveles éticos. Hay una ética de la supervivencia, una ética de la felicidad y una ética de la dignidad. No haberlas distinguido ha supuesto mezclar sin orden ni concierto problemas de distintas procedencias y soluciones con desiguales garantías. Ni todo es igual de seguro ni todo es igual de importante en moral, y mientras no deslindemos responsabilidades y desenredemos la maraña, los problemas, conceptos y teorías éticas presentarán el aspecto torpemente selvático de un jardín abandonado.

Este libro de ética es la continuación de una teoría de la inteligencia creadora. Vamos a hablar, pues, de creación. Tengo las estanterías llenas de libros sobre creatividad que analizan las grandes invenciones de la humanidad, desde el tenedor (Weber, R. J.: *Forks, Phonographs, Hot Air Balloons*, Oxford University Press, Nueva York, 1992) hasta la síntesis de los diamantes (Weber, R. J., y Perkins, D. N.: *Inventive Minds*, Oxford University Press, Nueva York, 1992), desde *Cumbres borrascosas* (Kavaler-Adler, S.: *The Compulsion to Create*, Routledge, Nueva York, 1993) hasta la teoría de la evolución (Gruber, H. E.: *Darwin so-*

bre el hombre, Alianza, Madrid, 1984). En este carrusel de brillantes invenciones no aparece por ninguna parte la creación moral. Sólo en el reciente libro de Howard Gardner (*Creating Minds*, Basic Books, Nueva York, 1993) se dedica un capítulo a Gandhi.

Confieso al lector que nunca había pensado que la ética pudiera ser la más inteligente creación de la inteligencia humana, hasta que no tuve más remedio que pensarlo. Lo tenía delante de mis narices pero no lo había visto. Nunca pensé escribir un libro de ética. Lo mío era la inteligencia creadora, y todavía me cuesta trabajo pensar que la ética no es el museo de las prohibiciones sino la máxima expansión de la creatividad humana. Es una ampliación de la vida y se encuentra por ello a sus anchas en esta mañana abierta, azul y tan brillante.

En este libro hago frecuentes referencias a mis dos obras anteriores: *Elogio y refutación del ingenio* y *Teoría de la inteligencia creadora.* Como los títulos son tan largos, los he reducido a siglas: ERI y TIC. Lo advierto para que cuando aparezcan estas expresiones el lector sepa que estoy refiriéndome a esos libros y no llamando a mis perros.

En TIC tuve la divertida experiencia de dialogar sobre bibliografía con un lector, y la he repetido. Me retracto de lo dicho. Decir que ha sido una repetición sería hacer de menos a una persona maravillosa. Luego lo comprenderán.

Mis alumnos de ética de 3º de BUP del Instituto de La Cabrera fueron los primeros en tener noticia de este libro. Aprobaron el título y les prometí que figurarían en la introducción. Cumplo lo prometido. Sus nombres son: Julián Callejo, Elena Díaz, Eva María Gil, Berta Madrigal, María Martínez, Emma Martín, Santiago Dávila, Diego Riesco, Sergio González y Soledad Montero.

Con este libro quiero sumarme a la celebración del XXV aniversario de la fundación de la Editorial Anagrama, y también agradecer a las personas que hay tras ese nombre –Jorge, Lali, María, Teresa, Carmen, Mónica y todos los demás– su incansable amabilidad.

I. LA INTELIGENCIA Y EL DESEO

1

«Muchos años después, frente al pelotón de fusilamiento, el coronel Aureliano Buendía había de recordar aquella tarde remota en que su padre lo llevó a conocer el hielo.» Así empieza la novela *Cien años de soledad*, y cuenta García Márquez que después de haber escrito esa primera frase se preguntó: «¿Y ahora qué carajo sigue?» Expresada en forma poco académica, ésa es la pregunta fundamental de la ética. Nuestras vidas no son los ríos que van a dar a la mar que es el morir. Lo dijo el poeta, pero ya se sabe que los poetas mienten mucho. Vivir es más parecido a escribir. La vida no discurre como un río, sino como una narración. Acto a acto contamos nuestra historia y en cada instante tenemos que decidir la frase que escribiremos a continuación, el proyecto, el argumento, el estilo.

Acabo de volver de la huerta. Ya han brotado los surtidores verdes de los ajos, los guisantes con sus minuciosos zarcillos y las poderosas patatas. Bajo el sol, las plateadas plantas de alcachofa muestran su enrevesada prestancia de capitel barroco. Sobre la áspera roca han florecido inverosímiles los minúsculos sédums. Descubrir su diminuta belleza es un acto creador: una enérgica oposición a las fuerzas de la gravedad y la miopía. Lo más fácil es pisarlos. Los lirios, en cambio, imponen briosamente su presencia, erizando de dulzura el paisaje reseco. Me gustaría describir la contradicción entre sus flores despeinadas y sus hojas cortantes. Parecen niñas jugando con espadas.

Tal vez el lector crea que estoy escribiendo una meditación poética sobre mi huerta, pero se engaña. Estoy haciendo una *me-*

ditación ética. ¿Por qué? Porque lo que he escrito no ha sido un arrebato sentimental, sino un voluntario intento de construir las torres altas del estilo y transfigurar la realidad inventando –encontrando– en ella esa posibilidad libre que es la belleza.

Hemos quedado en que vivir es como escribir: una sabia o torpe mezcla de determinismo e invención. El lenguaje nos impone sus estructuras fijas, sin remedio. Si no las aceptamos, escribir es una caprichosa e inútil gesticulación, pero si nos limitamos a seguir sus eficaces rutinas caemos en un automatismo indolente. La creación literaria sortea con habilidad ambos peligros y es por ello una bella metáfora del quehacer ético. Cada vez que producimos una frase expresiva, precisa, brillante, no mecánica ni casual ni ecolálica, estamos ejecutando un acto de libertad y alterando lujosamente las leyes físicas y psicológicas que rigen la caída de los graves. Encomendamos el control de nuestra acción a los valores elegidos. En fin, que mantener un buen estilo en el escribir o en el vivir es un alarde de talento creador.

Comenzar un libro de ética hablando de escribir bien no es una extravagancia sino una artimaña para recordar una verdad de perogrullo: que somos autores de nuestra biografía y nos pertenece el *copyright.* Aquí se acaba la metáfora y empieza la literalidad. El lector tiene derecho a decirme que no somos autores y que nuestras obras son hijas de la situación y del carácter. Puede aducir que las circunstancias –que son un determinismo exterior– y las pulsiones –que son un determinismo íntimo– dejan poco sitio a la libertad creadora, que no pasa de ser un breve hiato locuaz abrumado por tanta coacción. Pero cuanto más se empeñe en convencerme de ello, con más energía se está refutando, porque si quiere argumentar con brillantez, escogiendo la formulación más contundente, sosegando la impaciencia y buscando con tesón la claridad, estará negando con sus actos lo que sus conceptos pretenden demostrar.

Reconocernos como autores, a pesar de la confabulación de determinismo y azar que parece guiar nuestras vidas, es una de las principales tareas éticas. El hombre, que es un ser de empeños y claudicaciones, renuncia con facilidad a su condición de autor para convertirse en robot, plagiario o marioneta. O en río, como diría el poeta. Las rutinas nos aguardan siempre, ofreciéndonos un seno maternal, cálido y adormecedor, donde adoptar una postura fetal y descansar. Podemos abandonarnos a esos automatismos regresivos y luego quejarnos de su monotonía. Incluso puede ser delicioso cortarnos los pies y llorar después nuestra cojera, pero no se lo recomiendo al lector.

Todo esto tiene que ver con el título porque el náufrago, como el creador, necesita mantenerse a flote por sus propias fuerzas, uno en el estilo y el otro en la vida. En este sentido todos somos náufragos. «La vida es darme cuenta, enterarme de que estoy sumergido, náufrago en un elemento extraño a mí, donde no tengo más remedio que hacer siempre algo para sostenerme en él, para mantenerme a flote. Yo no me he dado la vida, sino, al revés, me encuentro en ella sin quererlo, sin que se me haya consultado previamente ni se me haya pedido la venia.» Así escribía Ortega, pensador nada quejicoso, la situación humana. Si el lector se siente, en este instante, ufano, alegre, altivo, enamorado, es decir, si tiene la suerte de habitar alguno de nuestros oasis vitales, pensará que el filósofo, a pesar de su reconocido optimismo, ha sucumbido a un ramalazo de melancolía, y, a subio en su bienestar, le costará admitir que todos seamos náufragos.

Pues lo somos y vivimos sosteniéndonos en vilo, a pulso, braceando o, como conté en mi libro anterior, *à la Münchhausen*, nombre que tomo del conocido lance de tan famoso farsante. El barón de Münchhausen contó que, habiendo caído en un peligroso pantano donde se hundía sin remedio; consiguió salvarse y salvar a su cabalgadura tirándose hacia arriba de los pelos. Algo tan extravagante tiene que hacer el hombre, como le explicaré con más detalle. El lenguaje da fe de ello acuñando palabras enigmáticas y magníficas, como *sobreponerse, superarse, aguantarse, sobrevivir,* hallazgos lingüísticos que nada tienen que envidiar a la excelencia de Nietzsche (por cierto, ese *ex* de ex-celencia es también notable) cuando hacía decir a Zaratustra: «Ahora me veo a mí mismo por debajo de mí.» (Ocultando tras el biombo del paréntesis el rubor que me produce mi pedantería, me atrevo a mencionar otras dos variantes de la misma metáfora. Séneca elogió a los esforzados hombres «que en sí propios hallaron el ímpetu y subieron en hombros de sí mismos», y San Buenaventura advirtió que cualquiera fracasaría «*nisi supra semetipsum ascendat*», si no se encaramaba sobre sí mismo). Los antónimos de esas palabras que he mencionado son aún más impresionantes: *hundirse, perderse, degradarse* y el tremendo *abandonarse*, del que después comentaré algo.

Creamos a fuerza de fuerzas. Mantenemos en vilo el orbe de los valores y de la dignidad humana, presto a desplomarse si claudicamos. Vivimos una *ética precaria.* Le ruego al lector, es decir a usted, que no lo olvide porque en este libro voy a pedirle su colaboración, y no en un sentido metafórico. Nos ponemos a salvo del gran sumidero en que puede convertirse el mar de la realidad. Crear es sacudir la inercia, mantener a pulso la libertad, nadar contracorriente, cuidar el estilo, decir una palabra amable, defender un derecho, inventar un chiste, hacer un regalo, reírse de uno mismo, tomarse muy en serio las cosas serias. Todo esto es el tema de la ética, que no es una meditación sobre el destino, sino una meditación sobre cómo burlarse del destino, es decir, del determinismo, de la rutina, de la maldad y del tedio. Epicuro también lo dijo: «Ser sabio es *reírse de la Fortuna*» (*D.L.*, X, 13). Y basta ya de citas.

2

Al náufrago le hacen nadar la inteligencia y el deseo, las mismas fuerzas que nos hacen construir civilizaciones y destruirlas, crear y abolir, emprender las tareas del amor o las tareas del odio. En ética conviene que tanto el autor como el lector piensen en primera persona y así lo hago: quiero saber a qué atenerme respecto de mí, quiero contarme bien mi vida, necesito saber qué hacer con los modelos morales que constituyen la herencia social, no quiero ni pagar el pato ni romper la baraja. No deseo vivir la inercia de una aceptación cuca ni la pirueta de un rechazo desmelenado. Si es posible la claridad en ética, por mí que no quede.

Gracián advirtió al náufrago: comience por sí mismo a saber, sabiéndose. «Hay mucho que saber, y es poco el vivir, y no se vive si no se sabe.» Tenía razón. Nuestra capacidad para inventar, sea una novela, nuestra vida o una ética, tiene que ser estudiada por la teoría de la inteligencia, que nos debe enseñar cuáles son los mecanismos, las posibilidades y los límites de tan asombrosa actividad. La inteligencia crea un ámbito vital en el que somos, nos movemos y existimos. Aprovechando el viejo tópico que compara la vida con una representación teatral, diré que la inteligencia es autora, actriz, directora y, además, constructora del escenario y del teatro entero. Sin conocer su funcionamiento, poco podemos conocer de la realidad y nada de la moral.

He definido la inteligencia humana como una inteligencia animal transfigurada por la libertad. Ambas, la inteligencia y la libertad, han crecido juntas en el proceso evolutivo y en el proceso biográfico. Lo que nos caracteriza es un modo nuevo de ejecutar las operaciones mentales que compartimos con otras criaturas. Percibir, relacionar, sentir, recordar, formar conceptos, calcular medidas, comparar valores, comunicarse con los semejantes, son operaciones mentales generosamente repartidas por todo el reino animal, que nos permiten evaluar la inteligencia de cada especie atendiendo a la perfección con que las realizan. También compartimos comportamientos como la conjura, las alianzas o las intrigas palaciegas, según ha mostrado Franz de Waal en su libro *La política de los chimpancés* (Alianza, Madrid, 1993). Hace algunos años, Jane Goodall nos había contagiado su pasmo ante la habilidad con que construyen herramientas los chimpancés, esos ingenieros *amateurs*, en *The Chimpanzees of Gombe* (Belknap, Cambridge, Massachusetts, 1986).

A pesar de tanta maravilla, en el animal, incluso las invenciones son rutinarias. Los hombres, por el contrario, habitan el reino de la desemejanza, de la falta de parecidos. La vida animal adolece de una gran monotonía, pues cada especie se caracteriza por un repertorio estable de actividades. Las abejas siguen construyendo sus panales con la perfección acostumbrada, las garzas bailan sin desalentarse las mismas danzas nupciales, y los chimpancés, que bajo la tutela humana demuestran sorprendentes habilidades lingüísticas, reducen drásticamente su elocuencia cuando se los deja a solas.

Si tenemos en cuenta las diferentes formas de vivir, de pensar, de sentir que han inventado los hombres; si atendemos a la variedad de sus obras desde las grandes sinfonías hasta el alfiler; si nos fijamos en los distintos modos de reaccionar y comportarse, en la crueldad y en la generosidad, o en las ricas taxonomías del amor, el desprecio o el odio, hemos de admitir que utilizando operaciones mentales análogas el hombre produce efectos heterogéneos. Como escribió Gracián: «Visto un león están vistos todos y vista una oveja todas, pero visto un hombre, no está visto sino uno, y aun ese no bien conocido.»

Gracián sin duda exageraba, pues sobre los seres humanos gravitan poderosas fuerzas que empujan a la homogeneidad y la masificación, alguna de las cuales he comentado en este libro. Una de las funciones de la moral es hacer predecible la conducta de los otros. Pero nada de esto ciega del todo la incesante emergencia de novedades, a veces no muy agradables, en que consiste la historia de la humanidad. Es, por supuesto, la claudicación de la inteligencia la que hace revivir en nosotros la querencia del rebaño o de la jauría.

La insondable brecha abierta entre el animal y el hombre se debe a una peculiaridad que a primera vista no parece muy importante: el ser humano sabe controlar hasta cierto punto sus operaciones mentales, lo que le permite controlar el flujo de información que interviene en su vida, dirigir la atención, programar sus movimientos, elegir lo que quiere aprender, construir conscientemente destrezas, decidir su comportamiento, inventar un estilo.

El lector sabe muy bien que las cosas no son tan simples y que la conciencia del hombre es siempre terreno disputado, porque a ella llegan ocurrencias de muy variada índole. Como dijo Spinoza, aquel sutil pulidor de lentes que con tanta perspicacia supo mirar, la esencia del hombre es el deseo, cosa que no debe olvidar quien quiera comprender la moral. Los deseos entran en la conciencia sin pedir permiso, como tropa bien armada, con banderas desplegadas y a tambor batiente. La inteligencia humana es una inteligencia deseante. Mejor aún, el hombre es un deseo inteligente. Ya lo dijo Aristóteles, que también osciló en la terminología, y tan pronto habló de *nous orektikós* (inteligencia deseante) como de *orexis dianoetiké* (deseo inteligente).

Iré un poco más lejos. El nivel más profundo de nuestra conciencia revela una instalación sentimental en la realidad. Sólo un control cuidadosamente aprendido y educativamente transmitido permite distinguir entre lo que conocemos y lo que sentimos. Dividimos el mundo en cosas y valores, olvidando que este comportamiento es tardío y sofisticado. En fin, que me atrevo a definir al ser humano como una *sentimentalidad inteligente*. Ahora mismo se lo explico al lector.

3

Mientras buscaba documentación para escribir el *Diccionario de los sentimientos*, me sorprendió comprobar que no debía buscarla en los textos de psicología, sino en los tratados de moral. Los grandes especialistas eran Aristóteles, Séneca, Tomás de Aquino, Descartes, Spinoza, Shaftesbury, Hume, Adam Smith, Scheler, Agnes Heller y gente así. Y lo eran por motivos muy serios: el sentimiento inaugura el ámbito de la moral.

El ingenioso Isaac Asimov propuso una ética para robots, compuesta de tres leyes. Primera: Un robot no puede herir a un ser humano ni permitir, con su inactividad, que pueda hacerse daño. Segunda: Un robot debe obedecer las órdenes emitidas por los seres humanos, excepto cuando dichas órdenes pudieran entrar en conflicto con la primera ley. Tercera: Un robot debe proteger su propia existencia mientras dicha protección no entre en conflicto con las leyes primera y segunda. Todos los robots serán sin duda virtuosos, porque no tendrán ningún motivo para no cumplir ese programa moral. Privados de sentimientos, estarán también privados de motivos. A los hombres, en cambio, las cosas, las acciones y el resultado de las acciones no nos son indiferentes. La división, antes de ser una de las cuatro reglas aritméticas, fue un estado del corazón humano. Cuando soñamos con la felicidad, soñamos con un estado sentimental. Luis Vives recomendó el estudio de «estos alborotos anímicos» para «poner remedio a tantos males y deparar medicina a enfermedades tan crueles como producen». No hay remedio: quien quiera hablar de ética tiene que saber qué hacer con estos alborotadores huéspedes de la conciencia.

Hay que tener cuidado, sin embargo, porque la tupida selva de los sentimientos puede ser el reino de irás y no volverás, tan difícil es analizar sus enredos. En TIC los he definido como «bloques de información integrada que incluyen valoraciones». Lo que llamamos sentimiento es el resultado consciente *—output—* de una laboriosa tarea de integración no consciente. Encontramos esta labor de síntesis en todos los niveles del procesamiento humano de la información. El análisis de los elementos aromáticos de la trufa arroja la suma de ochenta componentes. La unificación perceptiva de ese enjambre de estímulos la experimenta el sujeto como *olor a trufa.* Con los sentimientos ocurre otro tanto. Un número indeterminado de elementos páticos me hace sentirme bien, mal, eufórico o deprimido, poéticamente emocionado, patriótico, envidioso, aterrado. Ni el olor a trufa ni los valores existen fuera de estas integraciones, lo cual no significa que sean arbitrarias ficciones sin fundamento. La inteligencia posee, por herencia o por construcción, esquemas conceptuales y también esquemas sentimentales que le permiten asimilar los datos interpretándolos. El resultado de esa interpretación es el fenómeno consciente, que puede servir de índice para investigar, corriente subjetiva arriba, los secretos tejemanejes mentales de los que procede.

Los animales muestran unas conductas de acercamiento y huida que desde fuera interpretamos como experiencias de placer y dolor, deseos o aversiones. Conocemos buena parte de los mecanismos neuronales que determinan estos sucesos. Hace años que Olds Milner, Rodríguez Delgado y otros neurólogos descubrieron los centros cerebrales del placer, el dolor y la agresividad. El hombre no es una excepción y posee estructuras cerebrales análogas. Por su parte, los deseos son la elaboración cognitiva de las necesidades. Es difícil hacer un catálogo de las necesidades humanas, porque las inventamos sin parar. A título de ejemplo cito algunas listas con *pedigree* reconocido. Maslow las clasifica de la siguiente manera: 1) necesidades fisiológicas, 2) necesidades de seguridad, orden, legalidad y disciplina, 3) necesidad de pertenencia y amor, 4) necesidad de estimación, logro, respeto y aprobación, 5) necesidades de autorrealización.

Rof Carballo, recogiendo una rica tradición psicoanalítica y de medicina psicosomática, señala tres necesidades que el hombre tiene desde el comienzo de la vida: la de encontrar *respaldo* en un grupo, de preferencia el familiar; la de estar *supeditado a alguien con autoridad;* y en tercer lugar la necesidad no menos imperiosa de ser *protagonista*, de distinguirse de los demás. Habermas, desde otras tradiciones, reconoce tres intereses fundamentales: dominar la realidad, entenderse con los demás, y alcanzar la autonomía.

Para nuestro asunto nos basta con saber que la inteligencia provoca una sentimentalización de la vida afectiva. Los mecanismos instintivos decaen y los contenidos significativos van adquiriendo preponderancia. Nuestra vida emocional se va haciendo más y más semántica. Dejamos de ser tragones y nos convertimos en *gourmets*. Una prueba es la sentimentalización de la sexualidad. El impulso a la unión genérica –cualquier macho con cualquier hembra– se integra en un movimiento de dirección contraria, extremadamente personalizador: este macho o esta hembra. El instinto, transfigurado por la inteligencia, se convierte en sentimiento.

La penetración semántica de los sentimientos se comprueba incluso en niveles muy cercanos a la fisiología. Por ejemplo, es muy difícil diagnosticar los elementos físicos y mentales de dolencias como el síndrome de fatiga crónica (Manu, P., Matthews, D. A., Lane, T. J.: «The Mental Health of Patiens with a Chief Complaint of Chronic Fatigue», en *Arch. Intern. Med.,* 148, 1998).

Los especialistas coinciden en admitir un número muy pequeño de sentimientos innatos y universales. Oatley y Johnson-Laird dicen que hay cinco emociones básicas: alegría, tristeza, miedo, furia y asco. Ekmann reduce la selva sentimental a seis troncos: alegría, tristeza, miedo, furia, asco y sorpresa. Dahl sube a ocho: contento, alegría, depresión, ansiedad, amor, sorpresa, ira, miedo. Plutchick también admite ocho: miedo, furia, alegría, tristeza, aceptación, aversión, expectación y sorpresa. William James, a quien el tema debió de cogerle en un mal día, dijo que todas estas clasificaciones eran una tontería, porque los sentimientos son infinitos.

No estoy de acuerdo con ninguno, pero las explicaciones no vienen el caso, por ahora. En cambio tiene mucha importancia para la moral la relación entre los sentimientos y el deseo. Ni los tratadistas modernos ni los antiguos acertaron en la solución. Los filósofos antiguos pensaron que todos los sentimientos –llamados generalmente *pasiones*– eran apetitos o tendencias. Componían el campo de las *ferencias*, entre las cuales el hombre tenía que *pre-ferir*. Los modernos distinguen entre motivación y sentimientos. Éstos aparecen cuando una tendencia es inhibida o cumplida. Por mi parte, prefiero considerar los deseos como componentes de algunos sentimientos. No todos los sentimientos son tendenciales –por ejemplo, no lo son la tristeza, ni la ansiedad, ni la angustia, ni la calma–. Y en el ser humano los deseos se dan sentimentalizados, salvo casos muy elementales o rayanos en lo patológico.

Aunque no me atrevo a decir si son cinco, ocho o catorce, creo que los sentimientos universales son muy pocos. Todos los demás han sido *culturalmente construidos*, y se transmiten por educación. Nuestra vida afectiva es el resultado de una larga historia de creación sentimental. A partir de unos sentimientos primarios hemos inventado un repertorio muy amplio de sentimientos, y como los sentimientos alumbran los valores, lo que acabo de decir significa que la inteligencia crea valores nuevos. La vergüenza, la culpa, la humillación, el orgullo, la confianza, el respeto, el patriotismo, los sentimientos estéticos y un larguísimo etcétera, son creaciones sociales, y por ello han de estar sometidos a evaluación y crítica. Son invenciones históricas que han tenido su razón de ser y pueden tener su razón de no ser.

Como curiosidad diré al lector la fecha en que aparecieron las palabras de un campo léxico, el de la tristeza. La palabra *abatimiento* está documentada por primera vez en 1460, *congoja* en 1465, *desconsuelo* hacia 1520, *depresión* alrededor de 1580, *murria* en 1611, *consternación* a mediados del siglo XVII, años en que cambia de significado la palabra *melancolía, morriña* aparece en 1726, y como tristezas recientes nacen la *nostalgia* en 1884 y la *añoranza* en 1895. Al parecer, el español antiguo se conformaba con sentir una tristeza tosca, hasta que prefirió sentir tristezas precisas en vez de tristezas innominadas.

4

Supongo que mi admirado Carlos Castilla del Pino diría que estoy haciendo vieja psicología empirista y descriptiva, porque así considera a los que hablan de sentimientos (*Introducción a la psiquiatría*, Alianza, Madrid, 1993, I, p. 262). Él prefiere hablar de *actitudes*, y aunque he intentado convencerle de que es mejor reservar el concepto de *actitud* para otra cosa, creo que no lo he conseguido.

El caso es que estoy de acuerdo con gran parte de lo que dice. Castilla del Pino defiende un *modelo heterogéneo del sujeto*, que implica la existencia de tres niveles. El primer nivel es el *pulsional*, de donde emergen actividades pulsionales, y con el que no tengo ningún inconveniente en identificar lo que he llamado componente tendencial, apetitivo, de los fenómenos sentimentales. Los deseos, vamos. «Sólo excepcionalmente», escribe, «los impulsos surgen al exterior limpios de todo control y matización ulterior (...) En las condiciones en las cuales la pulsión emerge mediatizada y, por tanto, complicada por la incidencia de otros sistemas del sujeto, hablamos de *actitudes*. También podríamos hablar de *sentimientos*, al modo de...» Bueno, lo que sigue ya se lo puede imaginar el lector: al modo antiguo.

Así pues, el segundo nivel es el de las *actitudes*. Estoy completamente de acuerdo, si lo consideramos un nivel de sentimentalización de los impulsos. No hay impulsos crudos, todos están sentimentalmente aderezados. Hay un tercer nivel intelectual que se expresa verbalmente, y de donde emerge la conducta controlada, adecuada sintáctica y semánticamente para la información de nuestros pensamientos, recuerdos, imágenes, fantasías, sueños etc. (p. 124).

En TIC he distinguido un Yo ocurrente y un Yo ejecutivo. No son categorías ontológicas, sino descriptivas. En mi conciencia aparecen ocurrencias que no controlo, que se cuelan de rondón sin pedir la venia, y otras, en cambio, que yo suscito y dirijo. A la fuente de las ocurrencias que domino la llamo Yo ejecutivo, y coincide con lo que Castilla del Pino denomina nivel intelectual. A la fuente de las otras ocurrencias, que incluye los niveles pulsionales y sentimental, la llamo Yo ocurrente. Me parece que los sentimientos escapan a nuestro control directo y que nadie elige su amor.

¿Y las actitudes? La vida inteligente es una negociación o una lucha entre uno y otro Yo. Las actitudes son una de las estrategias del Yo ejecutivo para controlar al Yo ocurrente. Una actitud es un sistema elegido de producción de significados. Se adoptan o se toman, es decir, no son pasivamente sentidas. Los significados pueden ser informativos o valorativos. Las actitudes que suscitan valores nos permiten influir de alguna manera en nuestra vida afectiva. Una *actitud irónica* asimila la realidad interpretándola desde una perspectiva irónica. Una *actitud poética* contempla/inventa la belleza como una posibilidad libre de la realidad. Una *actitud tolerante* pone de relieve la limitación de nuestro conocimiento. Una *actitud dialogante* subraya los cauces de entendimiento. En resumen, una actitud permite activar algunos sistemas sentimentales, reorganizándolos en su fuente subjetiva, o bien dirigiéndolos mediante la orientación de la mirada y el ejercicio de nuestra habilidad para producir significados.

Las actitudes son matrices de comportamiento, pero de un comportamiento muy especial, que consiste en producir significaciones. La realidad desnuda está esperando siempre que la vistamos de significado, y debe de ser muy pudorosa, porque sólo podemos verla cuando ya está cubierta. ¿Qué sucedería si en este instante adoptara una actitud poética? El brillante mar de septiembre, el mar de la vendimia, está frente a mí displicentemente amodorrado. Ya decía Julio Camba que una de las obligaciones del poeta es decir algo poético cuando ve el mar. (Añadía que por razones semejantes el fontanero tendría que arreglar un grifo al verlo, y el zapatero coser unos zapatos, es decir, cada uno hacer su oficio inspirado por tanta agua.) Lo cierto es que algo cambia en el régimen de mi conciencia cuando adopto esa actitud. El mar se convierte en un proyecto que va dirigiendo la aparición de las ocurrencias. Al alba, el mar es una presunción del espíritu, pero a estas horas, cuando el sol está tan alto, la luz unificadora proclama la glorificación de la materia. Sólo se puede admirar. (De modo que, si no cambio de actitud, no podré continuar escribiendo este libro, para el que tengo que adoptar una actitud científica, objetiva e imparcial.)

5

En este capítulo, en el que estoy explicando cómo es el náufrago, ese deseo sentimentalizado inteligentemente, me parece útil añadir algunas cosas sobre la constitución de la inteligencia sentimental, que no ha encontrado aún su Piaget, aunque todo hace pensar que lo encontrará pronto.

Es muy probable que los niños posean esquemas innatos para comprender las emociones. Parece comprobado que los bebés de diez semanas entienden las expresiones faciales y habladas de sus madres, al menos respecto de la alegría, la tristeza y el enfado. Bowlby ha señalado que la conducta del niño está organizada en dos sistemas diferentes. Un sistema de apego, que garantiza el contacto seguro entre el bebé y la madre, y un sistema exploratorio, que le orienta hacia los objetos nuevos. Es un aventurero cauteloso que se arriesga sólo mientras se siente a salvo.

Su capacidad para comprender las emociones es pasmosa. Al final del primer año de vida reacciona ante la emoción de los demás, pero no trata de provocarla. Entre los diez y doce meses los niños se comportan como espectadores cuando ven a una persona apenada. En ocasiones muestran algún signo de pena, pero no intentan consolar a la persona afligida. Durante los meses siguientes aumenta el número de intervenciones activas, los niños se acercan a la persona apenada y la tocan o acarician con indecisión. Hacia los dieciocho meses su afán por consolar se hace más inventivo: llevan objetos a las personas tristes, sugieren qué hacer, expresan su compasión con palabras, buscan la ayuda de otra persona o incluso tratan de proteger a la víctima. Como contrapartida de tanto altruismo, se convierten en sobresalientes expertos en molestar.

No todos los niños sienten con igual intensidad la tendencia a consolar o a hacer daño, y este asunto ha de interesarnos como analistas del comportamiento moral. Desconocemos la razón de estas diferencias, aunque algunos estudios indican que los niños maltratados en su casa nunca muestran interés por otro niño afligido, tratándolo incluso con hostilidad. Parece que los padres que maltratan a sus hijos les transmiten el virus feroz de la violencia, una crueldad aprendida que tiende a repetirse y a perpetuarse.

La comprensión de las reacciones emocionales de otros niños interviene decisivamente en la formación de los esquemas de evaluación infantil. La carencia de esa capacidad emborrona el sentido moral del niño o le produce una ceguera para los valores. Los estudios de Judith Smetana sobre las reacciones de los niños en las guarderías nos enseñan que los niños pequeños no aprenden a evaluar la gravedad de una falta mirando a los adultos, sino viendo el modo en que responden las víctimas de una acción. Así aprende a distinguir de una manera sorprendentemente eficaz las infracciones morales de las infracciones de los reglamentos. Por eso, cuando se pide a los niños pequeños que justifiquen una regla moral, suelen mencionar las consecuencias de tales acciones, sobre todo la pena que causan. El niño pequeño no es nada kantiano en su moral.

Parece, pues, que las intuiciones morales del niño se hallan unidas a la comprensión de los sentimientos. Un niño que no reconoce la aflicción de otra persona, que no es capaz de ponerse en su lugar, tampoco comprenderá que la acción que la ha provocado es mala. Una incapacidad de este tipo puede ser la causa de los comportamientos autistas. Buenas introducciones a estos temas son el libro de Paul Harris *Los niños y las emociones* (Alianza, Madrid, 1992) y el que editó con Carolyn

Saarni, *Children's Understanding of Emotion* (Cambridge University Press, Nueva York, 1989).

6

Esto somos: un organismo con necesidades que elaboramos cognoscitivamente como deseos que a su vez sentimentalizamos con la intervención de la inteligencia que a su vez es impulsada por toda esa maquinaria sentimental. No fue mala idea pensar en un centauro para representar las veloces galopadas de los sentimientos inteligentes.

¿Y a qué metas va disparada esa inteligencia? Tiende a ampliar el dominio de sí misma, a ampliar el conocimiento, a ampliar las posibilidades. Ser libre, ser sabia, ser inventiva, tales son las aspiraciones de la inteligencia. Éstas son sus tres funciones: controlar su propio funcionamiento, conocer la realidad e inventar posibilidades. De las dos primeras funciones hablaré más adelante, pero de la invención tengo que hablar ahora, porque nos va a conducir directamente a la ética.

Lo real no nos basta. Nos sostiene, nos impulsa, nos limita, nos da alas, pero no nos basta. La inteligencia inventa sin parar *posibilidades reales*, que no son fantasías, sino ampliaciones que la realidad admite cuando la integramos en nuestros proyectos. El mar, gran obstáculo, *puede* convertirse en medio de comunicación. Y el ligero *aire* puede soportar nuestro peso y nosotros volar. El agua del río *puede* convertirse en luz y la imponente montaña en catedral. La realidad entera queda en suspenso esperando que el ser humano acabe de darla a luz.

¿Entonces las cosas no son lo que son? Según y cómo. Son lo que son y lo que pueden ser. ¿Y el hombre? Lo mismo. Somos nuestras propiedades reales y el impredecible despliegue de nuestras posibilidades. Híbridos de realidad y de posibilidad, somos ciudadanos compartidos de la realidad y el deseo.

Conjugar la realidad y la posibilidad es el gran arte de la invención. Su integración nos impide caer en la mera fantasía.

Construir castillos en el aire es tarea fácil, porque ninguna legalidad física pone trabas a nuestra imaginación. Somos completamente libres, no hemos de calcular la resistencia de materiales, podemos abolir la regla de cálculo y las matemáticas. Las tediosas reglas técnicas son tan innecesarias como los recursos financieros. Por desgracia, esa libertad es sólo un simulacro de libertad, una libertad irreal e ilusa.

Inventar es conseguir que la materia se venza a sí misma. «*Ars ubi materia vincitur ipsa sua*», escribió el arquitecto del puente de Alcántara, con abrumadora modestia porque debió poner: «Yo hice que la materia se venciera a sí misma.» Formulado así sería un buen lema para la ética, porque avisa de las nuevas posibilidades, notablemente airosas, que la inteligencia encuentra en la realidad cuando la unce a sus proyectos. Cada ser, cada acto, cada situación pueden leerse por mediación de esta clave: o son realización de posibilidades, o son arranque de posibilidades, o son ambas cosas a la vez. Yo también. Y también el lector. Descifrada así, la realidad entera se llena de significados. Aún recuerdo el pasmo que sentí de niño, en mi Toledo natal, cuando me explicaron que los arbotantes, aquellos arcos hermosos y ágiles, no eran adornos, como lo eran las gárgolas, los pináculos y las cresterías. Fue una sorpresa saber que sin ellos la catedral se desplomaría desventrada. La verticalidad vehemente de sus naves, su espiritada conquista de la altura, estaban *posibilitadas* por los arbotantes, esas bellas y benefactoras muletas.

7

Las posibilidades pensadas se enlazan con la acción mediante los proyectos, que son por ello un eslabón esencial en el comportamiento voluntario. Los inventamos sin parar: escribir una novela, ir al cine, fundar una familia, montar un negocio, saltar en paracaídas, construir nuestra vida.

Entre los proyectos que crea la inteligencia hay dos que sorprenden por su universal insistencia y su superlativa vaguedad.

Me refiero al proyecto de ser feliz y al proyecto de alcanzar la perfección. Ambos están relacionados con el tema de este libro y por ello los menciono.

La idea de felicidad es un descomunal e inagotable esquema de búsqueda, un espejismo que retrocede según avanzamos, una maravillosa argucia de la inteligencia para mantenernos en vuelo. Es un lugar común la afirmación de que todos los hombres quieren ser felices, y que todos hacen lo que hacen con vistas a la felicidad, que se convierte así en un proyecto imprescindible. Asombra que una idea tan vacía haya tenido una vida tan larga, porque, como dice Séneca, quien debería de saberlo pues escribió un tratado sobre el tema, lo cierto es que todos los hombres quieren ser felices, pero «lo difícil es saber lo que hace feliz la vida».

No es casual que una idea en apariencia inútil, permanentemente criticada, que casi siempre se menciona para decir que no existe, haya sobrevivido a los siglos. Es verosímil que esa longevidad manifieste una estructura básica de la libertad humana. La inteligencia desdibuja la especialización del deseo, que tan estricta es en el animal, y proyecta todos los motivos sobre el fondo lejano de la felicidad, que no es más que el huecorama de nuestra libertad.

Todo organismo sensitivo vive en situaciones que desea prolongar o de las que anhela liberarse. El animal sólo actúa para salir del paso, por eso, como han mostrado los etólogos, los comportamientos instintivos son procesos dirigidos paso a paso por los estímulos. Mediante los proyectos, el ser humano consigue inventar formas posibles de resolver la situación, entre las que puede escoger la mejor. Con ello se libera de la clausura de la situación y puede dirigir su comportamiento hacia metas distantes, amplias, disparatadas o utópicas. Pues bien, la meta más lejana de todas, la que va a impedir que nos encerremos en cualquier situación como si fuera la definitiva, va a ser la felicidad. Tal proyecto va a llenar la vida del hombre de decepciones y también de ánimos.

El segundo proyecto vacío con que se deduce el hombre desde lejos es la idea de perfección. En la vida cotidiana todas las actividades pueden realizarse bien o mal, y todos los seres están sujetos a esta evaluación, pues todos actúan. Reconocemos al buen caballo por su velocidad, resistencia, docilidad y genio. Distinguimos al buen zapatero por su modo de aprovechar el cuero. El buen jugador de baloncesto ha de tener agilidad, astucia, sentido de la anticipación y habilidad para encestar. El buen juez ha de ser equitativo. Para los antiguos persas, el buen guerrero debía saber disparar flechas y no mentir. Cada oficio, cada estado, cada actividad tiene su perfección correspondiente. ¿No podría ser que la vida del hombre tuviera su correspondiente perfección? ¿No habrá un modo bueno de ser hombre? A lo largo de la historia los hombres han pensado que así era, aunque no se han puesto de acuerdo en lo que era.

Estos dos proyectos de los que no sabemos de cierto más que la inmensidad de su demanda, que son magníficas presunciones del espíritu, cumplen un importante papel en las aventuras y desventuras de la inteligencia. Sólo lo que está más allá del horizonte, en ese vasto territorio desconocido e interminable, incita a aparejar las naves para grandes viajes. Otras idean han representado el mismo papel, aunque subordinadas a las dos que he mencionado, por ejemplo, las utopías, la idea de progreso o incluso la idea de Dios. No podemos menospreciar su importancia y tendremos que estudiarlas con más detalle. Participan del poder anfetamínico de los ideales. El solo hecho de concebir esos enérgicos futuros soleados tiene efectos inmediatos sobre la vida de los hombres. Agnes Heller, una prestigiosa especialista en ética, de procedencia marxista, ha escrito: «Aunque yo me niegue a reconocer cualquier progreso real en la sociedad moderna, me considero autorizada para afirmar que sí hay un progreso en ella, por el hecho de haber producido la idea de progreso como *valor*, como idea regulativa, tanto en su acepción teórica como práctica. La voluntad de crear progreso es progreso.»

8

La moral o los moralistas han separado estos dos magnos proyectos, concediendo la preeminencia a uno u otro. De esta manera la filosofía moral se vio enfrentada a dos problemas distintos: ¿Qué he de hacer para ser feliz? ¿Qué he de hacer para actuar correctamente? Parece que la conciencia moral ha quedado fracturada para siempre y que no es posible una solución única. O lo uno, o lo otro. O busco la felicidad o cumplo con mi deber. Tal vez estemos desgarrados por dos proyectos incompatibles: ser feliz o ser bueno.

Esto ha sido un traicionero golpe de mar que ha dejado al náufrago medio ahogado de agua y desconsuelo. ¿Será verdad que son incompatibles? No sé la solución y, por ello, me vuelvo a las morales históricas, a lo que hay, para ver qué saco de ellas.

NOTAS, COMENTARIOS Y OTRAS COSAS MÁS

LECTOR: Lo primero que tengo que advertirle es que no soy un lector, soy una *lectora*.

AUTOR: Eso salta a la vista. Continúe.

L: Quiero decir que ejerzo de *lectora*. No le voy a contar mi vida, desde luego, pero le diré que me siento estafada por la moral y harta de los hombres puestos a moralizar. Siempre hemos terminado nosotras pagando el pato. Supongo que antes o después acabará hablando de Kant, y por eso traigo preparada esta perla sacada de su obra *Observaciones sobre el sentimiento de lo bello y lo sublime:* «La virtud de la mujer es una *virtud bella*. La del sexo masculino debe ser una *virtud noble*. Las mujeres evitarán el mal no por injusto, sino por feo.» Concluye: «Me parece difícil que el bello sexo sea capaz de principios.» ¿Qué le parece esta joya?

A: El texto me parece malo, pero la elocuencia de usted me parece buena. ¿Por qué no continúa usted escribiendo este libro y me deja que vuelva a mis investigaciones sobre la inteligencia, que son más tranquilas?

L: Ya apareció la susceptibilidad masculina.

A: Le propongo otra cosa. ¿Por qué no escribimos el libro juntos? Podríamos hacer una síntesis interesante.

L: No. Mi padre repetía con frecuencia una frase del conde de Romanones, un político de su tiempo. Decía que no le importaba que la oposición hiciera las leyes con tal que le dejaran hacer los reglamentos. Bueno, escriba usted el libro y déjeme a mí hacer los comentarios y las preguntas. Por ejemplo: ¿Cree usted que las mujeres tenemos derechos humanos?

A: La pregunta me parece prematura, pero se la voy a contestar a sabiendas de que va a malinterpretarme. Las mujeres tienen los mismos derechos que los hombres: ninguno. ¿De qué se ríe?

L: Perdone. Es que iba a mencionarle el lecho de Procusto, pero no me he atrevido por si acaso cree que me estaba insinuando. Ustedes son tan especiales... ¡De modo que ni unos ni otros! No sé si está usted atrasado de noticias o simplemente en la luna. Acabo de leer el libro de Luc Ferry *El nuevo orden ecológico* (Tusquets, Barcelona, 1994), he leído también *Ética aplicada*, de Ferrater Mora y Priscila Cohn (Alianza, Madrid, 1988). ¡Cuando ya se está hablando de los derechos de los animales, usted se los niega incluso a los humanos! Me temo que se trate sólo de una provocación.

A: Ya sabía que iba usted a malinterpretarme. Le prometo explicárselo a lo largo del libro.

L: Esperaré, entonces. Quería hacerle otra advertencia: me interesa más la literatura que la moral, y he leído ética desordenadamente. En realidad todo lo he leído desordenadamente. Sólo conozco bien el pensamiento francés de este siglo porque hice mi tesis doctoral sobre Sartre. Me ha parecido casi un anacronismo que hable usted del sujeto con tanta insistencia y, para colmo de males, de un sujeto creador y activo. ¿No sabe que ese tipo de sujeto pertenece a las *categorías fuertes*, que no tienen sentido ahora, cuando tenemos la experiencia de la falta de fundamento? ¿No se ha enterado de que el lenguaje nos habla? Pues yo sí. ¡Claro que yo he estado casada con un posmoderno, y usted no! ¡Lea usted a Vattimo, hombre! Lo que se ofrece a nuestra experiencia epocal y al pensar no es el ser fuerte de la metafísica, sino un ser débil, despotenciado, que deviene, nace y muere. Hay que «experimentar el nihilismo como la única vía posible de la ontología». Me parece que lo dice en *Más allá del sujeto.* Hay que hacer una metafísica, y supongo que también una ética, del declinar. Acepte usted que el ser es tiempo: pasar, declinar, madurar, envejecer. En suma: caducidad. El ser va a ritmo de tango: cuesta abajo en su rodada. Afirmar otra cosa es violencia metafísica.

A: Me parece una exageración decir que sólo puede hacerse una metafísica de la tercera edad o de la violencia. Desde luego que si nos sentamos aquí a meditar sobre nuestra esencia de seres declinantes, nos entrarán congojas de muerte. Es cierto que la angustia siempre está a la vuelta de la esquina, como muy lejos. Pero si no negocio mi vida con ella de alguna manera, ni haré ética, ni teoría de la inteligencia, ni nada. La angustia es algo terrible. Terrible en serio, no como lo son los ángeles o la belleza. Quien vive en lo profundo de la angustia no escribe *Ser y Tiempo*, ni las *Aventuras de la diferencia*. Desde lo más profundo del abismo se pide auxilio si se tienen fuerzas.

L: No ha defendido su idea de sujeto fuerte, y tiene que hacerlo porque tiene enemigos de categoría. No le hablo de la muerte del sujeto, de Foucault, para que no me considere una vulgar, pero le traigo un florilegio de Lévi-Strauss: «Hay que emprender la resolución de lo humano en lo no humano», hay que «estudiar a los hombres como si fueran hormigas», «el fin último de las ciencias humanas no es constituir al hombre sino disolverlo» (*El pensamiento salvaje*, FCE, México, 1964, p. 357). *Tristes trópicos* es aún más acongojante. Lo humano es una eflorescencia pasajera. Lo único que el hombre ha hecho es «disociar alegremente millares de estructuras para reducirlas a un estado donde ya no son susceptibles de integración». Si se refería a mi ex marido, le doy toda la razón. Tal vez le interesen los libros de Rubio Carracedo: *¿Qué es el hombre? El desafío estructuralista* (Aguilera, Madrid, 1973) y *El hombre y la ética* (Anthropos, Barcelona, 1987).

A: Recordará usted el dicho que corría hace años: «Dios ha muerto, el sujeto ha muerto y yo no me encuentro nada bien.» La inexistencia, ruptura, fragilidad del sujeto son, por supuesto, modelos de subjetividad, y a mí me parecen malos modelos. Sólo puede ser libre un sujeto capaz de organizar la multiplicidad de las ocurrencias. De lo contrario, nos entregamos a una espontaneidad de robot o de burro. Lo que caracteriza a la inteligencia humana es su capacidad de inventar proyectos y enderezar hacia ellos sus energías operativas. Olvidar al sujeto conduce a un olvido de la humanidad. Parece que no hay nada grave en que la lingüística quiera estudiar el lenguaje sin contar con el sujeto, y que la sociología haga lo mismo. ¿Qué más da que Althusser diga que el sujeto es «un mito de la ideología burguesa» o que Paul Veyne quiera hacer una «historia sin sujeto»? Pues resulta que tiene su importancia, porque con todo eso se hace perder a cada persona concreta la conciencia de su poder creador. Deja de ser autor para convertirse en elemento anónimo de una estructura que le desborda. ¿Son así las cosas? Ésa no es la pregunta interesante. ¿Deberían ser así las cosas? Esto es lo que importa. El emocionante libro de Husserl *La crisis de la ciencia europea y la fenomenología trascendental* (Crítica, Barcelona, 1990) advirtió de las graves consecuencias derivadas del olvido del sujeto. El modelo que tengamos del ser humano va a determinar nuestra manera de entendernos, comportarnos y juzgarnos.

L: La idea de *modelo* me parece muy anticuada. Me recuerda los sistemas pedagógicos antiguos, las *Vidas paralelas*, por ejemplo. O *El buen niño Juanito*, que leían mis abuelos.

A: Yo lo utilizo en sentido cognitivo. Pensamos con modelos, que son construcciones mentales para representar la realidad y permitir inferencias. El libro de Johnson-Laird *Mental Models* (Harvard University Press, Cambridge, Massachussetts, 1983) sigue siendo fundamental. Los especialistas en inteligencia artificial, por ejemplo Schank y Minski, utilizan conceptos afines.

L: ¿Por qué es tan importante para la ética?

A: Lo que pensamos sobre nosotros mismos va a determinar lo que realmente somos. Zubiri trató este asunto desde la antropología en *Sobre el hombre* (Alianza, Madrid, 1993). Le pondré unos ejemplos, el proyecto vital de los yoguis es alcanzar la liberación, meta compartida por muchos pensadores occidentales, por ejemplo los estoicos. Lo que distingue a los yoguis es una concepción diferente del ser humano, de sus relaciones con la realidad, que va a determinar una peculiar concepción de la subjetividad. En su opinión, la libertad deberá ser conquistada mediante una técnica ascética encaminada «a suprimir la conciencia normal en provecho de una conciencia de otra calidad, capaz de comprender exhaustivamente la verdad metafísica» (Eliade, M.: *Yoga, inmortalidad y libertad*, Leviatán, Buenos Aires, 1957, p. 51). Patanjali, el padre fundador, definía así el yoga: «Supresión de los estados cambiantes de conciencia.» Estos estados de conciencia, de los que se ocupa la psicología, tienen su origen en la ignorancia de la verdadera naturaleza del Yo, si hemos de creer a los seguidores de estas doctrinas. La idea que el sujeto tiene de sí mismo altera la comprensión de toda la experiencia psicológica.

La lectura de un texto oriental de psicología, por ejemplo *Psicología hindú*, de Swami Akhilananda (Paidós, Buenos Aires, 1959), produce un cierto desasosiego al estudioso occidental. Todos hablamos de lo mismo y no hablamos de lo mismo porque las operaciones mentales están reorganizadas de manera distinta. Confieso que debo a los autores orientales el haberme percatado de que la atención es un componente esencial de la inteligencia humana, y es seguro que podré aprender muchas cosas más. Recientemente, tres prestigiosos psicólogos cognitivos, Varela, Thompson y Eleanor Rosch, han defendido una interpretación budista de la inteligencia en su libro *Embodied Mind*, traducido al castellano con un título patético: *De cuerpo presente* (Gedisa, Barcelona, 1993). Sostienen que los estudios sobre inteligencia artificial permiten hablar de una inteligencia sin Yo, lo que proporciona una base científica a la concepción budista de la mente, y terminan su libro recomendando un cambio en nuestra concepción de la inteligencia no por motivos científicos, sino éticos. No estoy de acuerdo con su tesis fundamental, pero no es éste el lugar de explicarlo.

Con estos ejemplos sólo pretendo aclarar la idea de que la definición de la inteligencia humana viene determinada por tesis de nivel superior, incluidas en un modelo de subjetividad humana, en una idea de hombre. En eso fundo la afirmación que tanto escandaliza a algunos de mis colegas: el concepto de inteligencia no es psicológico sino ético. Cuando se dice que el hombre es animal racional, no se está haciendo una definición científica, ni una descripción psicológica, sino una elección moral.

L: ¿Cree usted, entonces, que la ética no trata en primer lugar de deberes o virtudes, sino de un modelo de sujeto?

A: En efecto... De esa idea parten dos discursos diferentes, uno que permite al sujeto individual comprenderse a sí mismo, hacerse cargo de su propia vida, poner en buena forma sus capacidades, orientarse en el mar. El otro discurso se dirige a la ética normativa, que despliega las implicaciones de ese modelo. No es de extrañar que esta idea esté siendo tratada por muchos especialistas de ética. Le citaré algunos testimonios: Michael Walzer sostiene que los criterios de justicia descansan sobre la manera en que una sociedad define sus necesidades y se autointerpreta (*Spheres of Justice: A Defense of Pluralism and Equality*, Basic Books, Nueva York, 1983). Para Martha Nussbaum, la idea de vida buena se referiría a un conjunto enumerable de cualidades internas y externas que definen un modelo deseable de persona humana («Aristotelian Social Democracy», en Bruce, R., Mara, G. M., y Richardson, H. S.: *Liberalism and the Good*, Routledge, Nueva York, 1990). Alisdair MacIntyre, en su famoso libro *Tras la virtud*, sostuvo que el valor de un ideal o modo de vida tendría que mostrar su fuerza por medio de un relato que ejemplificara un modelo. Charles Taylor, un pensador muy interesante, hace una defensa del retorno al sujeto, a la que me sumo sin reservas. Para él, la vida moral es «la historia de nuestra constitución como seres morales». En su libro *Sources of the Self. The Making of Modern Identity* (Harvard University Press, Cambridge, Massachusetts, 1989) estudia la constitución del sujeto moral en la historia de nuestra cultura. Recibimos una larguísima tradición que nos constituye como sujetos y cuya secreta historia nos conviene conocer. El mismo Rawls parte de un modelo de persona, como ser libre y racional, antes de embarcarse en una ética procedimentalista. En fin, que ya ve cómo la noción de modelo sigue vigente. Encontrará información útil en Carlos Thiebaut: *Los límites de la comunidad* (Centro de Estudios Constitucionales, Madrid, 1992).

L: No pensará usted que lea todo eso, ¿verdad? Pasemos a otro asunto. ¿Me puede explicar la relación entre creación y ética?

A: Crear es producir sorpresas eficientes. Esto es lo que unifica la ciencia, el arte, las invenciones de todo tipo, técnicas, económicas o sentimentales. ¿Para qué son eficientes? Cada actividad lo es para una cosa distinta. La creación más importante será la que responda eficazmente a nuestro problema más complicado, que es vivir.

L: Pero con eso de la eficacia acabará en el *utilitarismo*, que ustedes dicen que es una cosa muy vulgar.

A: No seré yo quien lo diga. Pero de todas maneras su conclusión no es correcta. La eficacia para resolver un problema no exige que la solución sea la eficacia. Puede ser, por ejemplo, la generosidad.

L: Su proyecto me ha recordado a Sartre, que también quiso hacer una ética de la creación, como puede ver en *Cahier pour une moral* (Gallimard, París, 1983). En uno de los planes que esboza, se propone mostrar que «el para-sí como negación pura es creador». Mire qué índice tan curioso: El ser en el mundo como creación. Las relaciones entre el para-sí y la creación: Yo me creo. El para-sí y el otro: el don. En el sacrificio soy y prefiero al otro, prefiero lo que no prefiero, pero soy el don para el otro. Cuarto tema: la alegría. Quinto tema: la rebelión.

A: Es un índice muy sugestivo. Lástima que se quedara en proyecto. Henri Bergson también se propuso hacer una ética creadora, tanto en *L'évolution creatrice* como en *Les deux sources de la morale et de la religion*. Es lo que está en el fondo de su distinción entre moral cerrada, que actúa por presión, y moral abierta, que actúa por un llamamiento. Bergson y Sartre tenían muchos puntos en común: comprendían muy bien el proceso creador, sabían psicología, estaban en la onda fenomenológica, escribían maravillosamente y les divertía mucho lo concreto. También Nietzsche y sus epígonos lo intentaron, pero sólo consiguieron una moral del entusiasmo. Lamentablemente, el entusiasmo sin concepto es ciego y el concepto sin entusiasmo es parapléjico.

L: Ortega hizo también una ética de la creación.

A: Hizo, más bien, una moral del entusiasmo deportivo. Le voy a citar algunos textos: «La perfección moral, como toda perfección, es una cualidad deportiva, algo que se añade lujosamente a lo que es necesario e imprescindible. De ahí que, como en todo deporte, contenga la perfección moral un grano de ironía y se sienta a sí misma sin patetismo alguno. La mera corrección moral es cosa con que no tiene sentido jugar, porque significa el mínimo de lo exigible. Pero la perfección no nos la exige nadie, la ponemos o intentamos nosotros por libérrimo acto de albedrío, y merced a que nos complace su ejercicio» (*O.C.,* II, 358). «La moral no es una performance suplementaria y lujosa que el hombre añade a su ser para obtener un premio, sino que es el mismo ser del hombre cuando está en su propio quicio y vital eficiencia. Un hombre desmoralizado es simplemente un hombre que no está en posesión de sí mismo, que está fuera de su radical autenticidad y por ello no vive su vida, y por ello no crea, ni fecunda, ni hincha su destino» (*O.C.,* IV, 72). Me parece que Ortega se hace un lío con la idea de vocación personal, y se coloca bajo la confusa advocación del lema de Píndaro: «Llega a ser el que eres.» ¿Quién no se va a sentir emocionado por textos como el siguiente?: «Imaginen ustedes por un momento que cada uno de nosotros cuidase tan sólo un poco más cada una de las horas de sus días, que les exigiese un poco más de donosura e intensidad, y multiplicando todos estos mínimos perfeccionamientos y densificaciones de unas vidas por otras, calculen ustedes el enriquecimiento gigante, el fabuloso ennoblecimiento que la convivencia humana alcanzaría. Eso sería vivir en plena forma; en vez de pasar las horas como naves sin estabilidad y a la deriva, pasarían ante nosotros cada una con su nueva inminencia» (*O.C.,* VII, 436). Los preceptos de «vivir una vida intensa» o de «vivir peligrosamente» o de «vivir originalmente» lo mismo sirven para un barrido que para un fregado. Pueden dar lugar a una gran aventura amorosa o a la gran guerra. Son imperativos formales sin sistemas de control.

L: Usted se ha confesado admirador de Saint-Exupéry, que defendía una moral del fervor.

A: Reconozco que en mi adolescencia me emocionaban textos como los de *Citadelle*: «Una civilización reposa sobre lo que le es exigido al hombre, no sobre lo que le proporciona. El hombre es, ante todo, el que crea.» Cuando le preguntan qué es crear, contesta: «Hacer cualquier cosa con fervor.» «La hermosa danza nace del fervor de danzar. Y el fervor de danzar exige que todos dancen –incluso los que danzan mal–, de lo contrario no hay fervor sino academia petrificada y espectáculo sin significación.» Conclusión: «Hay que inventar un imperio donde simplemente todo sea ferviente» (*O.C.*, Gallimard, París, 1959, p. 543).

L: No comprendo lo que tiene en contra.

A: El castellano habla de «hervor (fervor) de chocolatera» para designar la elevación efímera del chocolate al cocer. ¿Cómo se mantiene el fervor? ¿En qué se pone el fervor? Son temas muy serios de los que hablaremos. Por ahora, me quedo sólo con una frase de Ortega: «No hay maldad creadora» (*O.C.*, IV, 79).

L: A los profanos nos desconciertan los libros de ética, porque nunca se sabe con qué vamos a tropezarnos. Podemos encontrar un sermón, un texto de psiquiatría, un tratado de lógica, un libro de filosofía del derecho o una meditación sociológica. O todo revuelto, que es peor. Me parece que no tienen ustedes muy claro su asunto.

A: Hay fenómenos que se ven con claridad, pero que no sabemos cómo pensar. Entonces tanteamos diferentes enfoques, distintos lenguajes, para ver cuál de ellos es más eficaz. Cuando alguno muestra su potencia, esa ciencia se estabiliza. Lo que usted cuenta no pasa sólo en ética. Se sorprendería de lo anárquicos que pueden ser los libros de psiquiatría. Tiene razón al decir que en la actualidad hay muchas formas de pensar la moral. Hay éticas normativas y descriptivas, de móviles y de fines, materiales y formales, deontológicas y teleológicas, procedimentales y sustancialistas, de la convicción y de la responsabilidad, religiosas y laicas. No me siento con fuerzas para explicarle todas estas distinciones. Me interesa más destacar dos estilos de estudiar ética. Los llamaría *centrífugo* y *centrípeto*, y le repito que no son escuelas, ni sistemas, sino estilos. El centrífugo parte del sujeto, de sus estructuras psicológicas, de sus necesidades y problemas, para acabar en la ética como solución. De lo privado pasa a lo universal, del barullo de la vida a la claridad de la idea. El centrípeto comienza en la universalidad, en la justificación de las normas, la corrección de las reglas y la justicia, en la sociedad, y desde allí unas veces se acerca al individuo y otras ni siquiera lo intenta. Para los primeros, sería posible hablar de una ética para robinsones, lo que para los otros sería un absurdo, porque la ética sólo se ocupa de comportamientos sociales.

L: Supongo que a usted le interesa la ética centrífuga. ¿Es sólo cuestión de gustos?

A: Creo que no. Me parece que sólo partiendo del sujeto podemos comprender el fenómeno moral, asunto previo a la fundamentación de las normas. Es la subjetividad humana, la especial índole de la inteligencia, la que nos conduce a la ética. Si no se parte de ahí, el aspecto normativo queda desligado de la vida concreta. La ética es una solución a problemas vitales. No es casual el tono moralizante que tienen muchas obras de psiquiatría que también se enfrentan con esos problemas. Me estoy refiriendo a Maslow, Roger, May, Fromm, Frankl, Beck. Sherry Turkle, en su esclarecedor libro *Psychoanalitic Politics. Freud's French Revolution* (traducido torpemente al castellano como *Jacques Lacan. La irrupción del psicoanálisis en Francia,* Paidós, Barcelona, 1983), cita la opinión de los analistas franceses sobre su transformación en *especialistas de la vida privada.* «Mis pacientes», dice uno de los entrevistados, «no pueden soportar que ya no haya claras reglas sobre cuál debería ser una conducta adecuada para un niño burgués bien educado. ¿Es apropiado que tome la píldora nuestra hija de diecisiete años? ¿Le daremos dinero para que establezca casa propia con su amante? Y, en ese caso, ¿deberíamos ocultar el hecho a la familia y a los amigos?» (p. 250).

L: Desde la estética, que es lo mío, me parece un disparate relacionar creatividad y ética. La creatividad es siempre transgresora e inmoral. ¿De qué se ríe?

A: Me divierten mucho los tópicos defendidos con entusiasmo. Le ha faltado decir que incluso conviene estar loco para ser creador.

L: Pues si me apura un poco, lo digo.

A: No se lo critico, porque muchos psicólogos de la creatividad lo dicen. Al describir la personalidad creadora advierten que ha de ir contra las normas establecidas. Esto es poco más que una tautología: si definen la creatividad por la originalidad, evidentemente el creador no podrá ser un conformista. Pero de ahí a admitir que el gran creador sea el creador turulato o el poeta maldito, hay mucho trecho. Pero como ya he tratado el tema en ERI y TIC no volveré a hablar del asunto.

L: Para ponerme en forma, me gustaría que me recomendase algunos manuales de ética.

A: Le voy a dar un repertorio heterogéneo: Richard B. Brandt: *Teoría Ética* (Alianza, Madrid, 1982); John Hosper: *La conducta humana* (Tecnos, Madrid, 1979); Adolfo Sánchez Vázquez: *Ética* (Crítica, Barcelona, 1978); René Le Senne: *Tratado de moral general* (Gredos, Madrid, 1973); Vladimir Jankélévitch: *Traité des Vertus* (Flammarion, París, 1986). Continúa siendo muy útil la *Ética* de José Luis L. Aranguren (Alianza, Madrid, 1979). También le convendría leer una historia de la ética. A mí me divierte mucho la de Alasdair MacIntyre (Paidós, Barcelona, 1991). Más información puede encontrar en la historia dirigida por Victoria Camps, publicada por Crítica, Barcelona. Para terminar, me gustaría iniciar una costumbre. ¿Le importaría hacer un resumen del capítulo?

L: Le advierto que no soy una alumna suya, pero lo haré. Resumen: todos somos náufragos. La inteligencia nos mete en el lío y usted espera que nos saque de él. Nos contamos nuestra propia vida utilizando modelos. Los mismos modelos que van a dirigir nuestro comportamiento, y nos van a permitir elaborar una moral y, al fin, según usted, acabar de entender lo que es la inteligencia humana. ¿Lo he hecho bien?

A: Yo no habría podido hacerlo mejor. Gracias. Hasta el próximo capítulo. Una cosa más, ¿cómo se llama?

L: Me llamo Marta.

II. LA INMORALIDAD DE LA ÉTICA

1

No salimos del mar, esa antigua patria ahora tan extraña, porque vamos a acompañar a Catherine Lutz a un atolón de la Micronesia. Catherine Lutz es una antropóloga americana que fue a esa pequeña isla para estudiar el mundo sentimental de sus habitantes, el minúsculo pueblo de los ifaluk, y que escribió después un bello libro titulado *Unnatural Emotions* (University of Chicago Press, Chicago, 1988), en el que cuenta sus experiencias.

A la autora le sorprendió la intensa moralización de la vida cotidiana de los ifaluk. Las evaluaciones morales eran frecuentísimas y solían hacerse utilizando el vocabulario sentimental. No calificaban las acciones como malas sino que enunciaban la emoción que les había provocado: la palabra utilizada era *song*, que podríamos traducir por *furia justificada.* Decir «tengo *song* contra una persona» equivale a decir que esa persona ha hecho algo inmoral. Los ifaluk reconocen otros tipos de cólera suscitadas por motivos distintos y que tienen sus correspondientes nombres, pero *song* es la única que tiene implicaciones morales, como ocurre en castellano con el término *indignación.*

El análisis de los sentimientos nos proporcionará una información riquísima, cuando sepamos hacerlo. La mayoría de ellos están socialmente construidos, en ellos resuena la cultura entera, sus creencias, miedos, tabúes, intereses. El léxico afectivo también es muy peculiar. Los términos que designan sentimientos son narraciones abreviadas, con sus protagonistas y sus argumentos. Cuando los ifaluk utilizan la palabra *song* tienen en su conciencia un suceso completo y complejo: alguien ha violado una norma y esto produce en los testigos *song*, un sentimiento exteriorizado que señala simultáneamente la existencia de una transgresión y su condena. La manifestación de esa furia provoca miedo en el culpable y le mueve a corregir su comportamiento. Es a la vez acusación, queja, sentencia y correctivo.

Esta furia razonable cumple un papel importante en la socialización del niño. Los padres, recuerda la autora, deben mostrar *song* con sus hijos porque de lo contrario «los niños no conocerán la diferencia entre lo correcto y lo incorrecto». Ésta es su máxima educativa más elemental. *Song* es una clara señal que informa al niño sobre los valores y le permite reconocer las malas conductas.

La moral ifaluk también se ocupa de la felicidad, pero con un especial sesgo que habría de sorprender a la investigadora americana, nacida bajo una constitución que defiende el derecho a la felicidad. El caso es que los ifaluk desconfían de la felicidad. ¿Es esto una perversión moral, un desarreglo psicológico? No. No es más que la manifestación de una concepción del hombre y de un ideal de vida. Habitantes de un atolón aislado, azotado por los tifones, amenazados siempre por una naturaleza demasiado poderosa, los ifaluk conocen la precariedad de su existencia y organizan su vida sobre una interdependencia que a nosotros, educados en una cultura individualista, se nos antoja molesta. La cordura de Catherine Lutz quedó en entredicho cuando, después de ser adoptada por una isleña, dijo que prefería dormir en una cabaña aislada en vez de hacerlo junto a otras quince o viente personas en una habitación. Los ifaluk no comprendían aquel enfermizo deseo de soledad.

Una sociedad tan integrada valoraba la amabilidad recíproca y evitaba cualquier cosa que pudiera alterar la paz. Cada persona estaba concernida por el bienestar de todas las demás y debía estar dispuesta a ayudar a quien necesitara socorro. Ser *ker*, estar feliz, significa estar satisfecho con uno mismo y con su situación, lo que le llevaría probablemente a desentenderse de los demás. Una de las cosas que ese individuo maleado por su felicidad podría hacer es pasear alrededor de sus propiedades, actividad que resulta extremadamente sospechosa para el ifaluk. También podría no sentirse afectado por el *song* ajeno, lo cual es gravísimo.

La eficacia del *song*, que dirige la vida moral de la comunidad, depende de que despierte en el culpable un cierto tipo de temor. Pero quien se siente feliz, *ker*, es inmune al miedo y eso le hará ser con frecuencia inmoral, petulante y ofensivo. No será *maluwelu*, que es el más alto cumplido que se puede dirigir a una persona: dulce, pacífico y tranquilo.

Los ifaluk, como todos los pueblos, han inventado una moral, que Catherine Lutz nos describe con gratos colores, y que incluye los elementos que ya conocemos: lo correcto e incorrecto, idea de felicidad, el ideal de vida y el modelo de ser humano. **(¿Podría darme la dirección de los ifaluk? Quiero preguntar si me adoptan también a mí. Marta. / No he pretendido hacer propaganda turística, sino poner un ejemplo de moral. Autor.)**

Hasta aquí he usado *moral* y *ética* como sinónimos, porque así se ha hecho durante siglos. Lingüísticamente eran el camino de origen latino y el camino de origen griego hacia lo mismo. *Moral* procede de *mos*, que significó principalmente *costumbre*, pero también *sentimiento* y *carácter*. *Ética* deriva de una compleja palabra griega usada entre otras cosas para designar el *carácter* o modo de ser de un hombre, adquirido por hábitos. Aristóteles tituló así su obra sobre los comportamientos humanos y con tan soberbio patrocinio pasó triunfalmente a la historia de la filosofía. Ha llegado el momento de que los destinos de estas palabras se separen. Le diré la razón en forma críptica, es decir no filosófica: *las morales conducen a la ética, que a su vez conduce a unas nuevas morales de segunda generación*. Voy a explicarle por qué.

2

La moral es uno de los hilos que trenzan el tapiz de la cultura. Hay muchos otros: el lenguaje, las creencias religiosas, las instituciones sociales, el arte, las explicaciones científicas y mitológicas, la técnica, los modos de sentir. Podríamos decir que el hombre es producto de la cultura que es producto del hombre que es producto de la cultura... y con esta mención de causalidades recíprocas ocupar el libro entero. Suelo explicar esta situación a mis alumnos mostrándoles un dibujo de Escher en el que dos manos se dibujan mutuamente. Así es la relación del hombre con la sociedad y conviene no olvidarlo: la sociedad dibuja al hombre, que a su vez dibuja la sociedad.

Todo niño, ifaluk o español, nace en una cultura que es una interpretación de la realidad, y que se la presenta como *la realidad.* La madre va a enseñarle, junto con el lenguaje, los planos semánticos y sintácticos de la realidad. Pero como vio muy bien Kurt Lewin, la realidad es un campo de fuerzas. El niño no se enfrenta a un *mundo de cosas* sino a un *mundo de cosas sentimentalmente percibidas:* desea, teme, se divierte, siente la seguridad o el abandono. La madre le enseña también la manera adecuada de sentir: «Los niños no deben tener miedo a la oscuridad», «Hay que querer a los abuelitos», «No debes ser envidioso».

En este colosal trasiego de informaciones va incluida, claro está, la moral vigente, que es una maraña de preceptos de diversa procedencia, donde la higiene se mezcla con la perfección religiosa y las normas que rigen las instituciones con deberes cuya razón de ser se ha olvidado y que sobreviven casi como supersticiones.

Todas las morales históricas son el resultado de un larguísimo período de sedimentación y, como los lechos de los ríos, conservan arenas de torrenteras distintas. Son breviarios de soluciones, concreciones provisionales, tanteantes, de la inagotable pretensión a la felicidad que el hombre tiene y que le obliga a expandir su inteligencia sin parar y a producir incansablemente obras nuevas, sentimientos nuevos y nuevas aspiraciones. Podemos interpretar cada momento histórico como el resultado de un *test* de inteligencia que nos advierte: Esto es lo mejor que se le ha ocurrido a esta cultura.

La génesis de una moral concreta se compara a veces con la evolución biológica porque se supone que es un proceso orientado a un fin, pero sin conciencia de fin. Se mejora por acomodación y tanteo. Hayeck, por ejemplo, ha insistido con gran tozudez en considerar la formación de las morales como un proceso irracional. Ya lo había dicho Vico: *Homo non inteligendo fit omnia.* O sea, que el hombre hizo todas las cosas importantes sin pensarlo mucho. Uno de los libros de Hayeck se titula *Arrogancia fatal* (Unión Editorial, Madrid, 1993). La arrogancia consiste en creer que el hombre puede racionalmente diseñar su propio destino. Rechaza violentamente toda suerte de planificaciones generales, sean políticas, económicas o morales. Considera ridículo pensar que la razón, que es un producto de la evolución, pueda dirigir la evolución. Le falta, entre otras cosas, capacidad para manejar suficiente cantidad de información. La evolución social –incluida la moral– ha de producirse por la espontánea colaboración de infinitos agentes que van resolviendo como pueden sus problemas.

Reconociendo la verdad que puede haber en esas afirmaciones, creo que el modelo evolutivo produce más confusión que claridad. Prefiero comparar la formación de las morales históricas con la formación de las lenguas. Un propósito constante –comunicarse y sobrevivir–, y unas capacidades innatas, generan un proceso complejísimo, lleno de incidentes, interferencias, contagios y aventuras imprevistas. Ni los hablantes ni los agentes saben cómo se han formado las reglas sintácticas o las reglas morales. Se aceptan, se siguen o se transgreden y se comprueba que en su conjunto son eficaces y se ajustan a nuestro comercio con la realidad.

Recibimos, pues, una moral llena de contenidos *implícitos.* La primera tarea de quien reflexiona sobre estos temas tiene que ser *explicar* esos contenidos, de lo contrario no sabrá de qué está hablando.

Hay algunos presupuestos comunes a todas las morales, al fin y al cabo todas están tejidas con los mimbres del comportamiento humano: ser, querer, poder y deber. Todos *somos* de alguna manera y *podemos* hacer unas cosas y no otras, pero podemos hacer más de lo que *debemos* hacer, lo cual es fuente de problemas, y, para colmo de males, el ámbito de nuestros *quereres* no coincide ni con lo que somos, ni con lo que podemos, ni con lo que debemos. Así las cosas, nuestra vida se convierte en un tira y afloja entre estos elementos en discordia, que el *hacer* acaba zanjando. El territorio moral, que es el reino del hacer, de la acción, está delimitado por el ser, el poder, el querer y el deber, conceptos que forman la semántica básica de toda moral, de los cuales hay que explicar sus contenidos implícitos y su génesis.

Pero además de esos rasgos generales, formales, comunes a toda moral, hay contenidos propios de cada una de ellas. Da la impresión de que muchas normas son resúmenes contundentes de soluciones a problemas ya olvidados. Soluciones que podrían explicarse, pero cuya eficacia aumenta si se imponen por la vía expeditiva de la obligación moral. El razonamiento es demasiado lento y, como señaló Hume, difícilmente impone sus criterios a la acción. Pondré como ejemplo un caso estudiado por Marvin Harris: la vaca sagrada, la prohibición de matar vacas en la India. Bajo su apariencia extravagante, este precepto tenía un propósito muy razonable: impedir que el campesino, cuya supervivencia dependía de la vaca, la matase cuando tuviese hambre. Era una coacción para sacrificar lo urgente a lo importante, lo sentido –el hambre– a lo meramente pensado –el futuro–. No me extrañaría nada que en alguna cultura hubiese un precepto moral que prohibiese comerse las semillas por una razón semejante. La conclusión de Marvin Harris es que «el amor a las vacas es un elemento activo en un orden material y cultural complejo y bien articulado. Activa la capacidad latente de los seres humanos para mantenerse en un ecosistema con bajo consumo de energía» (*Vacas, cerdos, guerras y brujas*, Alianza, Madrid, 1993, p. 33).

En resumen: el mundo de la vida en el que todos nacemos y que se nos entrega como nuestro fundamento real es fruto de una larguísima genealogía intersubjetiva, anónimamente sedimentada, que debemos reactivar si queremos conocer lo que el mundo es. De nuestra excursión al atolón de los ifaluk volvemos con la idea de que las distintas tradiciones morales han sido constituidas por una suma de accidentes históricos suscitados por un permanente deseo de sobrevivir y ser feliz. La estructura de esas creaciones morales es bastante constante, lo que era de esperar porque, a pesar de sus diferencias, todos los hombres tienen unas propiedades reales comunes. En todas hay normas, autoridades, sistemas de controles y sentimientos que acompañan a la experiencia moral.

3

También hay en todas ellas un comportamiento muy especial: la *obediencia.* Es sorprendente que los tratados de ética no dediquen más atención a este modo de comportamiento. Desde la teoría de la inteligencia creadora, la veo como un caso interesantísimo de *conducta animal transfigurada,* es decir penetrada, elaborada y transmutada por la inteligencia. Hay muchos otros ejemplos –la agresividad, la sexualidad– y en todos ellos se descubre la misma ambivalencia: pueden oscilar de la libertad al automatismo, de la animalidad a la inteligencia creadora. Amaestrar a un animal es introducirle en la rutina de la obediencia. ¿Es la moral un tipo de amaestramiento?

Un perspicaz libro de moral –*Las dos fuentes de la moral y la religión,* de Bergson– comienza: «El recuerdo del fruto prohibido es lo más antiguo que hay en nuestra memoria y en la memoria de la humanidad.» Lo sabríamos si no estuviera sepultado bajo el ingente sedimento de la memoria. ¿Qué habría sido de nuestra infancia si nos hubieran dejado hacer? Bergson contesta: «Habríamos corrido de placer en placer. Pero he aquí que surgía un obstáculo que no era visible ni tangible: una *prohibición.*» En aquel momento no formulamos las preguntas que ahora de adultos nos inquietan: ¿Por qué obedecemos? ¿A quién obedecemos cuando obedecemos?

Volvamos a la teoría de la inteligencia. El niño aprende a obedecer. En TIC he explicado que aprender a seguir las órdenes de la madre es una de las grandes etapas en la constitución de la personalidad. Los motivos de la obediencia –el deseo de ser querido o el temor– son irrelevantes para comprender el suceso. Lo importante es que gracias a esa habilidad podemos dirigir nuestro comportamiento por medio de estímulos irreales. Un estudioso de la inteligencia no debe olvidar que, antes que nada, una orden es un *significado,* un mensaje simbólico, una expresión lingüística. El amaestramiento animal es un enlace directo entre incentivos y respuestas. Skinner lo vio perfectamente. Lo que ocurre con la obediencia inteligente es distinto: el niño aprende a *regirse por valores pensados y no sólo por valores sentidos.* Vigotsky y Luria describieron muy bien la natural esquizofrenia que padece el niño. En mi terminología se lo explicaré al lector diciéndole que el niño es un mero *Yo ocurrente* y que la madre es su *Yo ejecutivo.*

Cuando el niño aprende a someter sus acciones a una orden hablada, abre el camino de su libertad. ¿Por qué? Porque él mismo se va a convertir poco a poco en sujeto hablante, construyendo su Yo ejecutivo, y podrá darse órdenes a sí mismo. Y este poder de darse órdenes y de obedecerlas es el fundamento de la libertad. Ya no hay sumisión exterior, ya no hay heteronomía. El sujeto es su propio dueño.

Los filósofos analíticos contemplaron sobre todo la exterioridad del lenguaje y no se dieron cuenta de hasta qué punto está imbricado en nuestro comportamiento. Quien quiera más detalles científicos, y hará bien en quererlos, puede estudiar a los dos psicólogos citados y la obra de Sperry –cuyos estudios sobre cerebros divididos mostraron que el hemisferio izquierdo, el lingüístico, determina nuestra conducta consciente–, y también *Planes y estructura de la conducta*, de Gallanter, Pribram y Miller, un clásico de la nueva psicología, que sugirió, cuando sugerir tal cosa era casi una blasfemia, que nuestros proyectos se formulan con palabras. Comprender que nuestra subjetividad está dividida en una fracción pulsional y una fracción hablada es indispensable para comprender el fenómeno moral. A un lado están los deseos. A otro, los deberes. El deber es una formulación lingüística, es fruto del pensamiento, es evidencia mediata.

Es aquí donde hay que incluir los estudios de Piaget y Kohlberg sobre la evolución moral. Lo que interesó a Piaget era mostrar que había dos tipos de relación social: la sumisión a una autoridad exterior y la cooperación entre iguales. La evolución moral va a sacar al niño de la sumisión y a depositarle en las brillantes playas de la autonomía. El desarrollo del razonamiento moral es paralelo al desarrollo del razonamiento lógico: una marcha hacia un equilibrio más estable entre la inteligencia y la realidad. Resume sus ideas con una frase espectacular y excesiva como todas las sentencias: «La lógica es una moral del pensamiento, como la moral es una lógica de la acción» (*El criterio moral en el niño*, Fontanella, Barcelona, 1971, p. 335). Kohlberg matiza más esta evolución y señala varios niveles que van desde la obediencia pura y dura hasta la orientación por principios éticos universales. Su preocupación por ceñirse a la evolución del juicio moral le hace dejar en un segundo plano el campo de la acción. Me parece que lo que cambia en ese proceso evolutivo es el contenido y justificación de las órdenes que el niño se da, pero que la evolución real, psicológica, se mueve en otro plano. Lo importante no es que el niño vaya ampliando y haciendo más autónomo el juicio sobre la justicia, sino que decida darse a sí mismo órdenes basadas en el nivel *intelectual* autónomo.

No creo que se pueda apurar el paralelismo entre el comportamiento moral y el cognitivo tanto como quieren Kohlberg y Piaget. Los dos describen el desarrollo como un proceso por etapas. En el conocimiento, el niño pasa de las operaciones concretas a las operaciones formales. En el juicio moral, de un estado preconvencional, en el que obedece por miedo, a otro posconvencional, regido por principios. Por desgracia, una diferencia notable separa ambos procesos. Al pasar de un nivel cognoscitivo a otro, se anulan las evidencias de la etapa anterior. El niño de ocho años no comete nunca los errores que cometió a los cuatro. No sucede lo mismo en el terreno moral. Las evidencias de las etapas superadas no se esfuman, sino que siguen resonando en nuestra conciencia. La llamada de la obediencia convencional, primitiva, infantil, va a dejarse oír siempre, como una tentación o una amenaza. Desde la moral habrá que dar la razón a Descartes cuando pronunció una frase oscura y triste: «La desgracia del hombre es que nace niño.» Las ataduras de la infancia son extremadamente difíciles de desanudar.

4

Cada cultura transmite unos deberes y lo hace a través de las instituciones socializadoras. Al niño los deberes le llegan de fuera, transmitidos en un contexto de gran complejidad sentimental. El niño somete su comportamiento a unos jueces, sus padres, que son unos jueces a los que necesita, cuya mirada puede temer pero cuya mirada también anhela. ¡Mamá, mira lo que hago! es una expresión infantil muy frecuente que me da mucho que pensar. El niño, sea ifaluk, esquimal o español, aprende continuamente. Y muchos de esos aprendizajes consisten en hacer teorías sobre lo que le rodea. Son unos psicólogos *amateurs* de gran perspicacia, como ha contado con gracia un buen psicólogo, Nicholas Humphrey, en su obra *La mirada interior* (Alianza, Madrid, 1993): «Tenemos pruebas de que los niños de 28 meses de edad interpretan sus propios estados mentales y los estados mentales de otras personas, comentan las experiencias pasadas y futuras de ellos mismos y de los demás y hablan de cómo cambiará su propio estado mental o el de otra persona, o sobre qué es lo que lo provoca», escribe refiriéndose a los estudios de Inge Bretherton y Marjorie Beeghly.

El niño integra en un modelo los deberes multiformes que se le transmiten, muchos de los cuales ya están formulados en ese formato: los niños buenos hacen, los niños buenos no hacen. Lo que enseñamos a los niños cuando les enseñamos sus deberes es un mecanismo de darse órdenes y un modelo al que parecerse. Lo que se llama *voz de la conciencia* es la conjunción de ambos elementos. El niño –y el mayor– se da órdenes, compara su comportamiento con su modelo y se enorgullece o avergüenza.

El modelo, al menos en esa edad temprana, lo proporciona la sociedad, y en comparación con el resto de los modelos que forman parte de nuestro utillaje mental tiene una peculiaridad: no es un *modelo mental* para usar, sino un *modelo para realizar*. Ése era precisamente el carácter que Hartman descubría en los valores morales: son para ser hechos. Las razones para realizar el modelo son variadas: hacer lo que se espera de mí, ser querido, estar integrado en el medio social, ser alabado, escapar de la vergüenza o de la culpa, estar orgulloso de mí mismo, no ser castigado. Todos estos sentimientos nos enlazan afectivamente con el modelo y a veces nos esclavizan. Por su parte, el modelo tiene, como todos, lo que los especialistas en inteligencia artificial llaman *contenido proposicional* y *contenido procedimental*. Se define por unos rasgos y actúa mediante unas reglas, que son, en estricto sentido, las *ob-ligaciones*, las acciones que nos *ligan* al modelo que nos vemos impelidos a querer.

La presión del modelo se convierte normalmente en rutina, como describió Bergson, y muchas obligaciones se presentan como costumbres. El deber se amortigua cuando se convierte en hábito y se hace autónomo hasta camuflarse casi como naturaleza, es decir, como segunda naturaleza. Al igual que sucede en la realidad, donde todas las cosas se unen en redes inagotables de referencias, también cada obligación se enlaza y refuerza en un denso tejido de relaciones. «Muchas obligaciones», escribe Bergson, «serían débiles si se presentaran aisladamente. Pero forman parte de la obligación en general; y ese todo, que debe ser lo que es con la aportación de sus partes, confiere a cada una, en retorno, la autoridad global del conjunto. Lo colectivo viene así a reforzar lo singular, y la fórmula *"es el deber"* triunfa sobre las dudas que podríamos haber tenido ante un deber aislado» (*Les deux sources de la morale et de la religion*, en *Oeuvres*, PUF, París, 1963, p. 983).

En resumen, el niño sale de la infancia con una *estructura debitoria*, configurada por un *modelo* recibido de una autoridad con la que está unido por lazos de amor o miedo, y por un *Yo ejecutivo* elocuente que sabe hacer planes y darse órdenes. El *modelo* es un proyecto general de vida aceptado sin reflexión, con la misma ingenuidad con que se aceptan las reglas del lenguaje, y que el sujeto concretará a su manera. Sólo más tarde, cuando ese modelo entre en crisis por alguna razón, cosa que sucede con frecuencia en las sociedades abiertas y con menos frecuencia en las cerradas, el ser humano se preguntará: ¿Y por qué tengo que aceptar ese modelo? Si se hace la pregunta seriamente, está ya en terreno ético. Y la respuesta, tal vez, pueda ser escandalosamente inmoral.

5

La segunda pregunta sobre la obediencia decía así: ¿A quién obedecemos cuando obedecemos un precepto moral? Lo primero que se me ocurre pensar es: A la autoridad que instituyó el deber. ¿Y quién es? Al llegar a este punto los libros de ética me producen una gran confusión. La mayor parte de ellos consideran que esta pregunta hace referencia a la fundamentación de la ética, cuando en realidad sólo habla de la fundamentación de la moral, que es un hecho histórico, social y biográfico. Cuando el lector cumple un deber moral, ¿a quién obedece? Eso es lo importante en este punto. Si el deber es religioso, puede decir que a Dios. Bergson afirmaba que obedecíamos a la presión social o la llamada del héroe o del santo. Freud, por su parte, afirmaba que lo que en la moral «se nos aparece de grandioso, misterioso, místicamente evidente, debe tales caracteres a su nexo con la religión, *a su origen en la voluntad del padre*» (*Moisés y la religión monoteísta*, 1938).

Kant da una respuesta muy diferente. El hombre obedecerá a toda suerte de amos si es un esclavo, pero si es libre obedecerá a su razón. Y a continuación añadirá: y dado lo confuso que es el corazón humano, sólo podrá saber que es libre cuando decide obedecer a la razón. Dicho así parece coherente con la génesis de la inteligencia y la moral que he explicado. El sujeto, que ha salido de la infancia con la capacidad de darse órdenes, se las da, pero no como un vocero de autoridades externas, ni tampoco como un vocero de sus ganas, sino como Yo que decide dejarse guiar por normas que él promulga. La inteligencia, que empezó como un mínimo poder de autodeterminación, alcanza así su máximo nivel –por el momento– al instaurarse como legisladora de sí misma.

El lector comprenderá que esta decisión es también profundamente inmoral, pero muy ética. No resuelve ningún problema, sino que los plantea en escuadrones. ¿Todas las morales son rechazables? ¿Con qué criterio podemos tomar tan dramática decisión?

6

Este capítulo comenzó en una isla y termina en otra. Esta vez no nos conduce una antropóloga sino un novelista. William Golding contó en *El señor de las moscas* una parábola moral protagonizada por náufragos. En una isla deshabitada, un grupo de niños que ha sobrevivido a un accidente aéreo se ve obligado a inventar un modo de vida que le permita aguardar un eventual rescate. Esto exige colaborar en muchas tareas, buscar alimentos, construir refugios y mantener encendida una hoguera que pueda advertir de su presencia a algún barco. Pero las tareas no se cumplen espontáneamente o se realizan con intermitencias y sin orden. Pronto se ve la necesidad de «tener un jefe que tome las decisiones», pues hay que imponer algún tipo de normas. Aparecen dos candidatos, representantes de dos ideologías opuestas. Ralph es un niño razonable que quiere normas para que todos puedan opinar ordenadamente. Un ejemplo de ética dialógica: «No puede hablar todo el mundo a la vez», argumenta. «Habrá que levantar la mano como en el colegio.» Jack, su contrincante, se siente excitado por la posibilidad de imponer reglas: «¡Tendremos reglas! –gritó animado–. ¡Muchísimas! Y cuando alguien no las cumpla...»

Según aumentan los conflictos, tienen que aumentar las reglas. La situación empeora porque la obediencia a las normas es inconstante y porque el enfrentamiento de los dos líderes se encrespa. Poco a poco van mostrándose «dos universos distintos de experiencia y sentimiento, incapaces de comunicarse entre sí», escribe Golding. La racionalidad de Ralph contra la violencia de Jack. Éste no quiere mantener la hoguera encendida, prefiere cazar. Es posible que no quiera regresar a la civilización sino más lejos aún: a un estado salvaje en el que poder cazar y embriagarse con la sangre y bailar frenéticamente con sus compañeros de horda, despersonalizados bajo las máscaras. Por fin, Jack reclama a gritos el poder para él y para los violentos que le siguen, y lo hace con un argumento muy simple: «¡Al cuerno las reglas! ¡Somos fuertes!»

El único que percibe la gravedad del hecho es Piggy, un niño listo y débil, enfermo de asma, que al enterarse de que Ralph va a dejar el paso libre a su competidor, le pregunta aterrado: «¿Y qué me va a pasar a mí?» Instaurada la ley de los violentos, sólo los violentos sobreviven.

Jack, el nuevo jefe, tampoco puede mantenerse en el poder sin reglas. Se limita a poner otras: «Ya es hora de que se enteren algunos de que tienen que callarse y dejar que los otros decidan las cosas.» La irracionalidad y la violencia van cundiendo hasta provocar el previsible asesinato de Piggy. Ralph se queda solo y mientras huye para salvar su vida piensa «en una ciudad civilizada donde lo salvaje no podría existir. ¿Qué lugar ofrecía tanta seguridad como la Central de Autobuses con sus luces y ruedas?».

Todas las sociedades, desde las más complejas hasta la infantil creación de estos náufragos, están estructuradas por normas, pero no parece que todas las normas sean iguales. Convendría saber si las defendidas por Ralph son preferibles a las defendidas por Jack. Mantenerse en un relativismo moral es más fácil de palabra que de hecho. En un orden cerrado y estable todas las cuestiones morales se resuelven dentro de la moral, es decir sirviéndose de las normas compartidas por toda la comunidad; pero en las situaciones de cambio o de comunicación abierta son las propias morales las que necesitan justificación. El juez se convierte en acusado. ¿Pero quién puede juzgar al juez? ¿Existe algún fundamento válido, alguna justificación definitiva, algún criterio último de rango superior –de rango ético– que nos permita evaluar las distintas morales?

Es posible que si las culturas pudieran permanecer enclaustradas, sometidas a un aislamiento geográfico o a un fanatismo fundamentalista, las creencias morales sobrevivieran indefinidamente sin ser puestas en cuestión, pero no lo creo. No es la globalización de los problemas, ni el turismo, ni el comercio, ni las redes de comunicación los que ponen en un brete al provincianismo moral, sino la propia inteligencia humana, que aspira tenazmente a la fundamentación, la claridad y la ampliación de sus conocimientos y actividades, aunque muchas veces derrape. No hay que olvidar que las morales históricas son una estación de paso en la huida del ser humano hacia la felicidad: el dinamismo expansivo de la inteligencia puede equivocarse, pero no detenerse.

La hipótesis que intentaré probar en este libro se resume así: hay criterios que permiten evaluar las normas morales, hay un *modelo de sujeto* justificable como la mejor posibilidad humana y, por último, puede descubrirse un contenido de la felicidad que no se diluya en la infinidad de gustos privados. Por lo tanto, es posible dar el salto desde la *moral* a la *ética*. Puede fundarse un marco universal del comportamiento moral. Pero la ética no anula la riqueza inventiva de las morales, no nos condena a una uniformidad irrespetuosa con la diferencia, ya que ha de ser completada, encarnada, explotada por unas morales creadoras, concretas, plurales, que recuperen valores, sentimientos, conceptos, problemas y soluciones presentes ya en las *morales de la primera generación*, pero que ahora han reactivado sus evidencias y han sido aclarados. Quedan así fundados, criticados, evaluados a partir de la ética, para salvar lo salvable. Inventaremos así las *morales de segunda generación.* En fin, que las morales conducen a la ética, la cual, a su vez, conduce a nuevas morales, como ya le había advertido al lector.

Espero que el lector también recuerde que iba a pedirle su colaboración, y ha llegado el momento. Lo que resta del libro es, desde luego, un argumento, y como tal pretende fundamentar lo que dice. Pero es algo más: es un argumento *constituyente.* Hay que pensarlo en primera persona, no basta leerlo como la opinión del autor y guardarlo en las estanterías del recuerdo o en los desvanes del olvido. Habla de reactivar evidencias y eso sólo puede hacerlo cada sujeto concreto. No se trata de que yo pretenda convencerle: ése es un tipo de vanidad que no me afecta. Si he de ser sincero, me tienta más la vanidad de divertirle que la de convencerle. Si el argumento no le parece válido, tire el libro. Hay demasiadas cosas interesantes que hacer. Sucede que tengo el pálpito de que estamos en un *período ético constituyente*, que se caracteriza, precisamente, por que el sujeto va tomando conciencia de que alcanzar la *órbita ética* depende de que cada uno de nosotros busquemos y *afirmemos* las evidencias morales más claras y mejor justificadas.

Por esta razón estamos en la isla con los náufragos de Golding. ¿Y si nos halláramos en una situación parecida? Si tuviéramos que reinventar una moral, ¿sabríamos hacerlo? En la memoria personal tenemos un gigantesco repertorio de información: las distintas soluciones morales con sus éxitos y sus fracasos, las lecciones de la historia, el ejemplo de los héroes, el recuerdo de las víctimas, los análisis de los filósofos, las propuestas de los grandes creadores morales, los problemas de la vida cotidiana; nuestro desamparo y nuestro miedo, también nuestra benevolencia y nuestro ánimo, los descubrimientos de la ciencia y, sobre todo, la no desalentada esperanza de ser felices y la capacidad creadora de la inteligencia. ¿Qué podemos hacer con todo esto?

NOTAS, COMENTARIOS Y OTRAS COSAS MÁS

MARTA: Hoy vengo con los deberes hechos. Lo que mantiene en este capítulo es un batiburrillo de constataciones y de buenos propósitos. Todas las sociedades tienen una estructural moral con elementos análogos: normas, autoridad, sistemas de control, sentimientos transmisores, idea de la felicidad y de la perfección. En fin, un modelo de ser humano. El contenido de esas morales es abigarrado y heterogéneo porque es el producto de una evolución histórica en la que intervienen múltiples incidentes. Al leerlo he recordado una frase de François Jacob, premio Nobel de Biología: «La evolución es chapucera.» Usted piensa que hay que clarificar esos contenidos, evaluarlos, seleccionarlos, elaborar una *ética universal* que sirva para fundar las morales de segunda generación, que serían explícitas, lúcidas, justificadas y creativas. ¿No es eso?

A: Sí, eso es.

M: Me parece que usted actúa como lo hace un gramático que se encuentra con una lengua hecha e intenta averiguar cómo está hecha. Todo hablante sabe la gramática sin saberla, es un *tacit knowledge*, decía Chomsky; todo individuo sabe su moral sin saberla, dice usted, y quiere sacar a luz lo implícito y prestar voz a lo tácito.

A: En efecto, la gramática es una manifestación explicativa de lo implícito. También pretenden serlo el psicoanálisis, la psicología cognitiva, y todas las filosofías que se fundan en una reflexión transcendental. La ética, tal como la entiendo, tiene dos caras: una se vuelve hacia el pasado, hacia lo dado, hacia la moral histórica. Nuestra tarea consistirá en aprender sin empantanarnos. Para ello hemos de reactivar las evidencias dormidas en cada esencia cultural, sean creencias, costumbres o normas, reconstruir su genealogía y explicar todos los contenidos implícitos que sabemos pero no conocemos. La segunda parte de la ética mira hacia el futuro. Debe hacerse en primera persona porque necesita ser expresamente afirmada por cada sujeto, y afirmada con lucidez. Para ello hace falta adoptar una *actitud constituyente* y preguntarnos: ¿Podemos fundar una ética con validez universal?

M: ¿Y mientras tanto qué hacemos? Me parece usted un cartesiano de tomo y lomo. Como si los siglos no hubieran pasado, vuelve a recomendar que aceptemos una *moral provisional* mientras fundamos una nueva. Usted no está en la luna, está en el siglo XVII.

A: No sea tan vehemente. Yo no digo que haya que cambiar todas las morales, sino aclarar sus implicaciones. Se trata de cambiar nuestra relación con la moral y dar el paso de la *creencia* a la *justificación*.

M: Su interés por el análisis de lo implícito me recuerda la fenomenología. Merleau-Ponty decía que «somos nuestra cultura antes de pensarla», *Estructura del comportamiento* (Hachette, Buenos Aires, 1957). Hace bastante tiempo leí un libro de Mikel Dufrenne, autor al que conocía por su obra sobre la experiencia estética, titulado *La personnalité de base* (PUF, París, 1966), que es una curiosa mezcla de sociología y fenomenología. Decía cosas parecidas.

A: No soy sociólogo, pero me parece que es imprescindible una sociología fundamental que relacione los fenómenos sociales con el sujeto. Los grandes antropólogos americanos comprendieron bien que «la sociedad como tal es incapaz de pensamientos e invenciones» (Linton, R.: *The Study of Man*, Appleton Century Co., Nueva York, 1936, p. 78). «El individuo es a la vez el creador, el portador y la criatura de toda institución» (Kardiner, A.: *The Individual and His Society*, Columbia University Press, Nueva York, 1939, p. 9). Cada una de las obras humanas ha de servir como *índice* para investigaciones que analicen esas obras, estática y genealógicamente.

Es decir, mostrando las implicaciones intrínsecas, la red semántica que define, y, en segundo lugar, mostrando las operaciones subjetivas de las que proceden. Me parecen muy interesantes las obras de sociólogos influidos por la fenomenología. Por ejemplo: Schutz, A., y Luckmann, T.: *Las estructuras del mundo de la vida* (Amorrortu, Buenos Aires, 1977), y Berger, P., y Luckman, T.: *La construcción social de la realidad* (Amorrortu, Buenos Aires, 1991).

M: Si le he entendido bien, para analizar lo que hay usted recomienda un doble análisis: esencial y transcedental. Algo así como el estudio sincrónico y diacrónico de una lengua, aunque entendido este último no en sentido histórico sino subjetivo. Me pierdo con facilidad si no me pone ejemplos. Ya sabe que soy una estetizante y mi pensamiento es figurativo.

A: Le pondré uno anecdótico y divertido, proporcionado por un conocido suyo, Jean-Paul Sartre. Por lo que dice en *La ceremonia del adiós*, el libro de Simone de Beauvoir (Edhasa, Barcelona, 1982), a Sartre no le gustaba la fruta y prefería los postres de cocina. Tampoco le gustaban las sillas blandas y prefería los asientos duros e incómodos. El contenido de estos sentimientos puede estudiarse de las dos maneras: como una esencia y como fin de una génesis subjetiva. ¿Recuerda cómo explicaba esas preferencias?

M: Sí. La fruta le parecía casual, fáctica, porque no estaba penetrada ni dignificada por la libertad humana. En cambio, el postre de cocina es una obra libre. Su rechazo de las sillas cómodas se debe a que despreciaba el abandono y temía dejarse atrapar por la pegajosidad de la molicie. En ambos casos había una afirmación de la libertad como valor supremo.

A: Espléndido. Da gusto trabajar con expertos. Usted ha hecho un doble análisis: ha mostrado que entre la fruta y la silla había una relación sistemática, y ha buscado el origen de esa unidad en la idea de subjetividad y libertad que tenía Sartre.

M: Bueno, pero esa explicación pertenece al Sartre prestidigitador. Póngame un ejemplo menos personal.

A: Le pondré uno que ya he mencionado, pero que no me importa repetir porque plantea problemas muy graves en la actualidad. Me refiero al sentimiento patriótico. El análisis esencial nos dice que es un sentimiento de pertenencia e identidad, determinado históricamente, cuya red semántica incluye el orgullo, la abnegación y el heroísmo. No es de ayer la frase: *«Dulcis est pro patria mori.»* Pero si prolongamos el análisis descubrimos un rasgo de belicosidad, y podemos comprobar que no es un mero sentimiento de pertenencia, no es un sentimiento familiar ampliado, como sostienen muchos autores: es un sentimiento de *identificación contra*. Su genealogía implica tiempos de incertidumbre y lucha, cuando era preciso reafirmar la cohesión interna del grupo y sacrificarse por él. No era un sentimiento para colaborar con los de fuera, sino para proteger a los de dentro. Eso explica el enlace con el orgullo patrio y con los sentimientos familiares –la madre patria–. Como consecuencia ética de este análisis, le diré que me parece evidente que este sentimiento patriótico no sirve para la colaboración entre naciones y que debe repensarse, recrearse, tomando lo que deba conservarse e inventando un patriotismo de segunda generación.

M: Creo que le puedo poner más ejemplos. El libro de Jankélévitch que me recomendó está lleno de análisis parecidos. Por ejemplo me ha llamado la atención el que hace de la mentira. No me ha descubierto nada que no supiera, es decir, todo me sonaba a conocido, pero nunca había pensado en ello. Desde el punto de vista subjetivo, mentir es siempre un acto voluntario. No hay mentira involuntaria porque eso sería un error o una distracción. Es, además, un acto complejo, porque el sujeto ha de pensar algo que cree que es verdadero, construir después una proposición que no coincide con lo que piensa y expresarla con las mismas marcas pragmáticas con que lo haría si estuviera expresando sinceramente su creencia. He recordado que Umberto Eco dice que «la semiótica es la disciplina que estudia todo lo que puede usarse para mentir» (*Tratado de semiótica general*, Lumen, Barcelona, 1988, p. 28). En efecto, podemos mentir gracias a la capacidad que tenemos de manejar signos y significados. El propósito de la mentira es engañar, es decir, inducir una creencia falsa en la mente del oyente. Esto sería, supongo, el análisis genético. Es curioso que Jankélévitch la relaciona con el instante. La mentira tiene una validez efímera y eso hace que el mentiroso tenga que estar manteniéndola constantemente. Es también una solución *fácil* y limitada al presente. O sea, sirve sólo para salir del paso y, normalmente, para meterse en un callejón sin salida, porque para mantener la mentira el mentiroso tiene que seguir mintiendo, lo cual le condena a una cierta soledad. No puede sincerarse nunca, porque se le vendría abajo el edificio. Dice una cosa muy curiosa: «El verdadero castigo de los mentirosos es la pérdida de su identidad.» Me ha recordado a Sartre, que de niño representaba continuamente un papel ante los demás y cuando se quedaba a solas no sabía lo que tenía que sentir.

A: Le felicito por su análisis, Marta.

M: Pues entonces sigo, porque he releído un libro de Rof Carballo, titulado *Violencia y ternura* (Espasa Calpe, Madrid, 1988), y he encontrado una relación interesante, en la que yo no había pensado, entre el amor y la prisa. Dice que la prisa se opone a la ternura, y es verdad. No hay ternura apresurada. La ternura entrega el control del tiempo a la propia manifestación del sentimiento. Esto tiene una importancia indudable en las relaciones sexuales, en las que el *tempo* femenino es distinto del *tempo* masculino. Una vez más he saltado a Sartre, que describió la relación de la prisa con la violencia. El apresurado lo quiere todo ahora. Y la efracción, la violencia es el camino más corto. ¿Para qué guardar las formas, que siempre son lentas? En mi picoteo de Aristóteles he visto que da una razón curiosa para explicar por qué no se pueden tener muchos amigos verdaderos. La amistad, dice, implica conocer a una persona y eso lleva tiempo. Todo esto es muy divertido e interesante, pero no veo su importancia para la ética.

A: Pues la tiene, y muy grande. No podemos pronunciarnos acerca de los valores de una moral sin saber lo que contienen. Más aún, no podemos ni siquiera saber lo que sentimos, ni distinguir entre lo que *sabemos* y *creemos*, sin intentar aclarar, traer a la luz de la evidencia, todas esas implicaciones ocultas.

M: Es posible que entonces aparezcan contradicciones en las que no habíamos reparado. A veces da la impresión de que nos empeñamos en proyectos contradictorios, imposibles, que nos producen frustraciones e infelicidad. Hay, por ejemplo, una contradicción difícilmente salvable entre el éxito profesional y una vida familiar intensa y cuidadosa. Lo urgente va a chocar con lo importante siempre. Cuando vivía en Estados Unidos conocí a gente relacionada con la Escuela de Palo Alto que hablaba mucho de las paradojas de la comunicación. Creí entender que esas paradojas ignoradas eran el origen de buena parte de las enfermedades mentales.

A: Así es. La editorial Herder ha editado varias obras de Watzlawick, un hábil comunicador de esta psico(pato)logía de la comunicación (tomo en préstamo este neologismo tan gráfico a Castilla del Pino). Hace ya muchos años, Karen Horney habló de la personalidad neurótica de nuestro tiempo, causada por los mensajes contradictorios que nuestra cultura lanza.

M: La descripción que ha hecho de *lo moral* me ha parecido muy vaga. La presión social impone formas de comportamiento que van desde la moda a la religión. No acabo de situar lo moral en este aluvión normativo.

A: He preferido describir la maraña moral porque creo que así funciona en las culturas, y ésta es otra razón para que el análisis de sus contenidos sea necesario. Piense, por ejemplo, que la vergüenza es un sentimiento de gran relevancia moral. Sin embargo, sentimos vergüenza por muchos motivos de desigual calado. No es lo mismo avergonzarse por llevar un traje anticuado que por faltar a la palabra dada, pero el sentimiento es análogo. Esta confusión hace de la vergüenza un sentimiento bajo sospecha. Una prueba de esta confusión es el intento de la psiquiatría para meter todas las vergüenzas y culpabilidades en el mismo saco y *curarlas*. Lea, si le interesa el tema, la *Psicología de la vergüenza* (Herder, Barcelona, 1994), de Gershen Kaufman. Si no aclaramos las cosas, corremos el peligro de tirar el niño a la basura junto con los pañales sucios. Esto es lo que quería describir.

M: Bien, pero ¿en qué consiste lo moral?

A: Le daré una definición académica: «La moral es un sistema de normas, principios y valores, de acuerdo con el cual se regulan las relaciones mutuas entre los individuos, o entre ellos y la comunidad, de tal manera que dichas normas, que tienen un carácter histórico y social, se acaten libre y conscientemente, por una convicción íntima, y no de un modo mecánico, exterior o impersonal» (Sánchez Vázquez, *op. cit.*, p. 81). Esto es verdad, pero me gustaría precisar lo de *convicción íntima*. Se puede ser moral sin saberlo, como aquel otro podía ser prosista. En todos nosotros se da la «moral como estructura», que decía Aranguren. Pero las convicciones íntimas pueden ser de muy diverso pelaje. Agnes Heller hace bien en tener en cuenta, para precisar el campo de lo moral, el tipo de justificación que se da de los actos. Hay conductas morales de una opacidad casi inconsciente, que proceden de una aceptación o rechazo torpes de la moral vigente. La lucidez moral procede de una elección. «Debemos elegirnos primero como personas que contrastan normas o acciones desde un punto de vista moral. Como personas que dan preferencia al punto de vista moral sobre otras razones (pragmáticas): igual que Kierkegaard, entiendo por *elección existencial* la elección de la elección entre el bien y el mal» (*Más allá de la justicia*, Crítica, Barcelona, 1990, p. 366).

M: Una pregunta de profana. ¿Hay semejanzas entre las distintas morales?

A: Parece que sí. Los antropólogos admiten que determinadas características de un sistema cultural son esenciales para el mantenimiento de la vida, y que es inevitable que haya en toda sociedad un conjunto de valores, normas e instituciones que las configure. Por ejemplo, toda sociedad debe asegurar algún modo de organización familiar, y también la educación de la descendencia para realizar las tareas imprescindibles. Además, hay que conseguir la seguridad del grupo. Y un largo etcétera. No es, pues, extraño que existan en todas las sociedades normas referidas a la familia, a sus responsabilidades respecto a la educación de los niños, a los deberes de la comunidad.

M: ¿Y respecto de los valores? ¿Hay alguna segmentación conceptual fija?

A: Parece que los antropólogos han encontrado valores comunes, que serían esas esencias culturales de las que ya hemos hablado. Kluckhohn escribe: «Todas las culturas poseen el concepto de asesinato distinguiéndolo del de ejecución, muerte en guerra y otros homicidios justificables. Las nociones de incesto y otras reglas relativas al comportamiento sexual, y la prohibición de mentir en circunstancias definidas, las nociones de restitución y reciprocidad, de obligaciones mutuas entre padres e hijos, estos y otros muchos conceptos son absolutamente universales» («Ethical Relativity: Sic et Non», *Journal of Philosophy*, LII, 1955, pp. 663, 677). Kohlberg y sus colaboradores, por su parte, sostienen que hay una universalidad en la secuencia de los estadios de la evolución moral (Kohlberg, L.: *Psicología del desarrollo moral*, Desclée de Brouwer, Bilbao, 1992, p. 87). Anna Wierzbicka, una filóloga muy interesante que ha trabajado concienzudamente sobre los primitivos semánticos, escribe: «La verdad sobre la *comprensión humana* está basada en un universal y presumiblemente innato *alfabeto de pensamientos humanos*, y este *alfabeto de pensamientos humanos* es el que nos ofrece una clave para comprender a otros pueblos y a otras culturas (*Semantics, Culture, and Cognition*, Oxford University Press, Nueva York, 1992). Ralph Linton mantiene que la universalidad se da en los valores básicos, que normalmente se asocian con la satisfacción de las necesidades básicas de los individuos, tanto físicas como psicológicas, y la realización de las condiciones necesarias para la supervivencia y el funcionamiento eficaz de las sociedades» («The Problem of Universal Values», en R. F. Spencer [ed.]: *Method and Perspective in Anthropology*, University of Minnesota Press, Minneapolis, 1954).

M: ¿Y no podríamos mantenernos en esa pluralidad de morales? ¿Por qué saltar a la ética? ¿No bastaría con una tolerancia universal?

A: Muchos antropólogos suponen que sí. Ruth Benedict concluía sus *Patterns of Culture* reconociendo que no había modo de evaluar las distintas culturas: «Lograremos una fe social más realista aceptando como bases de esperanza, y como nuevos fundamentos para la tolerancia, las pautas de vida coexistentes e igualmente válidas que la humanidad ha creado por sí misma a partir de la materia prima de la existencia.» La primera crítica es que la tolerancia es un principio paradójico de selección: ¿hay que tolerar a los intolerantes? Esas afirmaciones sobre la validez de todas las culturas convierten la moral en un hecho estético y son de una ingenuidad sorprendente. Afirmar que todas las culturas –y sus morales– son igualmente válidas suena bien cuando lo dice un etnólogo feliz por estudiar pueblos distintos y distantes, que no afectan para nada a su vida cotidiana. Pero también hay diferencias culturales a la vuelta de mi esquina, y ése es otro cantar. Cada tribu urbana tiene su moral. ¿Hay que admitir la brutalidad de los *skin-heads* como una mera peculiaridad folklórica? No lo creo. Además, lo interesante no es tanto la evaluación de lo pasado como la respuesta a una pregunta sobre el futuro: ¿Sería bueno crear una ética universal?

M: ¿Podría decirme qué entiende usted por *valores*?

A: Lo intentaré. Cuando usted ve ese mar que avanza y retrocede jugando como un gato con la playa, percibe una superficie azul. Ya sabemos que el mar no es azul. Más aún, sabemos que ninguna cosa es azul. Llamamos así a la experiencia consciente que tengo cuando una onda luminosa de una longitud determinada incide en mi retina. El azul es un fenómeno psicológico fundado en una energía física. A partir de esa experiencia puedo manejar «lo azul» como si fuera una realidad independiente, aunque no haya nada de ese color a mi alrededor. Hablo del azul, lo imagino, pienso en él. Reconozco que sus ojos son azules a ratos. También son azules los mantos que pintaba el dulce Fra Angélico y el Guadarrama visto en la lejanía. Si alguien me preguntara cuál es mi color preferido diría sin dudarlo que el azul. Pero no existe «el azul». Existen en las cosas miles de matices azulados. No importa, he segmentado el continuo de los colores y a una franja no muy precisa la he llamado *azul*. Los estudios de Eleanor Rosch han mostrado que no es una segmentación arbitraria, pues se da incluso en culturas que carecen de la palabra *azul*, las pobres. Bien, hasta aquí sólo he hablado de *significados perceptivos*. Ocurre que nuestra relación con la realidad no es sólo perceptiva, sino también sentimental: las cosas me alegran, me entristecen, hieren, atemorizan, exaltan. No veo sólo que sus ojos son azules sino también que son muy bellos, y que miran unas veces con una ternura vulnerable y enseguida se protegen con un guiño burlón...

M: ¿No le importaría tomar los ejemplos del mar, que no puede protestar?

A: Perdóneme, Marta, me cuesta trabajo no elogiar lo que me gusta. Porque eso es lo que ocurre: que veo las cosas y me gustan o me disgustan. Veo una paloma y veo que es blanca y aburrida. En cambio, la gaviota es blanca e irritante, si la mira de cerca. En fin, que siento cualidades agradables, desagradables, interesantes, no interesantes, atractivas, enfurecedoras, aversivas, irritantes o apaciguadoras, estimulantes o deprimentes. Son *significados valorativos*. Pues bien, la inteligencia puede manejar esos significados, puede pensarlos, aunque no los esté sintiendo en ese instante. No hace falta tener sed para valorar el agua, pero sí para sentir su valor. Esos *significados* derivados de una experiencia sentimental son los *valores*.

III. LA ERGOMETRÍA DE LAS EVIDENCIAS

1

Don Nepomuceno Carlos de Cárdenas pensaba a lo valentón, como dijo Gracián que había pintado Velázquez, alternando con despejo el valor y el saber. Tan generosa mixtura condujo al señor de Cárdenas a un racionalismo apasionado, un punto atropellado y confuso, pero muy estimulante, al que suelo acudir cuando me encuentro en algún berenjenal teórico, y el capítulo anterior me ha dejado en uno bien frondoso. ¿Hay algún criterio que nos sirva para distinguir lo bueno de lo malo, lo justo de lo injusto, lo que nos acerca a la felicidad y lo que nos separa de ella?

Para los lectores tardíos que no hayan leído TIC, recordaré que don Nepomuceno poseía un ingenio azucarero en la cubana bahía de Batabanó, era esclavista y sospecho que sus esclavos debían de ser numerosos e incluso acercarse a lo multitudinario. Era hijo de su tiempo y en consecuencia aceptaba como bueno lo que por tal se tenía, pero su tiempo era el de la Ilustración, cosa que comprometía seriamente la estabilidad del paisaje y las costumbres, porque los ilustrados dieciochescos dieron en pensar que lo más aceptable de entre todo lo aceptable era dejarse guiar por la Razón, y esto, que tan razonable parece, es una creencia subversiva, revolucionaria y, para colmo, verdadera, como espero mostrar al lector.

Pues bien, intensamente alumbrado por las ideas de la Razón y el Progreso, don Nepomuceno Carlos llegó a la conclusión de que debía contribuir al progreso racional de la Humanidad liberando a sus esclavos. Tropezó entonces con la inercia, que es el pegajoso obstáculo de toda obra creadora, sea artística, científica o moral. Contra toda previsión, sus esclavos rechazaron la libertad y pretendieron convencerle de que cambiase tan molesta gracia por un día de asueto y una ración de ron a la semana. Actuó como portavoz –y supongo que como incitador y consejero de los esclavos– su capataz, Nicolás Butamba, que por lo que sé era un negro listo y mangoneador, instruido y artista –suyos son los dos retratos de don Nepomuceno que nos han llegado–, a quien la perspectiva de perder su posición debió de saber a pimentón y oropimente.

No estaba en los alcances de don Nepomuceno arredrarse y emprendió la tarea de convencer a Nicolás primero y después al resto de los esclavos de que debían querer la libertad y ya que no luchar por ella al menos aceptarla. Lo tomó como un ejercicio de pedagogía moral, uno más entre los múltiples que había acometido a lo largo de su vida. Toda su ética ilustrada se resumía en dos proposiciones. La primera decía: «Se debe preferir lo preferible.» La segunda: «Lo preferible es, en cada caso, lo que parece mejor a la luz de la razón.»

Cuando don Nepomuceno expuso estos principios a Nicolás Butamba, éste negó con aire displicente y replicó: «No se moleste, amo, en dar razones que siempre serán razones de amo blanco. Lo preferible para la razón del negro es que las cosas sigan como están.»

Nada podía irritar más a don Nepomuceno que una contestación tan poco ilustrada. De la polémica que mantuvo con su capataz, y con María Eugenia, una sobrina huérfana recién llegada de la profunda Extremadura, tendrá el lector noticias a lo largo de este libro.

Lo que había planteado Nicolás Butamba es uno de los problemas que han acompañado como una pesadilla a la filosofía a través de siglos y sistemas. La palabra *criterio* despierta en nosotros un eco sentimental contradictorio. Se entiende que los *hombres de criterio* son solemnes, vetustos, prudentes y convencionales. En cambio, los *críticos* pueden ser inconformistas, innovadores y posmodernos. Al parecer, hemos conseguido hacer crítica sin criterios, lo que es gran maravilla. Esta paradoja es inexistente, por supuesto, ya que de hecho utilizamos continuamente criterios, es decir patrones que nos permiten identificar, seleccionar y evaluar las cosas. La palabra procede del griego *krino*, que significa *separar*. Crisis es una decisión que unas veces tiene carácter dramático y otras no.

Aplicamos criterios sin parar y sin darnos cuenta. Cada vez que elegimos, expresamos nuestros gustos, aprobamos o vituperamos, acogemos o rechazamos, odiamos o queremos, estamos utilizándolos. Sucede que muchas veces esos criterios son implícitos y ni siquiera nosotros mismos, los poseedores y usuarios, los conocemos explícitamente. Forman parte de nuestros mecanismos mentales, son esquemas sentimentales que nos permiten asimilar la realidad afectivamente evaluada. Al vivir, vamos configurando nuestros criterios evaluativos sin someterlos a examen. Esto vale para todo tipo de criterios, cognoscitivos, estéticos, amorosos o morales. Cuando percibo la belleza de una mujer y cuando Dirac percibía la belleza de una ecuación matemática, ambos estábamos realizando operaciones muy semejantes, aunque una de ellas no premiada con el Nobel. Uno de los métodos para investigar los niveles no conscientes de nuestra subjetividad es, precisamente, analizar cuáles son nuestras preferencias y los esquemas de evaluación que automáticamente utilizamos. Las morales proporcionan criterios de evaluación muy precisos que asimilamos con tanta perfección que se convierten casi en una segunda naturaleza. Nos olvidamos de que los hemos recibido y de que dirigen la percepción de los valores, y acabamos viendo los valores erguidos de pie frente a nosotros. Siempre ocurre así: cada vez que ignoramos nuestra actividad creadora caemos en algún tipo de mitología. En este caso, en la mitología de los valores independientes del sujeto.

2

Todo esto está muy bien, pero si construimos los criterios de evaluación de una manera involuntaria, inconsciente y cómoda, ¿dónde está el problema? Pues en que todo hace pensar que hay criterios muy desafortunados. Es cierto que el refranero dice que «de gustos no hay nada escrito», con lo que parece que legitima todas las evaluaciones, pero también afirma que «hay gustos que merecen palos», con lo que retira con una mano lo que dio con la otra: así funciona el refranero, y por eso es infalible.

Observemos con más cuidado los criterios. Unos son privados y otros intersubjetivos. Aquéllos valen para un sujeto, éstos para todos. Lo difícil es distinguir unos de otros. Lo que me hace pensar que una demostración es aburrida es un criterio privado. Lo que me fuerza a aceptarla como verdadera es un criterio objetivo. Si el lector ve con claridad cuándo debe usar uno y otro, le envidio. En ciencia tiene que emplear los criterios objetivos. ¿Y al enamorarse? Al evaluar la marcha de una fábrica, los objetivos. ¿Y al elegir la actividad a que va a dedicar su vida? Al criticar una teoría física, los objetivos. ¿Y al mirar un cuadro? Por último, se plantea el caso más peliagudo. Y la acción, ¿cómo evaluaré la acción?

No puedo dar un paso más, es decir no puedo ni escribir una frase más, sin saber si hay criterios que me permitan distinguir lo verdadero de lo falso y lo bueno de lo malo.

Pues lo tengo muy difícil porque, empezando por el criterio de verdad, que me parece el más sencillo, su existencia parece imposible por dos razones que tengo que contar al lector, con la esperanza de que no le descorazonen más allá de lo necesario. En primer lugar, para ser fiable un criterio de verdad tendría que someterse a un criterio de verdad, el cual, a su vez, tendría que someterse a un criterio de verdad, con lo que estaríamos brincando de criterio en criterio hasta el día del Juicio Final, lo que haría que su utilidad fuera muy escasa. Para decirlo en términos estrictos: un criterio de verdad tiene que ser autosuficiente o tiene que estar garantizado por otro criterio. Hasta la fecha no se ha encontrado ningún criterio de verdad absoluto, a pesar de que los filósofos lo han buscado con denuedo, luego estamos obligados a remitirnos al infinito en la serie de los criterios. Pero un criterio infinitamente lejano no es un criterio, luego no hay criterio de verdad.

La segunda razón de la imposibilidad del criterio de verdad es igualmente contundente. Ocurre que la verdad es la adecuación entre lo que pienso o experimento y la realidad. La proposición «Esta noche ha nevado» es verdadera si efectivamente anoche nevó. Es decir, se trata de una especial relación entre un suceso subjetivo –*las experiencias o pensamientos*– y uno objetivo –*la realidad*–. Pero para estar seguro de que mi pensamiento se adecua a la realidad tendría que comparar mi pensamiento con la realidad tal como es fuera de mi pensamiento. Tendría que estar dentro y fuera de mi conciencia. Expuesto en términos muy toscos, suponga el lector que en este instante todo el universo se redujera un millón de veces. ¿Lo notaría? Tenga en cuenta que los instrumentos de medida, el metro por ejemplo, también disminuirían y que el kilómetro continuaría midiendo mil metros (devaluados). ¿Podemos salir de nuestra experiencia y ver cómo es la realidad? Kafka contó la historia de un animal que construye una madriguera donde refugiarse. Una vez dentro, a cubierto, empieza a preocuparle la idea de si estará bien disimulada la entrada. Sale a comprobarlo, pero al hacerlo desbarata el camuflaje. Entra, lo recompone y vuelve a preocuparse, sale, entra, sale, entra. No puede estar dentro porque quiere verse desde fuera. No puede estar fuera porque necesita estar dentro. Para estar seguro dentro de la madriguera ha de estar fuera vigilando. Bueno, pues algo así sucede con el criterio de verdad.

Esta dificultad la señalaron ya los escépticos griegos, que eran muy listos. Un criterio sólo puede estar en la conciencia o fuera de ella. Si está en la conciencia no sirve para indicar la coincidencia de esa misma conciencia con un objeto exterior a ella, sino a lo sumo la igualdad con otro contenido de la conciencia. La otra solución es que el criterio no esté en la conciencia, pero si no lo conozco, si está tan fuera de mí como el objeto, tampoco me sirve. Y si tengo que conocerlo, necesito un criterio para saber si de verdad lo he conocido.

¿Hay alguna manera de apartar estas dos objeciones? ¿Podemos afirmar un criterio de verdad? Creo que sí: hay un criterio de verdad autosuficiente pero no absoluto. Esto hace que podamos fiarnos de la verdad, *pero no del todo.*

3

Este criterio puede enunciarse de manera muy sencilla: *Lo que veo, lo veo.* ¡Qué descanso produce esta simplicidad! Me da tanta vergüenza proponer un criterio tan simple que voy a apelar a Moritz Schlick, filósofo de la ciencia, positivista lógico, miembro del Círculo de Viena, es decir un pensador con espléndido *pedigree*, para protegerme. Schlick escribió: «Cualquiera que fuera la imagen del mundo que yo construya habrá de someter a prueba su verdad, siempre en relación con mi propia experiencia. Nunca permitiría que alguien me quitase su apoyo: mis propios enunciados de observación serían siempre el criterio último. Exclamaría, por así decirlo: ¡Lo que veo, lo veo!» («Sobre el fundamento del conocimiento», en Ayer, A. J. [comp.]: *El positivismo lógico*, FCE, México, 1965, p. 225). El lector ya sabe que este tipo de citas no tienen ningún valor científico. Mi abuela decía que siempre habría un roto para un descosido, e, igualmente, un pensador siempre encontrará una cita que le venga al pelo. Sólo la transcribo para sentirme acompañado.

A lo que veo –sea en sentido estricto o como metáfora del conocimiento en general– se lo ha llamado siempre *evidencia.* En castellano, esta palabra significa un fenómeno subjetivo. El minucioso Domínguez en su diccionario (1846) lo define así: «Certeza clara, paladina, manifiesta y segura y tan perceptible de alguna cosa, que no es posible dudar de ella. Moral: la certidumbre de alguna cosa de modo que el sentir o juzgar lo contrario sea tenido por temeridad. De sentimiento: el conocimiento cierto de los fenómenos que uno observa en sí mismo. De hecho: la que se adquiere por medio de la observación. Sensible o de los sentidos: el testimonio irrecusable debido a las impresiones comunicadas al alma por los sentidos.»

Hago estas precisiones tan farragosas porque actualmente la palabra *evidencia* está contagiándose del significado que tiene en inglés el término correspondiente. Pero *evidence* se usa sobre todo en el sentido de *prueba, testimonio*, es decir, algo exterior. En un juicio el abogado tiene que presentar debidamente etiquetadas las *evidencias* que incriminan al acusado. La evidencia que demuestra una enfermedad son los análisis de laboratorio. Prefiero usar la palabra en su sentido subjetivo, que me parece el fundamental. Esa prueba, testimonio, experimento, aparece como *evidente* en un *acto subjetivo de evidencia.*

Lo que mantengo es que esa *evidencia subjetiva* es nuestro último criterio de verdad. No puedo dejar de afirmar aquello que se me impone con claridad. Que el mar está ahí enfrente, que dos más dos son cuatro, que yo existo, que la tierra está inmóvil y que el sol se mueve en el cielo, que es azul. Desgraciadamente, no puedo prescindir de la evidencia ni tampoco fiarme de ella: la tierra se mueve, el sol está más quieto de lo que parece y el cielo no es azul.

A pesar de la fragilidad de la *evidencia subjetiva* los logros de la ciencia van a depender de la habilidad con que sepamos utilizar tan débil fundamento. Tenemos que saber explotar nuestra evidencia subjetiva con la misma tenacidad, talento y cautela con que se explota una mina difícil.

Lo que sigue, aunque no está entrecomillado, es un texto de Husserl. Al quitarle las comillas me lo apropio por completo y lo hago porque me parece verdadero y esclarecedor. Pertenece a la segunda «Meditación cartesiana», párr. 24. **(¿Ve como tenía que aparecer Descartes? Marta.)**

Evidencia designa, en un sentido amplio, un *fenómeno general y último* de la vida intencional. Se opone a lo que se entiende habitualmente por *tener conciencia de algo*, puesto que esta conciencia puede a priori ser *vacía* –puramente abstracta, simbólica, indirecta, no-expresa–. La evidencia es un modo de conciencia de una distinción particular. En ella, una cosa, una situación, una generalidad, un valor, etc., *se presentan ellos mismos, se ofrecen y se dan «en persona».* En este modo final, la cosa está «presente ella misma», dada «en la intuición inmediata», *originaliter.* Para el Yo significa que no se refiere a algo confusamente, por pre-nociones vacías, sino que esta pegado a la cosa misma, que «la capta, la ve y la palpa». La *experiencia*, en el sentido vulgar del término, es un caso especial de la evidencia. Podemos incluso decir que la evidencia, tomada en general, es *experiencia en un sentido muy amplio y sin embargo esencial.* Ciertamente, en relación con cualquier objeto, la evidencia no es más que un caso accidental de la vida de la conciencia. Sin embargo, ese caso designa una posibilidad que es la meta hacia la que tiende toda intención para todo lo que es o podría ser su objeto: designa por consiguiente *un carácter fundamental* y esencial *de la vida intencional en general.* **(Creo entender en este galimatías que somos impenitentes buscadores de evidencias cada vez más fuertes, y que no se trata de un propósito voluntario, sino del destino mismo de la conciencia. ¿Es eso? Marta. / Es eso. Autor.)**

Entre el mar y yo hay una platanera. No, ésta no es una descripción exacta, lo intentaré de nuevo. No puedo dejar de ver esa masa verde de líneas quebradas que destaca sobre el fondo azul como una platanera real. Las dos cosas se me imponen, lo que veo y que lo que veo es real. La *evidencia* es el aspecto noérgico de nuestra relación cognoscitiva con la realidad. En nuestra experiencia subjetiva algo aparece como indudable, enérgicamente presente, en persona, como dice Husserl.

Éste es el criterio fundamental de nuestro conocimiento crítico: *Todo lo que se presenta como evidente a un sujeto exige ser admitido como verdadero por ese sujeto.*

La evidencia cognoscitiva tiene como acto originario y fundacional la *percepción sensible.* Su peculiar dignidad no se debe a que nos proporciona información sobre lo que nos rodea, cosa que por supuesto hace. La merece por ser el único lazo que nos pone en contacto con lo existente. Cada vez que hacemos un juicio de existencia –da igual que sea sobre la platanera, los agujeros negros o sobre Dios–, en algún momento de la argumentación tiene que aparecer una percepción sensible. Las más sofisticadas teorías acerca de las partículas elementales, que sólo tienen significado en sus formulaciones matemáticas, cuando quieren hacer afirmaciones de existencia, es decir, existe una partícula con estas características, tienen que descubrir el modo de enlazar esa abstracta teoría con algún experimento que el ojo humano pueda percibir. Este camino, que a veces es larguísimo, es la gran creación de la actividad científica.

Pero en este libro no estamos hablando de ciencia sino de ética, no tratamos de lo que es sino de lo que debe ser, no hablamos de hechos sino de valores. ¿El criterio fundamental del conocimiento vale también para la ética? Sí, lo único que cambia es el acto originario y fundacional, que no es la percepción sensible, sino la percepción sentimental. El primer principio debe, por ello, reescribirse así: «Todo lo que se presenta como evidentemente fruitivo ha de ser admitido como bueno por ese sujeto.»

No podemos prescindir de este primer criterio ni en el ámbito del conocimiento ni en el de la evaluación. No podemos eliminar esa fuerza que se nos impone en la percepción sensible o afectiva, y sin embargo salta a la vista que es un criterio muy endeble. Pero de cómo invierta ese pequeño tesoro va a depender el alcance y la seguridad de mi conocimiento y la justeza de mis evaluaciones. Todo el problema de las ciencias reales –las formales tienen otros problemas– puede formularse así: ¿Cómo es posible conocer la realidad de forma más completa y segura a partir de este fragmentario e inseguro instrumento que es la percepción? Paralelamente, el problema central de la ética sería: ¿Cómo fundar universalmente la evaluación de las posibilidades humanas a partir del fragmentario e inseguro instrumento que es la percepción sentimental?

Los defensores del empirismo científico o del hedonismo ético suelen reducir en exceso el papel de la percepción sensible o de la experiencia del placer considerándolo un criterio de sencilla aplicación. No es así. La grandeza de la ciencia o de la ética es sacar el máximo provecho de esos míseros criterios. La oscilación de un indicador en una pantalla es un pobre conocimiento, pero si el científico ha conseguido relacionar esa percepción tan anodina con una construcción teórica, ¡ah, entonces todo cambia! Esa sencilla oscilación corrobora todo el castillo de ideas. La mera observación sin una teoría no vale científicamente para nada. En ética sucede lo mismo. La experiencia fruitiva es como la observación científica, verdadera, sin duda, pero miope. La finalidad de la ética es utilizar esa experiencia corroborativa irremplazable dentro de una ambiciosa teoría.

4

Las evidencias subjetivas, sean cognoscitivas o afectivas, parece que nos encierran en el mundo de las verdades y las evaluaciones privadas. Si el criterio definitivo es el *lo veo* o el *me gusta*, me convierto en definitivo juez acerca de la realidad y sus posibilidades. Ante cualquier crítica siempre podré contestar: *Yo veo lo que veo y siento lo que siento.* El argumento de Nicolás Butamba era, por lo tanto, irrefutable. La esclavitud era buena... para él.

Dos hechos vienen a alterar la tranquilidad que este criterio tan simple producía. El primero de ellos es el fenómeno del error, que todos experimentamos si no cien veces, mil. El segundo es más sutil y lo llamaré *los niveles de la evidencia.*

¿Qué es el error? Es la experiencia de una tachadura. Algo que manifestaba su evidencia resulta anulado. ¿Por quién? Por otra evidencia que aparece dotada de mayor fuerza. Durante milenios los hombres aceptaron la evidencia perceptiva que les decía que el sol se mueve sobre nuestras cabezas. En la actualidad sabemos que no ocurren así las cosas y que nuestra evidencia perceptiva, que sigue siendo evidencia porque no podemos dejar de admitirla, nos engaña. ¿Cómo lo sabemos? Porque hemos tenido que *rendirnos ante la evidencia más fuerte.* ¡Qué estupenda expresión!

La evidencia no es una iluminación brevísima como un relámpago, sino una experiencia distendida en el tiempo. Lo que vemos va siendo corroborado por el proceso perceptivo. Entro en un jardín y veo unos preciosos macizos de tulipanes en flor. Me encantan estas flores tan geométricas, claras y distintas, tan cartesianas, Marta. La prestancia uniforme y disciplinada del tulipán serena el ánimo del jardinero que ha tenido que bregar con especies más díscolas, como los rododendros. Paseo disfrutando de los escuadrones florales, pero caigo en la cuenta de que el verano está ya muy avanzado y no es tiempo de tulipanes. Me acerco y toco sus pétalos que tienen una textura rígida, poco vegetal. Tiro de uno de ellos y sale limpiamente de la tierra, sin bulbo ni raíces. Es de plástico. La evidencia que se había ido corroborando hasta ese instante estalla: no eran tulipanes. En mi conciencia se instala otra evidencia: son imitaciones en plástico. No he salido de la evidencia; lo único que ha sucedido es que una evidencia ha sustituido a otra. Ni siquiera ha habido discontinuidad en la línea de la existencia: los objetos han permanecido allí, frente a mí, consistentes. Sólo ha cambiado el contenido, el significado de la percepción: creí que lo existente eran tulipanes y ahora sé que son chismes de plástico.

Así pasan las cosas a todos los niveles, lo mismo en la experiencia cotidiana que en las más sofisticadas teorías científicas. El error es siempre la confrontación de dos evidencias que no pueden unificarse en un proceso de corroboración. Hay que hacer una historia de la certeza humana –que incluiría la ciencia, la ética, la estética, la religión, el derecho– que cuente este proceso de evidencia, decepción y búsqueda de una evidencia más segura. Es el dinamismo intrínseco a la inteligencia que tiende a conocer más y mejor y a evaluar con más justeza. Una evidencia pone fuera de juego a la evidencia anterior. El sistema tolemaico, que durante siglos sirvió para explicar científicamente los sucesos astronómicos, quedó arrinconado por el empuje del nuevo sistema de Copérnico. Durante milenios se tuvo la evidencia de que la mujer era un ser inferior, hasta que una evidencia más fuerte fue desalojando trabajosamente la evidencia anterior de la cabeza de los mortales. Durante siglos se destruyeron monumentos artísticos para construir encima otros más a la moda. Ahora tenemos la evidencia estética de que el verdadero arte no resulta afectado por el tiempo ni por las diferencias culturales.

En el ámbito de la experiencia afectiva, que es donde va a surgir la ética, también se da esa experiencia de tachadura, fracaso, estallido de la síntesis de corroboración. Creí que conseguir una meta iba a cumplir todas mis aspiraciones, pero una vez alcanzada aparece insidiosamente frágil. Estaba seguro de querer a una persona, pero era sólo la excitación de lo novedoso y el halago de la vanidad. Confiaba y he sido defraudado. Elegí y me equivoqué. Estoy empeñado en un proyecto contradictorio y me atoro. La venganza no es tan dulce como dicen. La historia de las morales y de los moralistas puede contarse también como una búsqueda de la certeza fruitiva. Para suavizar este amargo repertorio de fracasos, mencionaré una decepción menos dramática. Gómez de la Serna confesaba así su desengaño ante los atractivos de todas las Babilonias terrestres: «El mundo no es tan mundo como dicen.»

El fenómeno del error ha de describirse dinámicamente. Es el resultado de una lucha de evidencias, en la que una se manifiesta más fuerte que otra. Por desgracia tenemos que completar y limitar el alcance del primer principio del conocimiento con otro menos altanero: *Cualquier evidencia puede ser tachada por una evidencia de fuerza superior.*

Nada de esto conduce al escepticismo ni nos permite abandonar la evidencia como criterio. En el fenómeno del error no salimos del campo de la verdad ni del de la evidencia, porque el error sólo es la declaración de poder de una verdad más fuerte, la irrupción de una evidencia más vigorosa. Es cierto que una evidencia es destruida, pero precisamente lo es por la energía de otra. La perforadora que excava un túnel no demuestra que la roca sea inexistente sino que ella es más poderosa. Supongo que a este vivir en la evidencia se refería Heidegger cuando afirmaba que el «estado de abierto» del «ser ahí» nos permite avistar los entes (*El ser y el tiempo*, FCE, México, 1951, p. 221). El grado de verdad de nuestro mundo personal depende de la fuerza que tengan las evidencias que lo fundan. Y lo mismo sucederá con la justeza de nuestra evaluación afectiva de la realidad.

5

Había mencionado antes una segunda limitación de la garantía del criterio de evidencia, además del error. Lo llamé *los niveles de evidencia.* El tema es tan importante que había pensado subrayar todo este parágrafo entero, para que el lector pusiera mucha atención, pero creo que bastará este aviso. La evidencia es el cumplimiento de una pretensión, la corroboración de un significado anticipado, la satisfacción de un proyecto. Ya expliqué en TIC que la percepción es un acto de donación de significado. Al percibir esa mancha verde con lunares rojos la capto como *ese hibiscus en flor*. Tal significado es ya una afirmación que *pretende* ser corroborada por la continuación del proceso perceptivo. Estoy trabajando y quiero comprobar el resultado de un experimento. Sin estar muy seguro, me digo en qué libro puede estar reseñado. Lo busco y lo encuentro. Entonces tengo la evidencia de que está allí. Creo que una persona es honrada, y un acto realizado por ella en circunstancias muy difíciles me convence de que es verdad lo que pensaba. El científico aventura una hipótesis que se hace evidente cuando acierta a dar la demostración. ¿Por qué es esto importante? Porque la evidencia va a depender del nivel de evidencia que elijamos. Podemos contentarnos con cualquier cosa. Las personas crédulas lo ven todo con suma evidencia. También el fanatismo, que es una credulidad maliciosa, propicia las evidencias de bajo nivel.

Un fenómeno similar ocurre con las preguntas. El interrogador plantea, al mismo tiempo que el contenido de la pregunta, el nivel en que espera la respuesta. Cuando el niño pregunta a su madre: ¿Qué es una jarra? y cuando Martin Heidegger se pregunta a sí mismo: ¿Qué es una jarra?, las preguntas son iguales sólo en apariencia. Por eso no se pueden intercambiar las respuestas, y sería insensato que la madre diera a su bebé una lección sobre la jarreidad de la jarra.

De la misma manera que determinamos el nivel de cumplimiento de la pregunta decidimos el nivel de cumplimiento de la evidencia. A veces el nivel viene impuesto por circunstancias que escapan al control del sujeto. Piaget ha escrito que en cada etapa del desarrollo «sería fácil mostrar que la construcción de la evidencia está vinculada a estructuras totales y, en especial, a su reversibilidad» (Piaget, J., y Beth, C. W.: *Relaciones entre la lógica formal y el pensamiento real*, Ciencia Nueva, Madrid, 1961). Por ejemplo, a la edad de seis años el niño tiene aún dificultad para percibir la pertenencia a clases distintas, como muestra la siguiente experiencia, tomada del libro de Piaget *La génesis del número en el niño*.

Se presenta al niño un conjunto de cuentas de madera, dieciocho de las cuales son marrones y dos blancas. A continuación tiene lugar el siguiente diálogo entre el niño y el experimentador:

–¿Qué hay más? ¿Cuentas de madera o cuentas marrones?

–Más marrones, porque sólo hay dos blancas.

–¿Las blancas son de madera?

–Sí.

–¿Y las marrones?

–Sí.

–Entonces, ¿hay más marrones o más de madera?

–Más marrones.

A los seis años, éste es el patrón de respuestas. En cambio, a los ocho años el niño percibe sin dificultad que hay más cuentas de madera.

Esta historicidad –que se da en todos los niveles– parece una nueva devaluación de la evidencia como criterio, ya que encierra al sujeto en su propio nivel de evidencias, pero Piaget no lo cree así: «La psicología no nos va a dar un criterio para elegir las evidencias verdaderas, pero puede aclarar el modo como están construidas. Mediante un proceso de desequilibraciones y reequilibraciones sucesivas, el sujeto va construyendo estructuras operativas con mayor eficacia para asimilar la realidad y adecuarse a ella.» Es la marcha hacia la razón considerada como conjunto de operaciones dotadas de flexibilidad y reversibilidad, y que proporcionan una evidencia más completa y enérgica.

Tan sólo estoy parcialmente de acuerdo con Piaget. Para él, la razón se construye gracias a ese proceso casi automático: eso es verdadero para la capacidad de razonar –de hacer razonamientos–, que es cosa distinta del *uso racional de la inteligencia*, como veremos. En la dinámica evolutiva de Piaget, el niño pasa de un nivel a otro y accede así a nuevos niveles de evidencia. Pero una vez allí, capaz ya de todas las operaciones formales, el adolescente y el adulto tienen que elegir –y esta vez voluntariamente ya– el nivel de evidencia en que quieren desplegar su pensamiento y su vida.

Creo que la *elección del nivel de vida inteligente* es un fenómeno de transcendental relevancia, que aparece en todo tipo de conductas intencionales. En TIC estudié la manera como forma parte de la estructura de todo proyecto. En este capítulo he mencionado el nivel de la respuesta esperada, que determina nuestra búsqueda de información, y el *nivel de evidencia* que va a marcar todo nuestro comportamiento. La estructura mención-cumplimiento, descubierta por Husserl, se amplía a toda la vida mental y con razón, porque es una estructura general de la conducta y de la motivación. Indicaciones meramente pensadas, deseos inconcretos, palabras vacías, pueden dirigir nuestras actividades de búsqueda. Todas las expectativas se llenan en el momento de cumplirse. En el mundo animal, los actos consumatorios sacian las esperas instintivas. En el hombre esta relación queda transfigurada, porque inventa sin parar proyectos cada uno de los cuales aspira a una consumación, de acuerdo con el *nivel de aspiraciones* que mantenía.

La elección del *nivel de vida inteligente* se convierte en un acto dramáticamente fundacional. Lo grave es que parece encerrarnos en un círculo sin salida, porque sólo cuando hemos saltado a un nivel superior vamos a captar las evidencias de ese nivel, como sucedía al niño. El hombre sometido a prejuicios raciales nos proporciona un ejemplo claro. Si el lector ha conversado con alguno se habrá dado cuenta de que pueden ser muy razonadores y aducir muchos argumentos. Sin embargo, son impermeables a las razones ajenas, entre otras cosas porque han elegido su prejuicio como nivel de evidencia, de modo que lo que confirma el prejuicio es real y lo que lo pondría en tela de juicio se considera irreal o irrelevante. Gordon Allport lo estudió en *La naturaleza del prejuicio* (Eudeba, Buenos Aires, 1962), libro que continúa siendo útil, y Peter Heintz en *Los prejuicios sociales* (Tecnos, Madrid, 1968).

La elección inteligente de nivel exige la capacidad de proyectarse fuera del nivel en que de hecho se está. Ésta es la colaboración de la *inteligencia creadora* que puede inventar posibilidades, también distintos niveles posibles, y elegir entre ellas.

(Me siento tan agotada como el náufrago. ¿Está seguro de que llegaremos alguna vez a la ética? Marta.)

6

Seguiré con mi argumento. La situación del náufrago puede describirse así: pende de su evidencia subjetiva, que es un asidero muy inseguro. Es lógico que ese *deseo inteligente* que es la subjetividad humana busque solucionar este desaguisado. Necesita encontrar un agarradero más firme, pero como no hay más que lo que hay, la única solución ha sido reforzar el que tenemos, asegurar la evidencia, *co-rroborarla*, que significa ponerla como un roble, árbol emblemático de la fortaleza. Cayendo una vez más en la tentación de las metáforas agrícolas, diré que, como el roble, se fortalece desde dentro. «Una remota idea de sí mismos hizo volver en sí los verdes a los álamos», dice un poema de Álvaro Pombo. Pues eso, una remota idea de lo que deseamos ser nos seduce desde la lejanía.

Todos los fenómenos que he descrito nos indican la dirección en que tendremos que buscar los criterios de verdad y de evaluación. Para poder justificar que una evidencia es más fuerte que otra tenemos que medir su energía por algún procedimiento, es decir tenemos que elaborar una *ergometría de las evidencias*. Si podemos comparar dos evidencias entre sí y medir su fuerza, tenemos, como por arte de magia, un criterio subjetivo que se nos ha vuelto objetivo. Es subjetivo porque pertenece a la experiencia propia del sujeto. Es objetivo porque no depende de la propia subjetividad, ya que entonces no se daría nunca el fenómeno del error. Lo que caracteriza, por ejemplo, una situación patológica de alucinación es que ninguna evidencia más fuerte puede tachar la evidencia alucinatoria. Quien sufre *delirium tremens* no recupera la tranquilidad porque otras personas corroboren que no haya arañas ni ratas ni culebras en la habitación. Los mecanismos de la evidencia han dejado de funcionar y la vida del enfermo se despeña en una angustia irremediable.

En los casos normales, todos conocemos la ergometría de las evidencias perceptivas. Es más fuerte la evidencia que se prolonga en el tiempo, y más aún la que es corroborada por más de un sentido –por ejemplo si la vista es acompañada por el tacto–, y más segura aún la que es corroborada por otros sujetos. Pero ocurre que hay evidencias no perceptivas que son más fuertes que las perceptivas, y esto ha supuesto una gigantesca transformación de los mecanismos heredados de los animales. Resulta que admitimos como verdad que el aire pesa o que la luz es material, cosa que contradice nuestras experiencias. ¿Por qué lo admitimos? Porque nos parece que están apoyadas por una evidencia más fuerte, una evidencia que tal vez yo no vea pero que el científico ha tenido que ver. Porque hay evidencias inmediatas –por ejemplo la percepción– y otras mediatas –por ejemplo la deducción–. Para estar seguro de lo que veía, el ser humano ha inventado modos de pensar que han resultado ser más poderosos que la mirada. Partimos de la percepción, luego nos alejamos de ella, y al final forzosamente tenemos que volver a su redil.

Los colegas de Pasteur negaron que existieran los microbios y eran muy sensatos al hacerlo. Dijeron lo que sus sentidos les decían, por eso eran sensatos. Lo que no eran es muy inteligentes, porque la inteligencia va más allá de ese empirismo alicorto. Prolongamos la percepción con el pensamiento, y al hacerlo ganamos amplitud y perdemos evidencia perceptiva, claro. La seguridad de lo pensado sustituye a la sedicente certeza de lo visto.

Un proceso semejante se da en el ámbito fruitivo, pero con consecuencias más difíciles de aceptar. Nos hemos acostumbrado a rendirnos a las evidencias pensadas en el terreno cognitivo. Hacerlo en el terreno afectivo es más duro. La distancia entre *valores vividos* y *valores pensados* nos parece incomparablemente mayor que la que hay entre *evidencias percibidas* y *evidencias pensadas*. Sin embargo, el proceso es notablemente parecido. Podemos comprobar que en el tratamiento histórico del *placer*, uno de los análogos afectivos de la percepción sensible, los pensadores han ido elaborando mediante el pensamiento la pura presencia del placer sensitivo. De hecho, es muy difícil encontrar en la actualidad un hedonista primario, a lo Antístenes. Los pensadores suelen amortiguar el alcance de sus afirmaciones, hablando de *placeres humanos*, compatibles con la sociabilidad y con otros valores *ex-aequo*. «Todo placer es bueno, pero no todo placer nos corresponde», escribe Fernando Savater en *Ética como amor propio* (Mondadori, Madrid, 1988). Se limita a repetir la máxima del terrible Epicuro, que no era tan terrible como le hicieron parecer. En su *Carta a Meneceo* afirma que «el placer es el bien primero, connatural al hombre, del que partimos para toda elección». Pero poco después precisa el asunto: *«y sin embargo no todo placer es elegible»* (*D.L.*, X, 129). Me reconocerá el lector que esta tesis suena muy parecida a esta otra: la percepción sensible es el conocimiento primero, connatural al hombre, del que partimos para todo otro conocimiento, y sin embargo toda percepción no es afirmable como verdad. Dicen lo mismo, una en el plano sentimental y otra en el cognoscitivo.

Ya lo he dicho, pero lo repetiré, la libertad y sus dificultades se fundan en nuestra capacidad para guiar la acción por valores pensados y no sólo por valores vividos.

Don Nepomuceno Carlos de Cárdenas, enfrascado por aquellas fechas en serios problemas de teoría pedagógica, escribió en su Diario: «Me ha sorprendido comprobar lo que no debería haberme sorprendido de puro previsible que era, a saber, que mis esclavos tenían pensamientos de esclavo. La empresa que me aguarda es conseguir que tengan pensamientos de señor para que comprendan los argumentos señoriales, que quiere decir libres.»

M: He estado a punto de desistir. ¿Era necesario que nos propinara un capítulo tan... denso, por decir algo caritativo?

A: Me temo que sí. Tenemos que fundar la ética tan concienzudamente como fundamos la ciencia. Además, está exagerando. Todo discurrir sobre la evidencia nos sitúa en un régimen solar, tan luminoso como este mar y este día.

M: En fin, ya me he repuesto un poco, así que le resumiré el argumento. Necesitábamos un criterio para evaluar y usted lo encuentra en la *evidencia subjetiva*, que es un criterio último pero falible. No podemos prescindir de la evidencia inmediata ni quedarnos en ella. La ciencia y la ética van a ser el resultado de ampliar esa evidencia con la ayuda del pensamiento. Nos vemos forzados a admitir todo lo que nos resulta evidente, pero sabiendo que toda evidencia puede ser tachada por otra más fuerte. El problema práctico del criterio queda transferido a una *ergometría de las evidencias* que nos enseñará a medir sus fuerzas, ¿no es eso? El error y los distintos niveles de evidencia nos fuerzan a ser muy cautos.

A: Muy bien, Marta.

M: Sigo pensando que es usted muy cartesiano. Le traigo algunos textos escogidos. No crea que me he leído todas las obras de Descartes. He tomado las citas de un libro de Leonardo Polo titulado *Evidencia y realidad en Descartes* (Rialp, Madrid, 1963). Me han llamado la atención algunas comparaciones muy curiosas. En la Primera Meditación escribe: «Como un hombre que anda *solo y en tinieblas*, me *decidí* a ir tan lentamente y a usar tanta circunspección en todo, que si no avanzaba más que un poco, por lo menos evitase caer.» Pero el pobre Descartes no lo consigue porque en la Segunda Meditación dice: «Como si de golpe hubiera caído en un agua profunda, me encuentro perplejo. No puedo hacer pie en el fondo, ni nadar para sostenerme arriba. Sin embargo, me *esforzaré* y me atendré al camino en que me he colocado.» ¡Bienvenido al club de los náufragos, monsieur! Descartes decide –palabra que está siempre presente porque tiene un Yo ejecutivo como la copa de un pino (aprendo pronto, ¿verdad?)–, decide, digo, desprenderse de todo lo recibido, de la moral sociológica también, supongo. La cosa no le resulta nada fácil porque «las antiguas y ordinarias opiniones me vienen todavía al pensamiento, pues el largo y familiar trato que han tenido conmigo les da derecho a *ocupar* mi espíritu contra *mi voluntad* y a casi hacerse dueñas de mis creencias» (Prim. Med., X). Pero él, erre que erre, está dispuesto a «ver claro en mis acciones y marchar con seguridad en esta vida». Eso es lo que la evidencia le proporciona: claridad y seguridad. Pero luego resulta que la gran mangoneadora va a ser la voluntad, que es la que, en la terminología de usted, elige el nivel de evidencia. La actividad del conocimiento es la voluntad; conocer es obra de la voluntad: *estar despierto es querer*, ¿no le gusta la frase? El hombre se equivoca porque la voluntad se precipita. En fin, para terminar, junto a lo claro, lo seguro, lo voluntario, Descartes coloca *lo fácil.* ¡Todo le parece sencillísimo! Bueno, diga algo.

A: Empezaré por el final. No se me ocurre decir que las cosas son fáciles, y desconfío profundamente de quienes afirman que lo son y que ven todo con suma claridad, porque acabarán contentándose con una evidencia fácil, lo cual es una cosa muy distinta. En cuanto a la preeminencia de la voluntad, no me siento aludido. Si usted recuerda mi definición de inteligencia –la capacidad de suscitar, controlar y dirigir las propias operaciones mentales–, verá que incluye cosas tradicionalmente atribuidas a la voluntad, término que utilizo poco. Como es la autodeterminación lo que define la inteligencia, inteligencia y voluntad se unifican en el origen. Por último, la idea cartesiana de la evidencia puede haber influido, pero a través de Husserl, que hace una interpretación muy peculiar. Me gustaría que leyera las *Meditaciones cartesianas* y el espléndido libro de André Muralt sobre el tema, titulado *La idea de la fenomenología* (UNAM, México, 1963). Le confesaré que me siento más cerca de Hume que de Descartes.

M: ¿Por qué?

A: Por textos como los siguientes: «Extinguid todos los sentimientos y predisposiciones entrañables a favor de la virtud, así como todo disgusto y aversión con respecto al vicio; haced que los hombres se sientan indiferentes acerca de estas distinciones, y la moral no será ya una disciplina práctica ni tendrá ninguna influencia en la regulación de nuestras vidas y acciones. Es posible que la sentencia final (sobre lo bueno y lo malo) dependa de algún sentido interno que la naturaleza ha otorgado a toda la especie de una manera universal. Pues ¿qué otra cosa, si no, podría tener una influencia de este tipo? Pero a fin de preparar el camino para que se dé tal sentimiento y pueda éste discernir propiamente su objeto, encontramos que es necesario que antes tenga lugar mucho razonamiento, que se hagan distinciones sutiles, que se establezcan comparaciones distantes, que se examinen relaciones complejas, y que los hechos generales se identifiquen y se esté seguro de ellos» (*Investigaciones sobre los principios de la moral*, Sec. I).

M: ¿Eso es lo que llama poner en explotación la evidencia? ¿Está seguro de que se da en experiencias como el placer?

A: Creo que sí. Fernando Savater tiene razón al escribir que «la ética no aspira a algo distinto al placer ni siquiera a un placer distinto, sino a la distinción del y en el placer» (*op. cit.*, p. 125). Buena parte de la ética de todos los tiempos ha sido un debate sobre la ergometría de las evidencias hedónicas. En esa maravilla de vivacidad y talento que es el *Protágoras*, Sócrates se empeña en mostrar que lo bueno y lo placentero son equivalentes y que el problema del mal y de la desdicha consiste en que se calcula mal el valor de los placeres. Nos dejamos llevar de las apariencias y, en último término, de la ignorancia. Por eso, la felicidad consistiría en un cálculo adecuado, en una métrica que «mostrando lo auténtico, lograría que el alma se mantuviera serena, permaneciendo en la verdad, y pondría a salvo nuestra existencia» (357 d.). Esta idea la repite Epicuro: «La vida feliz procede de un cálculo prudente que investiga la causa de toda elección y rechaza y disipa las falsas opiniones de las que nace la más grande turbación que se apodera del alma» (*D.L.,* X, 132). De ahí concluye que «no es posible vivir feliz sin vivir sensata, honesta y justamente, ni vivir sensata, honesta y justamente sin vivir feliz». Séneca continúa el laboreo de la evidencia: «¿Piensas que yo ahora voy a privarte de muchos placeres, yo que te sustraigo los que te acarrea el azar, yo que creo que deben evitarse las ilusiones de la esperanza, regalos dulcísimos? Al contrario, yo quiero que nunca te falte alegría. Yo quiero que ella nazca de tu casa y nacerá siempre que se halle dentro de ti mismo. El alma es quien debe estar alegre y confiada y enhiesta sobre todas las cosas. Créeme, el verdadero gozo es una cosa muy seria» (*Cartas a Lucilio, O. C.,* Aguilar, Madrid, 1966, p. 483). ¿En qué consiste esa alegría tan deseable? «Es la exaltación del alma confiada en sus bienes propios y verdaderos» (p. 542).

M: ¿Y le parecen muy convincentes esos análisis?

A: No me interesa ese tema por ahora, sino sólo mostrarle que la filosofía moral ha usado siempre ese método de purificar la evidencia. Así pueden interpretarse métodos como el de la «actitud cualificada» que defiende Brandt y que le lleva a comparar el papel de los sentimientos y las actitudes estéticas con el papel de la observación en la ciencia. A renglón seguido, sin embargo, tiene que desestimar las actitudes no imparciales, desinformadas, procedentes de un estado de ánimo anormal, o que fueran incompatibles con un sistema consistente y general. Estas reglas de desestimación son también un método para mejorar la calidad de la evidencia. La teoría del observador ideal es un caso semejante.

M: Hasta ahora no ha explicado los criterios que componen la ergometría de las evidencias.

A: Son paralelos a los criterios científicos, de los que se diferencian fundamentalmente por la evidencia última en que se fundan, que en el caso de la ciencia es la percepción y en el caso de la ética la percepción sentimental. Hay que advertir que estos criterios no nos dicen lo que son las cosas, eso lo dice la ciencia. Ni tampoco cuáles son las mejores posibilidades, eso nos lo dirá la ética. Lo único que nos van a decir es qué proposiciones, normas, teorías científicas o morales están mejor corroboradas. Es decir, cuáles tienen a su favor una evidencia más fuerte. Conviene situar toda proposición, hipótesis o teoría en un campo de batalla donde compitan con otras proposiciones, hipótesis o teorías. Esta competencia constituye uno de los rasgos esenciales de la marcha de la inteligencia que aspira a encontrar mejores soluciones, verdades más seguras, valores más estimulantes o más justos o más bellos.

M: ¿No le importaría concretar? ¿Cuál es el primer criterio?

A: Lo llamaré *criterio de la evidencia directa*. Tiene más fuerza de evidencia a su favor la proposición que está confirmada por una evidencia perceptiva o sentimental. Stuart Mill dijo que «la única prueba de que algo es deseable es que la gente lo desee». Esto no es verdad, porque el hecho de que la gente lo desee no implica que una cosa sea deseable, pero lo contrario sí parece admisible. Algo que nadie deseara, difícilmente podría ser deseable. Este criterio parece muy fácil. La mejor manera de saber si algo es verdadero o valioso es ir y comprobarlo. Pero la primera dificultad surge cuando pretendo generalizar, pues entonces no basta con un solo caso. Es el problema clásico de la *inducción*. Saber usar estas evidencias depende de la astucia del investigador. Una observación –un enunciado protocolario– aparece en dos momentos del proceso científico. Al comienzo de la investigación es una simple observación sobre la que va a construirse una hipótesis. Esto sucede, pero al final de la investigación, si la hemos diseñado bien, ese hecho nos ayudará a admitir o rechazar la hipótesis. Las teorías rara vez pueden demostrarse así. Se suele derivar de ellas alguna consecuencia que a su vez pueda someterse a prueba.

M: ¿Puede utilizarse en ética la falsabilidad, de la que tanto habló Popper?

A: Creo que sí. Voy a ponerle un ejemplo. Mario Bunge dedica el volumen octavo de su *Treatise on Basic Philosophy* (Reidel Publishing Company, Dordrech, 1989) a exponer sus ideas éticas. Una de sus normas, la 4, 2, dice: «Alguien tiene un deber primario de realizar una acción cuando es la única persona que puede realizarla.» Es decir, cuando pueden realizarlas otras personas, no le obliga realmente. Garzón Valdés ha criticado esta norma aduciendo el caso siguiente: «El 13 de marzo de 1964 en el barrio neoyorquino de Queens, Kitty Genovese fue asaltada y asesinada frente a su domicilio. El asesino se tomó su tiempo: durante 35 minutos, por lo menos 38 vecinos oyeron los gritos de socorro de la víctima y algunos hasta vieron con sus propios ojos cómo era asesinada. Ninguno de ellos consideró que había que llamar a la policía, pensando, posiblemente, que no era su deber primario hacerlo, pues podía hacerlo cualquiera de los 37 vecinos restantes» (*Derecho, Ética y Política,* Centro de Estudios Constitucionales, Madrid, 1993, p. 429). Para que sean utilizables, estas evidencias tienen que ser accesibles. Por ejemplo, no se puede aducir una experiencia mística porque no se puede repetir a voluntad. Esta intersubjetividad de la evidencia puede comprobarse realmente o de una forma metodológicamente simulada.

M: Le advierto que no soy una experta y que me cuesta trabajo entenderle.

A: Usted habrá oído hablar, Marta, de la ética dialógica. Su norma moral fundamental es: «Todos los seres capaces de comunicación lingüística deben ser reconocidos como personas, puesto que en todas sus acciones y expresiones son interlocutores virtuales, y la justificación ilimitada del pensamiento no puede renunciar a ningún interlocutor ni a ninguna de sus aportaciones virtuales a la discusión.» Puede ver un claro comentario en Adela Cortina: *Razón comunicativa y responsabilidad solidaria* (Sígueme, Salamanca, 1988). Reconocen que la universalidad real de la aprobación de una norma es condición indispensable de su validez. Esto significa que la evidencia valorativa debe ser accesible a todos. En cambio, Rawls sustituye la participación real por una simulación metodológica que le permitiría inferir lo que toda persona en una situación dada, que denomina posición original, elegiría como conveniente. Justo sería lo que cualquier sujeto que desconociera si iba a ser víctima o verdugo considerara justo. En el primer caso, la intersubjetividad se comprobaría realmente. En el segundo, mediante un artificio metodológico.

M: Pasemos al segundo criterio.

A: Lo llamaré *criterio transcendental,* y puede enunciarse así: si una proposición enuncia una condición imprescindible para que un hecho ocurra, y ese hecho ocurre, la evidencia a favor de la proposición es absoluta. Me parece un criterio irrebatible pero de muy difícil aplicación. Es el que utilizó Kant en su sistema. Puesto que la ciencia era un hecho, había que admitir que en el sujeto se daban las condiciones para que ese hecho fuera posible. Este criterio rige hoy gran parte de la investigación cognitiva, sobre todo la que se basa en simulación por ordenadores. Si para conseguir un efecto, por ejemplo una elección léxica, tenemos que admitir necesariamente un programa ejecutivo que decida, puesto que el hombre realiza esas elecciones, tendrá que tener algún mecanismo ejecutivo.

M: Supongo que lo difícil es estar seguro de la necesidad de esas condiciones.

A: En efecto, ésa es la gran dificultad. Pasemos al tercer criterio: criterio de *coherencia.* Tiene una doble dimensión. Ha de tener coherencia interna y externa. Las contradicciones internas invalidan una teoría. Una proposición resulta mejor corroborada cuando es coherente con el resto de las verdades científicas. H. Albert aplica a la ética un postulado de congruencia con la ciencia, y una apelación a la ciencia para extraer con su ayuda las consecuencias previsibles de cada sistema moral coherente y congruente (*Ética y metaética*, Cuadernos Teorema, Valencia, 1978).

M: Todo lo que usted ha insistido sobre la explicación de lo implícito me parece necesario aplicarlo aquí, porque si no lo hacemos pueden permanecer ocultas muchas incoherencias.

A: En efecto. Aquí aparece otra vez la idea de *modelo* y otras emparentadas como *forma de vida* o *estilo de vida*. Ocupan en la ética el mismo nivel epistemológico que las *teorías* en la ciencia. Son un sistema de hipótesis –valorativas en un caso y cognoscitivas en otro– que se apoyan y controlan mutuamente, una construcción conceptual que organiza los conocimientos de un campo y que puede ser corroborada o refutada. Ese modelo tiene que utilizarse al justificar una decisión completamente, y, a su vez, los actos van a servir de corroboración o refutación del modelo. Hospers, al estudiar la justificación de los juicios morales se da cuenta de la necesidad de subir a un nivel superior, y justificar un estilo de vida. Dirigiéndose a un interlocutor teórico escribe: «Te pediría que estudiaras la naturaleza del hombre y del mundo en que vives y que te preguntaras luego, lo más honradamente posible, qué clase de vida te parece mejor para el hombre. Resumiendo, estoy intentando vindicar mi adopción de un sistema ético en términos de *estilos de vida* (way of life), y un estilo de vida incluye mucho más que un código moral: abarca todos los aspectos posibles de la vida y de la conducta humana» (*La conducta humana*, Tecnos, Madrid, 1979, p. 844). Hare dice algo semejante: «Una justificación completa de una decisión consistiría en una referencia completa a sus efectos, conjuntamente con una referencia completa a los principios que éstos han observado y a los efectos de observar dichos principios, porque, por supuesto, son los efectos lo que da contenido a los principios. De modo que si se insiste en que justifiquemos una decisión completamente, tenemos que dar una especificación completa de la *forma de vida* de la que es una parte» (*The Language of Morals*, Oxford University Press, Nueva York, 1952, p. 68).

M: Eso quiere decir que resulta muy difícil valorar una proposición suelta o un valor aislado. ¿No es eso una vuelta atrás, un retorno a la idea de sistema?

A: Lo es. Pero no se trata un sistema deducido de unas pocas premisas, ni de un deseo de construir grandes catedrales teóricas. Uso el sistema como criterio de corroboración. Las proposiciones tienen que contrastarse con otras proposiciones, integrarse en marcos teóricos más amplios y probar su consistencia mediante esta capacidad de convivir con otras proposiciones. Si afirmo: «La proposición *La mentira es mala* tiene a su favor una evidencia muy fuerte», tengo que comprobar cómo puede armonizarse esa proposición con otras sobre la protección del inocente, la evitación de daños mayores, la justicia, etc. Usted ponía antes el ejemplo de la prisa. Un modo de vida muy acelerado puede entrar en conflicto con otros valores reconocidos. Sin tener en cuenta todo el sistema de valores que configura una idea del ser humano, y de las formas de vida en que puede desplegarse adecuadamente, no podemos hacer ningún juicio sensato.

M: Ya tenemos tres criterios: el de la evidencia directa, el transcendental y el de la coherencia. ¿Hay más?

A: Sí. El criterio de la previsión. Es un criterio muy poderoso en la ciencia. Una teoría tiene a su favor una gran fuerza de vivencia si es capaz de hacer previsiones exactas. Prever equivale a conocer los mecanismos que fuera de la experiencia directa dirigen o condicionan los acontecimientos. Si puedo predecir la aparición de un eclipse mi teoría astronómica queda con ello corroborada. Las aplicaciones técnicas cumplen un papel semejante. Garantizan que las teorías en que se basan son plausibles. En ética hay que alterar el significado porque no estamos hablando de conocer la realidad, y por lo tanto no existe un referente ajeno a nuestra acción. Puede sustituirse apelando a las consecuencias. La fuerza de evidencia de una proposición ética depende de las consecuencias que produce. Por ejemplo, Albert considera que a la hora de fijar un criterio para la verificación de los sistemas éticos, habrá que poner en primer plano la satisfacción de las necesidades humanas, el cumplimiento de los deseos humanos, la eliminación del sufrimiento humano innecesario, la armonización de las aspiraciones humanas intrasubjetivas e intersubjetivas. Esto significa juzgar la bondad de un modelo ético por los efectos que produce, lo que me parece aceptable como un criterio más de evaluación. No definitivo, porque es imposible describir todas las consecuencias de una acción.

M: ¿Ya hemos terminado?

A: No, queda el último: el criterio del progreso. Tanto en ciencia como en ética, una teoría está mejor corroborada cuando supone un progreso respecto de sus competidoras. El progreso se muestra por un aumento del poder explicativo y por una mayor capacidad para resolver problemas. En el caso de la ética, la resolución de los problemas significa una prolongación del diálogo, una mejoría en las relaciones sociales, una forma más inteligente de relacionarse. Cuando Kohlberg quiere justificar el mayor valor de las sucesivas etapas de la evolución moral, tiene que apelar a este criterio, demostrando que suponen una mayor capacidad para solucionar los problemas acerca de la justicia. Lakatos defiende un criterio científico que puede incluirse en éste. Habla de programas de investigación. Lo que distingue a la ciencia es un programa de investigación que anticipa no sólo hechos nuevos sino también, y en sentido importante, teorías auxiliares nuevas: la ciencia madura, al contrario del pedestre ensayo y error, tiene poder heurístico. Este requisito de crecimiento continuo «es mi reconstrucción racional del requisito, extensamente aceptado, de unidad o belleza de la ciencia» (*La metodología de los programas de investigación científica*, Alianza, Madrid, 1978, p. 117).

M: Se me ocurre que la capacidad de generar normas convenientes, o leyes justas, podría servir como paralelo ético de lo que dice Lakatos.

A: En efecto, la capacidad de suscitar un progreso real en los modos de convivencia y en las instituciones sociales, la demostración de la creatividad ética de un modelo, diría mucho a su favor.

M: En el caso de la experiencia jurídica veo claro el progreso. Por una parte, el contenido de las leyes es más justo. Se admiten los derechos de la mujer, la igualdad de todos los seres humano). En segundo lugar, también hay un progreso en los procedimientos judiciales. Y no se tortura para sacar información a los acusados. Hay una técnica muy precisa para evaluar las pruebas judiciales, hay tribunales de segunda instancia. ¿Cree usted que se puede hablar también de progreso moral en la sociedad? ¿En qué podría consistir?

A: Sánchez Vázquez, en el libro que le recomendé, señala como criterios de progreso moral: 1) ampliación de la esfera moral a expensas sobre todo de la legal, 2) elevación del carácter consciente y libre del comportamiento, 3) concordancia de los intereses personales y colectivos y 4) proceso dialéctico de negación y conservación de elementos de las morales anteriores. Apel y Habermas se sirven como criterio de la noción de *comunidad ideal de comunicación*. Todo lo que acerque a esa comunidad ideal es bueno. Sobre este tema puede ver el librito de Norbert Bilbeny *Humana dignidad*, Tecnos, Madrid, 1990.

M: ¿Cómo se usan todos estos criterios?

A: Ya sabe que tanto en ciencia como en ética se trata de comprobar la fuerza de la evidencia que está corroborando cada teoría. No hay un criterio privilegiado, sino que tienen que funcionar todos sinérgicamente. El criterio de falsabilidad de Popper es muy fuerte, pero tiene sólo carácter negativo. No corrobora la verdad, sino que dictamina la falsedad. Se convierte así en una cláusula suplementaria de garantía. La teoría que ha superado muchos intentos de comprobar su falsedad y ha salido incólume, puede alardear de una buena salud.

M: He hojeado un farragoso libro de MacIntyre, titulado *Justicia y racionalidad* (EIUNSA, Barcelona, 1994), en el que creo entender que hay distintas tradiciones racionales, heterogéneas, que no se pueden comparar entre sí, porque cada una sólo puede juzgarse con arreglo a los criterios propios de esa tradición. Concluye que la tradición más potente sería la que pudiera incluir en su narración a las otras narraciones. ¿En qué criterio lo incluiría?

A: Ese criterio estaría incluido en el último que le he indicado: uno de los signos de progreso en el conocimiento es que una teoría es capaz de explicar lo que explica otra teoría, y algo más. De todas formas, esa obra me parece mal fundada. En fin, creo que por hoy hemos trabajado bastante. Podíamos hablar de otra cosa.

M: ¿Por ejemplo?

A: De poesía. Mire el mar, adormeciéndose en el crepúsculo como un inmenso animal.

M: ¡Por favor!

IV. LA ELECCIÓN DE ÓRBITA

1

La memoria de la especie humana cuenta a nuestra conciencia un patético cuento de amor y de muerte. Tras decenas de miles de años, ni hemos muerto ni estamos a salvo. Seguimos en precario. Hemos llenado el universo de cachivaches y grandes sentimientos, de mezquindades y poderosas aspiraciones del espíritu. En su cuenta nueva tras el borrón, ¿habrá algún modelo que estuvieran dispuestos a aceptar unánimemente los náufragos de Golding? ¿Podemos crear un proyecto de humanidad que nos seduzca de forma irresistible?

He dicho *crear* sabiendo lo que decía. Si la ética se ocupara de averiguar lo que ya existe, sería una ciencia, pero no lo es. Las morales históricas son hilos del tapiz de la cultura, y las ciencias de la cultura pueden estudiarlas. Ahora no nos ocupamos de eso: estamos en una actitud ética constituyente. Sólo miramos al pasado para aprender, y no nos preocupa justificar lo que ya existe, sino construir el futuro. Hablamos de la invención de un proyecto vital universalmente válido, en que la sentimentalidad inteligente que nos define reconozca su plenitud: una llama lejana que encandile nuestra pretensión de ser felices.

Sentados en la blanca arena alrededor de una fogata, miembros de la única especie que ha dominado los ardores de múltiples fuegos, los náufragos tienen que decidir la órbita en que van a proyectarse. A esta decisión inaugural estamos obligados todos. Podemos aceptar la moral que tengamos más a mano, entregarnos en brazos de las ganas, rebelarnos, pretender construir una ética clara, pero en todo caso la decisión será nuestra. El ser humano tiene que elegir su *nivel de vida*, que va a decidir el nivel de evidencias en que va a habitar. La ética implica un salto desde la moral, un nuevo régimen de la inteligencia, más que un cambio de contenidos valorativos. Un modelo de humanidad moralmente vigente puede ser recuperado por la ética, que al clarificarlo y fundamentarlo lo situaría en una nueva órbita. Permaneciendo igual habría cambiado de estado. Lo que era objeto de una creencia pasa a ser afirmación constituyente. Y esto altera completamente su naturaleza.

Los náufragos podrían tal vez proyectar un mundo de libertad completa. ¡Prohibido prohibir! fue el grito de los colegiales del 68, náufragos también en la arenosa playa que apareció bajo los adoquines de las calles de París. Al fin y al cabo, sabiendo ya lo que sabían, ¿cómo no entregarse a una felicidad inocente, sin sentimientos de culpa ni vergüenza, sin coacciones ni normas, libres de esa solemnidad fúnebre que adoptan los moralistas? ¿Cómo no anhelar la frescura, la frivolidad, el juego incesante, todas esas refrigerantes virtudes que componen lo que he llamado *utopía ingeniosa?*

En ERI sostuve que esa utopía estaba condenada al fracaso no por su ímpetu creador, sino por su pusilanimidad creadora. Truncaba prematuramente el vuelo de la inteligencia, que obligada a moverse en una órbita demasiado baja se cansa pronto de volar. El sujeto posmoderno se dispersa en fragmentos holográficos para después bostezar, descansar en la amargura o volver al seno de la cultura vigente, como las focas vuelven al mar después de una escapada. Es problable que las morales de su perdido mundo hubieran decepcionado a los náufragos, pues cuando se las pregunta por la felicidad suelen responder con una sarta de deberes; cuando cada cual busca solución para su vida, hablan de universalidad. Es fácil sentirse incomprendido por la moral. Kant se convirtió en notario de las desavenencias entre la felicidad y el deber, entre la vida y la moral, y dio fe de que la ética tenía que fundarse en algo «que fuera un fin y al mismo tiempo un deber». Algo que deseáramos como un bien pero se nos impusiera como una obligación. Así nos pondríamos a salvo tanto de la coacción como de la arbitrariedad. ¿Pero es posible esa unificación? ¿Es posible unificar la *ética de la felicidad* con la *ética de la corrección?* ¿Se puede restaurar esta fractura de nuestra conciencia? ¿Hay un modelo de humanidad que las armonice?

Creo que sí. La inteligencia creadora puede forjar una idea de ser humano que todos podamos reconocer como una posibilidad querida. Puede diseñar una órbita que no queramos abandonar o que echemos en falta cada vez que la perdamos, un proyecto que pueda ser aceptado como bueno por cualquier inteligencia en pleno uso de sus facultades.

La más elemental formulación de este proyecto sería: *Todo ser humano considera bueno tener derechos.* Tal vez me equivoque, pero veo con clara evidencia que las desventuras de la moral proceden de su precipitación en afirmar que el concepto fundamental es el *deber* y no el *derecho.* Y como es obvio que los deberes no los quiere nadie en su sano juicio, la moral entera se impone a redropelo.

2

Si pudiera ayudarles en su irremediable condición de constituyentes morales, recomendaría a los náufragos de Golding que hicieran ante todo una lista de los derechos que desean tener. No tendrán ninguna dificultad porque los derechos juegan a favor de los deseos y fluyen con facilidad, con una *naturalidad* que no es más que la prolongación de las ganas. Ésta sería la primera explicación plausible, y tal vez la única, de la expresión *derechos naturales.* En nuestra situación cultural los aceptamos con tanta naturalidad que ni siquiera nos damos cuenta de que los aceptamos. Al parecer, son orondos y firmes como la tierra que nos sustenta, o invisible y vitales como el aire, o necesarios y vulnerables como el corazón humano, o sea, son cosas, los miremos como los miremos. Una concepción tan ingenua y tan pasiva bloquea por completo la comprensión de la ética. Si tenemos derechos como tenemos bazo, no hay que inventar una ética sino elaborar una anatomía moral. Por ahora sólo quiero advertir que esa *naturalidad* con que cosificamos los derechos se basa en un espejismo.

Nos reconocemos al mirarnos en el espejo de los derechos. Ese ser que tiene derecho a la vida, soy yo. Ese ser que tiene derecho a la libertad, soy yo, claramente me veo. Ese ser que tiene derecho a ser feliz, soy yo, por supuesto. Me identifico con mis derechos como me identifico con mi imagen en el espejo.

Los deberes ya son otra cosa, no son espejos sino hormas. O sea, que nos ahorman con implacable objetividad. No me reconozco en ellos, no fluyen de mí y los conozco sólo por las molestias que me imponen. Max Scheler insistió con elocuencia en este carácter negativo del deber. Los valores que vivimos como buenos los realizamos por deseo, por inclinación, por entusiasmo, nunca por deber. El deber no puede ser nunca un fin querido, salvo en circunstancias de confusión o miedo, cuando el sujeto siente pánico ante la posibilidad y quiere *tornare in segno*, volver a los deberes y a la disciplina con igual ansia con que las tropas en desbandada *retornan a la bandera*. En esos casos se busca el deber como fármaco psicótropico. Libera de elegir y proporciona una osamenta externa que protege al Yo frágil. Adorno, Frenkel-Brunswik, Levinson y Sandford lo estudiaron en *La personalidad autoritaria* (Proyección, Buenos Aires, 1965).

Si, salvo en situaciones de bancarrota, el deber no puede ser un fin, si no podemos quererlo por él mismo, ¿qué es? ¿Un medio? Pues es un medio o una implicación esencial. Es decir, va antes o incluido en el valor positivo, que es el derecho. Es un medio para realizar o alcanzar un derecho, lo que hace unas páginas llamé *ob-ligaciones*, o es una implicación inevitable de un derecho. Si quiero escribir en japonés tengo la ineludible obligación de aprender la lengua. Si quiero expresar mi opinión, que es un derecho, acepto implícitamente el deber de utilizar la sintaxis.

El derecho, mi derecho, juega a favor mío y por eso lo quiero, pero va acompañado de una cohorte de deberes que podemos definir como gajes del derecho, algo así como las servidumbres de la fama, una incomodidad buscada a ciencia y a conciencia. Tener derechos es un fin querido por todo sujeto racional, al menos enunciado en primera persona. Yo quiero tener derechos. Esta evidencia, que me parece dotada de gran fortaleza, es el fundamento de la *ética como proyecto*. Los náufragos de Golding harían bien en meditar sobre estos asuntos. La ética va a llegar hasta donde nos permita la expansión inteligente de esta evidencia fundadora. Quiero mis derechos, pero parece que los derechos están preñados de deberes. En fin, que después de tantas elucubraciones la ética ha descubierto el más primitivo mecanismo de la naturaleza para dirigir la acción: colocar los placeres del coito antes de los deberes de la maternidad.

3

¿Qué entiendo por *derechos?* Como no pretendo ningún tipo de originalidad, repetiré una definición de Francisco Suárez, que me parece magnífica: «Derecho es la facultad moral que cada uno tiene respecto de las cosas que son suyas o de las cosas que le son debidas» *(Circa rem suam vel ad rem sibi debitam).*

Según esta venerable sentencia, un derecho es una facultad, un poder moral. Para no cometer un grave pecado lógico fundando la moral en un poder moral, voy a variar ligeramente el enunciado. El derecho es un poder que no se funda en la propia fuerza del sujeto. Lo que aparece aquí es una gran novedad: la oposición entre el *poder físico* y lo que a falta de mejor nombre llamaré *poder simbólico.* La inteligencia creadora construye el orbe ético sustituyendo los poderes reales por poderes simbólicos. **(La palabra «simbólico» es tan vaga que no comprendo lo que quiere usted decir con ello. ¿Podría aclarármelo? Marta. / Lo intentaré al menos. Autor.)** Un poder simbólico es el que se posee como representación, como signo, de un poder efectivo. Por ejemplo, el poder adquisitivo del dinero es simbólico y, sin embargo, produce efectos reales. El dinero no es un bien real –nadie disfruta poseyendo unos papelillos mugrientos–, sino un bien simbólico. Confiere a su poseedor la facultad de comprar. Pero ese poder de compra está basado en un sistema de aceptación mutuo. Todo dinero es dinero fiduciario, basado en la fe, en una confianza recíproca, de que todo el mundo va a aceptar esa moneda como encarnación de un poder. Se trata de una manifestación más de la sorprendente capacidad de la inteligencia humana para hacer intervenir irrealidades como elementos decisivos en procesos reales. **(Ahora creo que lo he entendido. Me parece que algo semejante ocurre con el lenguaje. Marta. / En efecto: el lenguaje y el dinero son dos grandes sistemas simbólicos. Autor.)**

Los poderes simbólicos, irreales pero eficaces, son una creación de enorme originalidad porque alteran radicalmente el régimen de fuerzas que opera en la naturaleza. Como señaló Hegel, «el derecho de la naturaleza es la existencia de la fuerza y la imposición de la violencia; y un estado de naturaleza es un estado de violencia e injusticia, del que no se puede decir nada más verdadero sino que hay que salir de él». Hace falta ser un ingenuo o un violento para reclamar la vuelta a la sedicente certeza gozosa del instinto.

Es fácil predecir en qué consistiría una vuelta a la naturaleza, si es que semejante afirmación tuviera algún sentido: en reinstaurar el poder real, el derecho de la violencia. No es ése el camino que nos corresponde caminar. Nuestra naturaleza nos incita a sobrepasar la naturaleza, por eso nuestros derechos no son *naturales*. Son *extra-naturales*. No son nada común ni obvio, son *extraordinarios*. Cada uno de ellos es una prodigiosa transgresión de las leyes de la gravedad. Nos mantienen en vuelo mientras los mantenemos en vuelo. **(O sea, *à la Münchhausen*, ¿no? Marta. / En efecto *à la Münchhausen*. Autor.)**

4

Haber pasado por alto que los derechos no son propiedades reales del ser humano, sino posibilidades reales, ha oscurecido el campo de la filosofía moral. Si son propiedades reales hay que descubrirlas en la realidad y fundarlas en ella como el resto de las propiedades reales. Tal menester correspondería a la ciencia, que con razón se niega a cumplirlo. Ya se sabe que Hume expidió el certificado de defunción de esa esperanza. De lo que *es* no se puede pasar a lo que *debe ser*. La proposición «El hombre es por naturaleza sujeto de derechos» tiene a su favor una pobre evidencia, a no ser que admitamos que recibe su corroboración y fundamento de la teología, cosa que plantea arduos problemas.

En cambio, la proposición «Todo ser humano considera bueno tener derechos» goza de una vigorosa evidencia. No es verosímil que alguien diga: «No quiero tener ningún derecho, quiero no poseer nada, no quiero nada mío ni siquiera mi propio cuerpo ni mi propia libertad ni mi propio sentimiento.» Ya sé que hay movimientos místicos que aspiran a esta disolución del yo, pero incluso en estos casos el desprendido asceta confía en que sus maestros le habrán dicho la verdad y que sus prácticas le conducirán a ese estado bienaventurado que espera. Cree, sin duda, que tiene el derecho a no ser engañado.

La evidencia de esa proposición se vive en primera persona. Yo quiero tener derechos. Deseo tener algo mío. Quiero ser dueño de mis acciones. Hasta tal punto es importante esta íntima posesión que constituye una de las definiciones posibles de persona. «Persona es una realidad que se pertenece en propiedad, reduplicativamente», escribe Zubiri en *Sobre el hombre*. Pero de ahí no se sigue que quiera que tengan derechos los demás. Mucha gente ha soñado con ser el único poseedor de derechos en un mundo de esclavos. Una vez más nos enfrentamos al viejo problema de pasar de las evidencias privadas a las evidencias universales, de los deseos privados a los deseos comunes, y, ahora, de mi afán de tener derechos a un eventual deseo de que los tengan los demás.

Ya advertí al lector que las acciones llevan muchas afirmaciones implícitas que el sujeto no reconoce haber hecho. Por ejemplo, el acto de argumentar afirma implícitamente la confianza del hablante en el poder de la razón, en la capacidad del lenguaje para comunicarnos, en la permanencia de las realidades. El sujeto no afirma esas cosas explícitamente, incluso puede afirmar lo contrario, pero en vano: el acto es una afirmación irrefutable de las condiciones necesarias para ese acto. No se puede mentir sin conocer la verdad, por ejemplo, puesto que esto es lo que distingue la mentira del error. No puedo herir a una persona y estar al mismo tiempo diciendo que no la quiero herir sin caer en una palmaria contradicción.

Pues bien, en la afirmación expresa de los derechos hacemos una afirmación implícita de gran importancia. Los derechos son un poder de disponer, de actuar, que no se funda en la fuerza del propio sujeto. Habrá que buscar entonces otra fuerza que mantenga y haga posible ese poder. ¿De dónde puede proceder esa energía que a va mantener los derechos?

Esa fuerza sólo puede consistir en el reconocimiento activo de la comunidad. Si digo que tengo derecho a la vida no me refiero a mi poder físico de defenderme. Eso es la ley de la selva. Es cierto que la naturaleza ha provisto al hombre de otra fuerza no estrictamente física: la inteligencia. Nietzsche no vio que el bruto era vencido por una energía también natural, que era la inteligencia astuta. Pero la astucia sigue siendo una fuerza personal, real, que ha de estar actuando sin cesar para defender un privilegio. Lo que el hombre desea no es ese irrequieto defenderse, sino descansar en la dignidad del derecho.

Los derechos que deseo no son más que un anhelo privado, una codiciada ampliación de mi propiedad, pero como necesitan el reconocimiento activo de la comunidad no me permiten encerrarme en mí mismo, sino que me lanzan fuera de mí. Tengo que contar con los demás para disfrutar de mis derechos. Los derechos son realidades mancomunadas, como lo son el lenguaje y las costumbres. Tendemos a considerarlos realidades autónomas, olvidando que esa autonomía depende de nosotros. El lenguaje se funda en la comunidad de habitantes, es una densa red de reciprocidades que no necesita de ningún sujeto concreto para mantenerse, pero que no puede prescindir de ser hablado por alguien. El castellano permanecerá aunque yo me calle. Advertida la independencia que el lenguaje tiene respecto de cada individuo, es fácil dar un salto y decir que los hombres son meros aparatos articuladores, unos altavoces biológicos, y que el lenguaje es el gran hablador que parlotea a través de nosotros. Como todas las mitologías astutas, ésta también ha tenido éxito.

No. El lenguaje es un complejísimo sistema de interacción entre sujetos. Decir que está en los diccionarios o gramáticas es un espejismo tan confundente y peligroso como afirmar que los derechos están en los códigos o en la naturaleza. Ni el lenguaje nos habla ni los derechos nos protegen. Ambas cosas son confundentes porque emborronan el papel creador del sujeto, al que transforman en mero accesorio de la lengua o del entramado de derechos. Se le arrebata todo protagonismo y se le confina en el limbo de las falsas obviedades. Se convierten los derechos en parte de nuestro código genético y acabaremos buscando en el genoma humano el gen que les corresponde. Pero esta dosificación rompe toda relación creadora con ellos. Si los habitantes de Ruanda tienen derechos, como tienen páncreas, lleno de benevolencia les deseo que les funcionen bien ambas cosas, los derechos y el páncreas. Ambas cosas me son igualmente lejanas. Ni me impone ningún deber su páncreas ni me imponen ningún deber sus derechos. Porque son suyos, no míos. Quien se los haya dado que responda. Yo no he sido.

Insistiré más sobre esto después. Ahora sólo quiero volver a insistir en que, a pesar de su apariencia escandalosa, admitir que los derechos son creaciones humanas, invenciones, proyectos mancomunados, nos permite construir una ética universal. Se trata de comprender que la estructura de los derechos, que nos permite ejercer poderes para los que no estamos capacitados en soledad, y amplía así nuestro poderío vital supliendo nuestras deficiencias, crea un sistema de reciprocidades de enorme vigor, tan fuerte que a veces nos olvidamos de lo que hemos creado nosotros y nos sometemos ciegamente a su enérgica presencia. Así se han creado siempre las mitologías, incluida la mitología de los derechos.

El tema de la reciprocidad de las relaciones humanas se planteó también en las ilustradas conversaciones de don Nepomuceno Carlos de Cárdenas y su sobrina. Una mañana, María Eugenia, que por razones que ya conocerá el lector estaba muy interesada en que su tío abandonara sus propósitos liberadores, aguardó impaciente la llegada del mediodía. Las comidas eran una ceremoniosa ocasión para hablar, no así las cenas, en las que se escuchaba música. También la decoración cambiaba. Almorzaban en una mesa redonda, como la que había en casa de Kant, según los grabados antiguos, y en un comedor pequeño e íntimo. Las cenas tenían lugar en un gran salón con amplia balconada abierta al jardín. La brisa agitaba las largas cortinas de finísimo hilo de Malinas y el lejano rumor del mar completaba con su bajo obstinado las suaves adaptaciones caribeñas de la música de Mozart.

Lo que agitaba a María Eugenia era la esperanza de haber descubierto un argumento irrebatible contra la decisión de su tío. Esperó hasta el chocolate que tomaban después de comer y que solía poner a su tío de excelente humor, bebió un sorbito de fresquísima agua y dijo:

–Que digo yo, tío, que usted *no puede* liberar a ningún esclavo.

Le vio detener la jícara en el aire y cómo la miraba con gesto divertido –estaba segura de que últimamente la observaba con una curiosidad guasona–. Don Nepomuceno depositó la jícara en el platito, se atusó la ceja izquierda con el dedo corazón, y tras larga pausa preguntó:

–¿Y qué te hace pensar eso, sobrina?

María Eugenia retardó su respuesta todo lo que la discreción le permitió, luego, cuidando la dicción para que el enrevesado discurso que había preparado no se le enredara, dijo:

–Porque un esclavo que lo es voluntariamente no es un esclavo, es un hombre libre porque hace lo que quiere, lo que pasa es que lo que quiere es ser esclavo. Contrariaría usted, tío, su libertad, es decir les haría esclavos, si les obligara a ser libres.

María Eugenia se sintió sofocada pero satisfecha por haber conseguido soltar aquel trabalenguas sin trafulcarse. Jugueteó con la tacita antes de mirar a su tío. ¡Lo sabía! ¡Lo sabía! Como esperaba, encontró su cara sonrientemente pensativa.

–Piénsalo al revés, María Eugenia. Si ellos libremente se convierten en mis esclavos, me obligan a mí a ser dueño de esclavos. Atentan a mi libertad y me esclavizan. ¡Y por ahí te aseguro, querida sobrina, que no paso!

5

Vuelvo a repetir algo que dije al comienzo de este libro. No *hay* derechos humanos. No existe esa impersonalidad señalada por el *hay*. Nadie tiene por naturaleza ningún derecho. El orbe de los derechos es una construcción de la inteligencia humana convertida en legisladora y que, mal que bien, lleva funcionando en algunos países desde hace siglos. Su eficacia hace que nos olvidemos de que esa estructura no se mantiene sola. Nadie está amparado por los derechos si está fuera de la órbita de los derechos. Si en el mundo civilizado sucede así, si el criminal está protegido por el mismo derecho que ha conculcado, no es porque nadie se lo deba, sino tan sólo por la generosidad de los que permanecen en la órbita ética, manteniéndola en vuelo, que están dispuestos a afirmar la *dignidad* de todos los miembros de la especie humana, aunque resulten perjudicados al hacerlo.

Éste es el gran salto ético, el triunfo de la magnanimidad creadora, el enigma que admiró y complicó a Kant: el ser humano, dotado de una inteligencia que le permite comprobar lo cerca y lo lejos que está de sus parientes animales, se seduce desde lejos con un modelo inestable y magnífico: pertenecer a una especie *llena de dignidad.*

Pero ¿qué es la dignidad? La posesión de derechos. Los derechos, que son poderes simbólicos, son mantenidos en el ser por un proyecto mancomunado. No es nada conseguido, son algo proyectado. Los que realizan este proyecto son verdaderos creadores: *permiten que exista algo que antes de ellos no existía.* El ser humano estaba dotado de propiedades reales, pero ahora estamos hablando de una posibilidad que ha sido concebida, inventada y parcialmente realizada por la humanidad. Gracias al hombre ha aparecido en el universo una flor rara y vulnerable: el derecho. Como todos los proyectos creadores, éste también tiene que atenerse a determinadas constricciones. Es imposible construir sin comprobar la consistencia del terreno, escribir sin reglas sintácticas, lanzar aviones sin combustible, construir puentes sin conocer la resistencia de materiales. Ahí aparecen los deberes. Son el envés de los derechos. Son las torres y los cables de los que cuelga el puente y que permiten al puente su vuelo suspendido.

Los juristas romanos distinguieron entre *derechos de propiedad* y *derechos de crédito*. Los derechos de propiedad permiten acciones reales sobre cosas que son mías. Puedo quemar mis libros, comerme mis berzas, vender los cachorros de McIntosh. Para ejercer estos derechos, decían los romanos, sólo se exige de los demás su inhibición: que no entorpezcan el uso de mi derecho. Sólo necesito que no impidan la libre disposición de lo que me pertenece. Los llamados derechos de crédito, por el contrario, exigen que otros realicen alguna acción que me deben. Son los derechos que derivan de todos los contratos. Si compro un pasaje para Nueva York, tengo derecho a viajar, pero si la compañía naviera se inhibe seré incapaz de ejercitarlo. Ella es colaboradora indispensable en la ejecución de mi derecho. En vez de conservar la terminología latina, propongo llamar a estos derechos *intersubjetivos, recíprocos, mancomunados.*

Todos los proyectos compartidos instauran este tipo de derechos. No importa que se trate de un negocio, una relación amorosa, una empresa científica, o del amplio propósito de constituir una humanidad digna. Sin embargo, tengo que hacer una crítica a la venerable distinción hecha por el derecho romano. En estricto sentido no creo que haya derechos de propiedad. En su raíz, los derechos son derechos de crédito, intersubjetivos. *Todos los derechos se mantienen gracias a la cooperación ajena, incluidos los llamados derechos de propiedad.* Basta echar un vistazo a los «derechos» de propiedad de los animales. Los etólogos han estudiado el instinto de territorialidad. El macho defiende su territorio y el sedicente derecho no es más que la energía física con que pueda defenderlo. Vive en régimen de privi-legio, de ley privada que no es otra cosa que la exteriorización de su fuerza. Su dominio llega hasta donde alcanza su poder. Ha de estar en permanente estado de alerta para defenderse de los intrusos.

El régimen de vida que los hombres queremos instaurar es distinto. Queremos tener derechos por ser personas, no por ser fuertes. ¿Pero qué suplirá nuestra fuerza? ¿De dónde recibiremos la energía? De los demás colaboradores en el proyecto. Y conviene recordar esto al hablar de derechos fundamentales. Si los cosificamos, si los consideramos realidades preexistentes, consistentes y persistentes, y no proyectos a realizar, nos tiranizarán lógicas degradadas. Por ejemplo, tendremos la impresión de que podemos mantenernos al margen de los derechos y seguir protegidos por ellos. Esto es confundir la legalidad física con la legalidad moral. Las leyes físicas no necesitan nuestro concurso para funcionar. Mi asentimiento les importa un bledo. La mecánica cuántica continuó actuando aunque muchos físicos la negaran. Los colegas de Pasteur siguieron provocando septicemias a pesar de que no creían en los microbios. Aunque los mayas creyeran que las serpientes provocaban las lluvias, las tormentas en el Yucatán continuaban obedeciendo las leyes meteorológicas y no a la herpetología.

Si los derechos fueran propiedades reales, como lo son las fuerzas físicas, la estructura de la materia, la dinámica química, ocurriría algo semejante, pero nada de esto sucede. Los derechos son un proyecto de humanidad mantenido en alto esforzadamente, y no cobijaría a nadie si no estuviese mantenido por alguien. Los derechos no tienen una existencia independiente en no se qué brillantísimo mundo platónico: son una insegura tienda de campaña que protege a los hombres sólo mientras alguien sostiene las lonas levantadas. Los derechos, como los aviones, sólo se mantienen en vuelo mientras el motor del propio avión continúa funcionando. El conjunto de participantes en el proyecto de una humanidad digna fundamenta los derechos. Resulta que el barón de Münchhausen se ha convertido en Fuenteovejuna.

Haber olvidado cosas tan simples ha dado un aire de cortés inverosimilitud a todo el habla que habla de los derechos. Me referiré a las polémicas sobre la pena de muerte. **(Marta: ¿Está seguro de que quiere hablar de ese asunto? Me temo que lo que diga va a sonar muy mal. Sentiría que le malinterpretasen. Al fin y al cabo, somos colaboradores. / Autor: Su interés me conmueve, Marta. Procuraré hacerme entender.)** Vaya por delante mi total acuerdo con la supresión de la pena de muerte. Mi desacuerdo está en su fundamentación. No entiendo lo que se quiere decir cuando se habla del derecho a la vida de un individuo que ha ultrajado, torturado y asesinado a seres humanos. Supongo que se afirma su intrínseca dignidad personal. La posee, como el páncreas, por el hecho de ser hombre. No sabe que los tiene, pero los tiene: dignidad y páncreas. Esta idea que parece tan clara procede de la religión. En el cristianismo, por ejemplo, el hombre es imagen de Dios, y en eso consiste su dignidad. Pero si es así, la suerte de la dignidad humana va unida a la suerte de la idea de Dios. Si se rechaza esa solución, el derecho a la vida sólo podrá fundarse en el hombre, pero no en el hombre como cosa o naturaleza, sino como sujeto creador que inventa, acepta y reconoce la dignidad de todos.

El que se excluye por su violencia de este gran proyecto común, no puede reclamar ningún derecho. Si resulta protegido por ellos es gracias a la generosidad de todos los que están comprometidos en dignificar la realidad. Si confundimos esta generosa adopción del criminal con un reconocimiento de su derecho-páncreas, enturbiamos la magnanimidad y el supremo esfuerzo creador que el orbe de los derechos exige de todos.

6

Tradicionalmente se considera que la justicia es la culminación de la moral y que un mundo donde todos se comportasen justamente sería una figura plausible de la perfección. Antes de que Marta me interrumpa, añadiría que la perspectiva de un mundo transfigurado por un amor inteligente es hermosa, pero por el momento excede las competencias iniciales de la ética. Sólo podría incluirse aceptando la definición kantiana del amor, que es muy poco sentimental. Si el amor es «convertir en míos los fines de otro», el amor universal consistiría en convertir en fin mío la aspiración universal a poseer derechos y existir con dignidad. Y esto sí puede entrar en el contenido de una ética proyectiva.

La justicia ha ocupado gran parte de la meditación ética de nuestro siglo. Kohlberg ha estudiado el tema a partir del desarrollo de la conciencia moral y ha creído ver que el razonamiento ético se perfecciona en un proceso constructivo que parte de la experiencia. Su dinamismo interior lleva hacia la noción de justicia. Es un movimiento paralelo al del razonamiento lógico: ambos buscan una mayor estabilidad y la encuentran en la reversibilidad y reciprocidad de los juicios.

Lo que dice Kohlberg es, sin duda, verdad, pero me parece insuficiente. Tiene las mismas carencias que la teoría de Piaget, en la que se basa. Para Piaget, la última etapa en el desarrollo de la inteligencia la alcanza el sujeto cuando es capaz de operaciones formales. De acuerdo. Pero éste es el nivel máximo de la *inteligencia computacional*, de nuestra capacidad operativa. Muy bien, ya disponemos de un espléndido automóvil. Y, ahora, ¿adónde vamos? ¿A qué velocidad? ¿Por qué carreteras? Éste es otro asunto que compete al uso de la inteligencia y a la elección de órbita. Las operaciones formales y los juicios reversibles acerca de la justicia se pueden dar a muy distintos niveles. La ley del Talión es un paradigma de los juicios reversibles sobre la justicia. Hago lo que me hacen.

La teoría defendida en este libro puede integrar los resultados de Kohlberg y prolongarlos. Para ello conviene volver a la antigua definición de justicia, que sigue siendo un prodigio de claridad: La justicia consiste en dar a cada uno lo suyo. Esto hace que la justicia sea posterior a los derechos y dependa de ellos, puesto que los derechos determinan qué es lo nuestro. Al fin hemos llegado a la pregunta fundamental: ¿Qué es lo nuestro? Kant se equivocó al cambiar la formulación. No se trata de saber lo que es el hombre. Eso es cosa de la ciencia. Ahora no estamos conociendo la realidad: estamos creándola. Estamos en período constituyente, como los náufragos de Golding, y hemos de decidir sobre la constitución del ser humano. ¿Qué es lo nuestro?

Ya tenemos a la inteligencia creadora enfrentada con su más arduo proyecto: legislar sobre sí misma. Es el propio hombre quien va a legislar sobre lo que es *suyo*. Esta decisiva elección se ha confundido a veces con la elección de su propia esencia, pero no es así. La esencia es la estructura de sus propiedades reales. De lo que hablamos ahora es del conjunto de posibilidades reales que llamamos derechos. No nos movemos en el orden de la naturaleza sino en el de perfección de la naturaleza. ¿Qué es lo humano? ¿Qué es lo que nos corresponde? ¿Cuáles son los sentimientos, las acciones, las metas que van a estar de acuerdo con nuestra definición de lo nuestro? ¿Cómo será el modelo de ser humano del que podamos inferir nuestras obligaciones y deberes?

7

El ser humano se concibe a sí mismo como dotado de dignidad. Los derechos que posee le ponen a salvo de la arbitrariedad ajena. Pero para que ese modelo cumpla su cometido ha de ser universal e incondicionado. En caso de que fuera fragmentario, la selección de los beneficiarios de los derechos tendría que hacerse por algún motivo sectario: nación, raza, sexo. Parte de la especie sería excluida por razones que no podríamos justificar, con lo que la coherencia entraría en quiebra. La única posibilidad de que el orbe ético adquiera una última estabilidad es que identifique la extensión de los derechos con la extensión de la especie humana. La búsqueda de la evidencia intersubjetiva no puede detenerse. Sólo la participación de todos los afectados puede dar cumplimiento a este dinamismo.

Esta ampliación universal supone un riesgo y una anticipación. Al defender los derechos universales vamos a considerar que todos los seres humanos se han incorporado al proyecto, lo cual no es cierto. Podemos decir que lo han hecho implícitamente cada vez que han sentido un sentimiento de indignación (Strawson) o de humillación (Honneth) o de justicia (Heller). Pero la constitución del orbe ético exige una participación consciente y voluntaria, activa y lúcida. Mientras ésta no se dé, continuaremos viviendo en precario.

La elección de la órbita ética es un acto constituyente que no se identifica exactamente con las teorías del contrato, sino con las teorías del proyecto. Como sabe el lector, algunos inteligentísimos filósofos del derecho sostuvieron que su origen estaba en un contrato estipulado entre los miembros de una sociedad para librarse del miedo. No es una teoría satisfactoria porque no hay constancia de que un acto real de contrato se diera alguna vez. Y un contrato que no se contrae no puede considerarse tal. Sin embargo, hay algo en el sistema de los derechos que parece exigir ese acto de compromiso, un acuerdo para ceder y reclamar.

Lo que llamamos *contrato* no es más que la abreviatura de un largo proceso de invención de derechos, de reconocimientos y porfías, llevados a cabo en el intenso, confuso y violento mundo de la historia moral. Los deseos, las esperanzas, las interpretaciones teóricas, las visiones de los grandes creadores morales, las rebeldías, todas esas fuerzas y otras más fueron construyendo las diversas morales. Llamamos *contrato* a ese proceso de negociación sin diseño único, guiado sólo por una continuada acomodación a lo que se iba sintiendo como bueno. No me parece un término técnico sino un título sencillo para designar una realidad complejísima.

Se piense lo que se piense de la teoría del contrato, pertenece a las morales históricas. A estas alturas del libro no me interesa fundar un pasado impreciso. Me interesa, en cambio, saber si vamos a fundar éticamente los derechos en un contrato. Pienso en futuro, no en pretérito. El lector y yo estamos en la isla de Golding. Lo que sostengo es que la elección de un modelo de ser humano como poseedor de derechos puede ser asumida como *proyecto común* por toda inteligencia usada racionalmente.

Este proyecto, que se funda entre otras cosas en la evidencia que tenemos del funcionamiento de los derechos en las morales vigentes, tiene que transmitirse mediante una educación continuada, que induzca a cada sujeto a reactivar la evidencia de los derechos y de su precariedad. Hace falta hacerle consciente de que es sujeto creador y legislador, o que puede y debe serlo, y que en eso consiste la dignidad.

Las sociedades democráticas viven en un régimen ético con frecuencia inconsciente. En este caso su incorporación al proyecto consistiría en la asunción consciente de los propósitos morales que vagamente ha recibido.

(Habla usted sólo de derechos, y así reduce al hombre a su aspecto más mezquino e interesado. Olvida que el ser humano tiene también sentimientos de benevolencia, que necesita amar y ser amado. Es cierto que necesitamos los derechos, pero también sentirnos acogidos. Parece que a los filósofos morales les da vergüenza reconocer que el gran creador de valores ha sido siempre el sentimiento amoroso, el cuidado, el estar dispuesto a crear sin echar mano primero de la calculadora o del Código. ¿No funcionará aquí también la «profecía que se autorrealiza»? ¿No será una tor-

peza no contar con los sentimientos benevolentes, que conviven con los perversos, pero que no dejan de existir por ello? Marta. / Creo que tiene razón, y procuraré contestarle en las notas. Autor.)

NOTAS, COMENTARIOS Y OTRAS COSAS MÁS

M: Después de tanto viajar por las playas de Cuba, de la Micronesia o de Golding, hemos llegado a las Minas del Rey Salomón. Este capítulo me parece el más importante de su libro. Quiere fundar la ética en la noción de derecho, que es un valor que todos queremos, y lo define como un poder simbólico. La energía que simboliza es la decisión mancomunada de mantener el orbe de los derechos. Considera que no somos poseedores de derechos sino conferidores recíprocos de derechos. No hay ningún derecho solitario. A solas hay tan sólo poderes reales. Los deberes no son más que la deuda que tenemos que pagar por el beneficio recibido. La órbita ética es un proyecto elegido, mantenido voluntariamente y nunca consolidado. Es decir, la ética nunca se va a convertir en naturaleza. ¿No cree que esto sitúa nuestra dignidad personal en un estado de suma precariedad?

A: Creo que ése es el estado real. Comprender la precariedad de nuestra situación, nuestra fragilidad ontológica, nos introduce en la ética constituyente. Los terribles desplomes que ha sufrido la historia de la humanidad, esas espantosas orgías carniceras, no son más que una claudicación de la inteligencia, que abandona la órbita de la dignidad. He de corregirla en un punto. No he dicho que no existan derechos en soledad. Y no me refiero sólo a que el mismísimo Robinson había nacido en una sociedad, cuyos hilos permanecían aún en su urdimbre personal, sino a otra cosa. La estructura dialógica de mi conciencia me permite proyectar irrealidades que dirijan mi comportamiento y que también me confieran poderes simbólicos. El náufrago también puede mantener ese modelo de humanidad digna y concederse a sí mismo derechos, y por tanto deberes. Es emocionante leer el testimonio del psicoanalista Bruno Bettelheim, referente a su confinamiento en los campos de concentración de Dachau y Buchenwald. En situaciones tan degradantes aparecían dos modos de vida distintos. Uno abandonaba la órbita ética, y otro mantenía las normas de la dignidad. El comentario del autor es que eran los segundos, los que intentaban mantener la prestancia ética, los que tenían más posibilidades de sobrevivir. Los complejos sistemas de la propia estimación, de la lucha a veces dramática contra la tentación del abandono, el empeño del náufrago para seguir nadando cuando ya no tiene fuerzas para nadar, va en la línea de la protección del sujeto y no colabora, como los miopes creen, a su aniquilación (Bettelheim B.: *Sobrevivir*, Crítica, Barcelona, 1981).

M: A veces creo que usted no habla de un náufrago sino de un campeón olímpico de natación, que nada en una piscina climatizada después de un buen entrenamiento. La soledad es devoradora. Ya sé que la inteligencia confiere significados y que todos queremos ser significativos y dar un sentido a nuestras vidas. Pero parece que, en el fondo, necesitamos ser no productores, sino objetos de esa donación de significado. Eso lo vio Sartre con mucha claridad, cuando decía que el amor nos salva de la insignificancia, y que una mirada amorosa nos reinserta en la realidad, justificada por fin nuestra existencia. Pero esto me parece un sueño. En fin, ya que he mencionado a Sartre, también él vivía esa precariedad de la ética: «En moral no hay trampolín ni hay nada adquirido. Todo es siempre nuevo. Héroe hoy, cobarde mañana si no tengo cuidado. Si el esfuerzo tiene ese prestigio a los ojos de muchos, es porque esforzándome vivo mi acto en su relación al bien. Cuanto menos me esfuerzo, el bien hacia el que tiendo me parecerá más claramente dado, existir a la manera de una cosa. Al esforzarme más, me siendo realizando ese bien que vacila y palidece y parpadea de obstáculo en obstáculo. Es en el esfuerzo donde se me manifiesta la relación de la subjetividad con el bien. Siento que el Bien corre el riesgo de arruinarse conmigo; cada vez que mis tentativas abortan, siento que el bien no está hecho, que es puesto en tela de juicio. El esfuerzo revela la fragilidad esencial del Bien y la importancia primordial de la subjetividad» (*Cahiers pour une morale*, ed. cit., p. 568).

A: Sí, creo que estamos hablando de lo mismo.

M: Hablar del *contrato social* me parece muy anticuado.

A: La historia de la «Teoría Contractual» es muy interesante. Me parece un caso de *profecía que se autorrealiza.* No existió históricamente ese contrato, pero acabará por existir. La idea apareció esbozada por los sofistas y se ha mantenido a lo largo de los siglos con distintas funciones: explicar el origen del Estado, justificar su existencia o defender los derechos privados. La historia moderna ha contemplado cómo se va haciendo verdad, respecto del futuro, lo que respecto del pasado no lo era. El salto desde la teoría contractual como explicación a la teoría contractual como diseño para la construcción de la sociedad me parece paralelo al salto desde la moral a la ética. Muchas cosas aceptadas tácitamente cambian de estado cuando se las acepta voluntaria y lúcidamente. Por esta razón el salto ético puede ser concebido como un *cambio de actitud.* El ser humano se compromete a vivir en actitud ética, es decir, manteniendo y siendo mantenido por el orden de los derechos. Hace un contrato explícito para vivir en la órbita de la dignidad. En ese momento se encuentra en situación constituyente.

M: ¿Pero usted cree que ese acto contractual puede llegar a ser histórico?

A: Creo que debe llegar a serlo. Más aún, que cada persona tendría que renovarlo lo más expresamente posible. Esto ha de hacerse a través de la educación y por eso es criminal que se elimine la enseñanza de la ética de las escuelas. Es a través de la ética como el niño va a reconocerse sujeto creador de la dignidad humana.

M: Le he traído un libro que tal vez le interese, porque en cierto sentido dice cosas parecidas. Está escrito por Ronald Dworkin y se titula *El dominio de la vida* (Ariel, Barcelona, 1994).

Trata el tema de la eutanasia y del aborto e interviene en la polémica señalando dos modos distintos de pensar ese problema. Uno es admitir que el feto tiene derechos por el hecho de existir, con lo cual la discusión se embarranca en discernir desde qué momento posee los derechos, si desde la concepción o un poco después. La otra manera de pensar el problema es afirmar el valor intrínseco de la vida humana, él lo llama su carácter *sagrado*, pero sin dar a esta palabra ninguna connotación religiosa, y la discusión se plantearía entonces sobre los medios para defender mejor la dignidad de la vida humana.

A: Dworkin postula el valor intrínseco de la vida humana, lo que resta contundencia a su argumentación. Todo ser vivo hace por vivir, de acuerdo. A este dinamismo que mueve desde el paramecio hasta el premio Nobel, podemos llamarlo *valor intrínseco*, si queremos. Pero lo importante es convertir el valor intrínseco de la vida en un proyecto. Quiero que la vida humana sea un valor intrínseco: estoy dispuesto a protegerla.

M: De todas formas, la idea de que había algo *sagrado*, no profanable, en la vida humana es una opinión muy difundida. Séneca lo dice con esas mismas palabras: *«homo rex sacra homini»*, y Spinoza: «Casi en boca de todos anda la sentencia: El hombre es para el hombre un Dios.» Usted diría, supongo, que esa unanimidad corrobora la idea de la especial dignidad humana.

A: Sí. Ocurre, sin embargo, que no todas esas tradiciones definen la dignidad como posesión de derechos, y esto las priva de universalidad. Y, sobre todo, de urgencia práctica.

M: Me gustaría que sometiera sus afirmaciones a sus propios criterios de evidencia. Me parece que su argumentación tiene cuatro pasos: 1) todo ser humano quiere tener derechos, 2) los derechos implican la colaboración de los demás y las relaciones de reciprocidad, que llamamos *deberes*, 3) el orbe de los derechos exige su universalidad, 4) la dignidad de la persona es una afirmación incondicionada. Comencemos por la primera.

A: La posesión de derechos se confirma con la experiencia directa: quiero tenerlos, los echo en falta cuando los pierdo. El ser humano no quiere volver atrás cuando ha experimentado los derechos. No encuentro ningún caso que muestre la falsedad de esta proposición.

M: Si le he entendido bien, el primer criterio hace referencia al cumplimiento sentimental de una afirmación. Aparte de la satisfacción de sentirse dueño de sí mismo, le propondría otros tres sentimientos relacionados. El primero, la *indignación*. Es un sentimiento de furia ante una situación injusta que afecta a mi dignidad o a la dignidad de otra persona. Curiosamente, es el único tipo de cólera que puede sentirse por una ofensa recibida por otra persona. Greimas ha estudiado la semántica de la cólera en su obra *Del sentido,* II (Gredos, Madrid, 1989). Se basa en la lengua francesa, pero creo que su análisis es válido en todas partes. Interpreta la cólera como un sentimiento provocado por una frustración. El sujeto ha sido privado de algo «que tenía derecho a recibir» o «con lo que creía poder contar». Añade que la ofensa es una herida en la dignidad de alguien. El recorrido sentimental de la cólera, y también de la indignación, termina en la venganza, el perdón o el resentimiento. ¿Le sirve para algo?

A: Desde luego. Strawson parte del sentimiento de indignación para demostrar la realidad de las experiencias morales. No puedo sentir indignación sin tener conciencia de agravio, de la vulneración de algo mío. La falta de esa respuesta indica un desinterés o la ignorancia de los derechos. Puede leer el libro de P. F. Strawson *Freedom and Resentment* (Londres, 1974). Schopenhauer sostuvo que la noción verdaderamente positiva es la injuria, la experiencia de la injusticia, a la que seguiría, como su negación, la de justicia o derecho. La queja sería el desencadenante de la justicia. Ricoeur ha escrito: «Es en forma de queja como entramos en el campo de lo justo y de lo injusto.»

M: Esto enlaza con lo que usted contó acerca de la evolución moral del niño. Consideraba malo aquello que producía las lamentaciones de los otros niños. La queja por el daño propio se enlazaría con la compasión por las quejas ajenas y daría lugar a las dos causas de la indignación: la injusticia sufrida por mí y la sufrida por otro.

A: Se está haciendo una experta en analizar esencias sentimentales. Pero no corramos tanto. Schopenhauer no tiene razón: no puede haber sentimientos de injusticia antes de tener conciencia de los propios derechos. Otra cosa es que se sienta agredido. Reclamar un derecho es pedir una protección para que ese daño no vuelva a suceder; y una protección que no dependa de una eventual benevolencia.

M: Usted considera la propiedad como esencia de los derechos. Tal vez toda agresión se viva como agresión a lo mío, y por lo tanto con una embrionaria conciencia de propiedad y derecho.

A: Tal vez. La relación de la propiedad con el derecho tiene una tradición venerable. Recuerde a Locke: «Cada hombre es *propietario* de su propia *persona*. Y nadie tiene derecho a ella sino uno mismo» (*Two Treatises of Government*, II, 27). Me habló de otros sentimientos corroboradores de la universal aspiración a los derechos.

M: Me refiero al sentimiento de *humillación*. He leído un artículo de Honneth sobre el tema. Ernest Bloch había defendido que todo lo que en teoría moral se llama *dignidad humana* sólo se constituye por la vía indirecta de los modos de humillación y daño personal. Honneth invierte el argumento y sostiene que la dignidad de la persona depende constitutivamente de la experiencia del reconocimiento intersubjetivo. Los diferentes sentimientos con que los seres humanos reaccionan frente a la ofensa y al desprecio permiten una anticipación de las relaciones de reconocimiento logradas y no distorsionadas. Sostiene que el progreso moral es una lucha por ese reconocimiento» («Integridad y desprecio», en *Isegoría*, 5, mayo de 1992).

A: Estoy de acuerdo. El reconocimiento es, ante todo, reconocimiento de los derechos. ¿Hay más?

M: Sí: el sentimiento de justicia.

A: Muchas religiones, desde el confucionismo al cristianismo, suponen que existe una capacidad innata para distinguir lo correcto de lo incorrecto. Muchos filósofos también lo afirman. En un libro reciente, Millán Puelles repite la tesis tomista acerca de la evidencia de los primeros principios morales (*La libre afirmación de nuestro ser*, Rialp, Madrid, 1994). Agnes Heller admite que todo el mundo ha nacido con el sentido de justicia, pues todo el mundo puede discriminar entre lo correcto y lo incorrecto (*Más allá de la justicia*, Crítica, Barcelona, 1990). No creo que exista tal capacidad. Me inclino a pensar que se trata de una facultad aprendida o, como señala Kohlberg, adquirida en el proceso evolutivo de la inteligencia moral. De todas formas, la atracción por la idea de justicia es innegable.

M: Podemos seguir con otros criterios.

A: Pasemos al criterio transcendental. La idea de derecho es condición necesaria para la idea de justicia. Tiene razón Tomás de Aquino: «Si el acto de justicia consiste en dar a cada uno lo suyo, es porque dicho acto supone un precedente, por virtud del cual algo se constituye en propiedad de alguien» (*C.G.*, 2, 28).

M: Pasemos al tercero: criterio de coherencia. Ya ve que me los he aprendido muy bien.

A: La coherencia externa la confirma la historia de la cultura. Hay una universal búsqueda de los derechos. La teoría de la inteligencia muestra el dinamismo proyectivo de la necesidad de autoestima. En el capítulo siguiente veremos cómo el uso racional de la inteligencia corrobora también la coherencia de esta proposición: El ser humano considera bueno tener derechos. Internamente, el despliegue de la noción de derecho, su relación con la intersubjetividad, así como la noción de deberes, coincide con lo que sabemos acerca de la experiencia moral.

M: Criterio de la previsión o de las consecuencias.

A: Una vez que alguien ha disfrutado de un derecho, no quiere perderlo. La historia muestra que el progreso en la consecución de derechos es continuo, porque los retrocesos, que los hay, son vividos como pérdidas, y antes o después son corregidos. Recuerde la historia de este siglo. Ha habido sangrantes períodos regresivos que han provocado reacciones eficaces. Alguien dijo que cada guerra se salda con el reconocimiento de un nuevo derecho. Es una versión optimista de la estupidez humana que encierra, sin embargo, algo de verdad. Respecto de las consecuencias, creo que no hay que extenderse mucho en explicar que el reconocimiento de los derechos acarrea una mejora en la vida de los hombres.

M: Pues pasemos al último criterio: el progreso. Parece que le estoy examinando. Bueno, realmente le estoy examinando.

A: Creo que comenzar por la afirmación de los derechos es un progreso teórico, porque integra los dos grandes proyectos morales: la felicidad y la justicia. Permite desarrollar una teoría del sujeto, de la inteligencia, del deber, y prolongar la actividad inventora de nuevos derechos. A su vez, cada una de esas teorías puede ser contrastada y sus evidencias reverterán sobre el principio que estamos estudiando.

M: No olvide que había señalado cuatro pasos en su argumentación: 1) todo ser humano quiere tener derechos, 2) los derechos implican deberes, 3) el orbe de los derechos exige su universalidad y 4) la dignidad de la persona es una afirmación incondicionada. Hasta ahora sólo ha tratado el primer punto.

A: Que los derechos implican deberes creo que habrá quedado claro a lo largo del capítulo. Respecto de la universalidad, el orbe de los derechos sólo se mantiene si incluye la totalidad del género humano. Cualquier cláusula restrictiva supondría una segregación por un *poder real*, con lo que no se habría alcanzado el orbe ético. Hans-Helmut Dietze, en su obra *Naturrecht in der Gegenwart*, publicada en 1936, pretendió fundar el «nuevo derecho» alemán. Ésta era su definición: «Derecho es lo que los hombres arios consideran que es tal, no derecho lo que ellos desaprueban» (p. 185). El salto a la órbita ética, que supone un nuevo régimen para la humanidad, ha de basarse en lo que la humanidad tiene en común. Los derechos sólo pueden fundarse unánimemente, de manera implícita o explícita. Cualquier cláusula restrictiva abre la puerta a otras cláusulas restrictivas. Los arios, los judíos, los musulmanes, los hombres, las mujeres, los niños, los blancos, los negros. Mi inviolabilidad sólo está asegurada si no depende del arbitrio de nadie. Quiero que mis derechos sean universalmente reconocidos, pues es la única manera de que sean firmes. Para que *mi* dignidad esté asegurada tiene que ser universalmente admitida. Es el deseo lo que me lleva a la universalidad. Otros muchos elementos, sentimentales o cognoscitivos, podrán reforzar esta primera evidencia, que quedará, sin embargo, como fundamento. ¿No estaría dispuesto a reconocer la dignidad de los virus si los virus pudieran reconocer la mía? El fundamento subjetivo sería *mi* deseo de dignidad; el fundamento objetivo, la capacidad de que mis derechos sean reconocidos: la inteligencia y la libertad.

M: Me parece que vuelve usted a la explicación de Hobbes: librarse del miedo es el origen de la moral y del Estado.

A: Le doy la razón cuando dice que en el estado de guerra de todos contra todos, que sería el estado natural, nada es injusto porque la justicia o injusticia son conceptos que sólo se pueden aplicar cuando el hombre vive en otra situación. Lo que llamo la órbita ética. Más o menos explícitamente, todos los filósofos morales admiten que la vulnerabilidad del ser humano está en el origen de la moral. Warnock habla de la *dificultad básica de la vida humana*, una de cuyas manifestaciones principales es la escasa simpatía que sentimos hacia los intereses ajenos (*The Object of Morality*, Londres, 1971). Esas dificultades que hay que superar determinan, según Hart, «el contenido mínimo del derecho natural» (*El concepto del derecho*, Abeledo-Perrot, Buenos Aires, 1963). Carlos S. Nino sugiere que la articulación y explicación de estas circunstancias es el contenido de una *teoría de la naturaleza humana*, que puede esclarecer aspectos importantes del derecho y la moral (*Ética y derechos humanos*, Ariel, Barcelona, 1989).

M: Y usted cree que de eso tiene que encargarse la teoría de la inteligencia, claro.

A: Sí. Y ahora volvemos a los *modelos* y a la contestación que le prometía al finalizar el capítulo. Resulta que el ser humano, al contrario que el granito, el alcornoque o el chimpancé, es lo que es y lo que puede ser. Proyecta sus posibilidades y luego se las apropia, si puede. Un *modelo de humanidad posible* rige como marco último la formación de proyectos, de la misma manera que una idea general de lo que es un *buen estilo* dirige las creaciones concretas de un autor. No es un modelo de partida, sino un modelo de llegada, pero que resultará afectado por las ideas previas sobre lo que es la realidad humana. En las *Lecciones de ética*, de 1920, Husserl critica a Hobbes, pero le concede gran importancia porque considera su obra un ejemplo de *experimento teórico*. Podemos ver la idea de Estado que se deriva de un modelo egoísta de la humanidad. Hobbes piensa que el estado natural es la guerra permanente y que lo importante es librarse del terror. Suya es una frase estremecedora: «El día que yo nací, mi madre dio a luz dos gemelos: yo y el miedo.» Husserl se pregunta: ¿No se puede proyectar la idea de Estado exigida por un modelo completo de ser humano?

M: Me encantaría conocer ese modelo.

A: Husserl hace la misma constatación empírica que usted ha hecho: los hombres obran por motivos egoístas y por motivos altruistas. Las dos cosas. Para él lo importante es que reconozcamos que el mundo en que vivimos es obra nuestra y podemos, por lo tanto, cambiarlo si no nos gusta. Por eso daba tanta importancia a la comprensión de la actividad del sujeto transcendental. La gran creación de la inteligencia sería «la Idea del mejor mundo posible y de una Humanidad lo mejor posible», idea que por supuesto hay que inventar. Un dinamismo teleológico, universal, poderoso, dirigido hacia la «Idea de un hombre nuevo», impulsa al ser humano, que busca conscientemente esa Idea y cuando la ha alcanzado se decide libremente a autoconfigurarse de acuerdo con ella. Sobre la ética de Husserl puede ver el libro de Alois Roth *Edmund Husserls ethische Untersuchungen, dargestellt anhand seiner Vorlesungmanuskripte* (Martinus Nijhoff, La Haya, 1960), y también Javier San Martín: «Ética, antropología y filosofía de la Historia», en *Isegoria*, 5, mayo de 1992, y José M. G. Gómez-Heras: *El apriori del mundo de la vida*, Anthropos, Barcelona, 1989. Lo que ocurre es que para corroborar una teoría ética conviene utilizar los buenos sentimientos, por ejemplo los sentimientos amorosos que usted dice, como una corroboración secundaria. Ciertamente sería una buena noticia que todos los hombres guiaran su comportamiento por ellos, pero mientras no sea así conviene fundar un modelo universal en lo que resultaría deseable para todo ser humano, fuera bueno o malo, con tal que usara la inteligencia. Ese requisito lo cumple la noción de dignidad como posesión de derechos. El ser humano que además está movido por una energía benevolente, estará doblemente dispuesto a aceptarlo.

M: Por mí, hemos terminado.

A: Tengo un bote amarrado ahí cerca. ¿Quiere dar un paseo por el mar? La luz de la tarde está llena de puntos suspensivos.

M: ¿Pasear por el mar en un libro sobre naufragios? Por supuesto que no.

V. UNA INTELIGENCIA EN BUSCA DE DEFINICIÓN

1

El hombre se proyecta como ser que se confiere dignidad. Ese modelo va a decir la última palabra sobre la inteligencia humana. Nuestra exclusiva es crear, y puestos a ello crear lo más valioso. He definido la creación como la producción de sorpresas eficaces. Ha de cumplir ambos requisitos: la novedad y la eficacia. La más elevada creación será la que realice la suprema originalidad, que es la dignidad humana; *digni-ficar*, hacer que algo se haga digno, es la creación máxima. No es el arte, ni la ciencia, ni la astucia nuestro máximo alarde, sino la invención, instauración y cuidado del orbe de los derechos. Con ello, la inteligencia humana produce una radical innovación en el universo, crea lo propiamente suyo.

Este proyecto compartido, que es un modelo de la humanidad posible, va a permitirnos valorar la inteligencia. No crea el lector que lo de evaluar la inteligencia es accidental a su definición. No parece un disparate decir que la inteligencia capaz de realizar operaciones formales está más desarrollada que la del niño que es incapaz de hacerlo; tampoco lo es decir que comprender es mejor que no comprender, hallar la verdad mejor que equivocarse siempre, y resolver problemas mejor que no resolverlos, cosas todas ellas incluidas en las actividades de la inteligencia. Siguiendo este razonamiento, podemos concluir que la inteligencia más poderosa es la que resulte más eficaz para realizar nuestro gran proyecto: la dignidad. **(Vuelve a encerrarse en el esquematismo de la dignidad. ¿Por qué no se acerca a la vida y habla de la «dignidad feliz», que es lo que realmente**

queremos? Marta. / Me parece muy bien. Autor.) Corrijo, pues: la que resulte más eficaz para realizar nuestro gran proyecto: la dignidad feliz.

La inteligencia apropiada para la órbita de la dignidad es, por de pronto, la inteligencia en su uso libre y racional. Ella permite que nos mantengamos en esa órbita, como veremos, y podamos proseguir la creación de los derechos. Supongo que algún lector pensará que he puesto la carreta delante de los bueyes y que es la razón la que proporciona fundamento al modelo ético y no al revés, pero creo que se equivoca. La órbita de la dignidad puede alcanzarse y justificarse por caminos no estrictamente racionales, por eso es prácticamente universal. El amor, la compasión, el propio interés, muchas religiones orientales, el cristianismo –que está en el origen de la idea occidental de persona–, pueden justificar la aceptación de ese modelo, movidos por el soterraño proyecto común de alcanzar la felicidad.

El valor de la razón y de la libertad puede justificarse con independencia del modelo ético, desde luego, y esta validez autónoma colabora a la mayor firmeza de la órbita. El modelo de ser humano funda la idea de inteligencia, que a su vez corrobora la validez del modelo.

2

Muchas teorías filosóficas consideran que la razón es el último fundamento de la ética. El hombre es un ser racional y si no quiere ser un traidor a su propia naturaleza debe obrar racionalmente. No creo que la definición del hombre como *animal racional* sea adecuada. Me parece preferible decir que es un animal que tiene la capacidad de autodeterminar sus operaciones mentales. La razón es sólo uno de los posibles modos de impulsar, dirigir y controlar la inteligencia computacional.

Don Nepomuceno Carlos de Cárdenas, preocupado por encontrar argumentos con que iluminar *(Aufklärung)* a Nicolás Butamba, tuvo la idea de mirar la palabra «razón» en su ejemplar del modernísimo *Diccionario de Autoridades.* Razón, leyó, *es la potencia intelectual en cuanto discurre y raciocina.* Leyó también que era *dar prueba de algo* y quedó con la copa de oporto a un dedo de la boca mientras buscaba el enlace entre ambas definiciones, lo que no le resultó fácil. Razonar es hacer razonamientos, y Nicolás era un razonador de tomo y lomo. Probar era mostrar la verdad de una afirmación. Nicolás Butamba razonaba pero no probaba. Era un razonador marrullero y trapalón. Siguió leyendo y llamaron su atención dos curiosas expresiones recogidas por la Autoridad del Diccionario: *razón irracional* y *razón racional.* El discurrir fantasioso e inventivo de don Nepomuceno se desentendió del carácter matemático de estos conceptos, y soltando toda rienda se entregó a la fascinante atracción de aquel sonido contradictorio y estimulante: *razón irracional.*

Lo vio todo claro. Tenía razón el *Diccionario*: una cosa es razonar y otra dar razones. Se podían hacer correctísimos razonamientos irracionales. María Eugenia es una caña de azúcar. Es así que todas las cañas de azúcar son dulces, luego María Eugenia es dulce. Una cosa es la corrección y otra la verdad. El razonamiento es un mecanismo ciego. Llamar a eso «razón» era casi un insulto. Como había visto su admirado Inmanuel Kant, la razón era la facultad de los vuelos no truncados. Suyas eran las grandes síntesis, el gran dinamismo, la soberbia altanería. Su fantasía barroca y el alcohol del oporto se incendiaron con aquella incitación a la grandeza. No hay que detener nunca la marcha de la razón sino dejarse seducir por sus grandes *ideas reguladoras* –des-reguladoras más bien, pensó– y volar. Aquella noche, mientras la orquesta tocaba una de las obras masónicas de Mozart, dirigida por su última adquisición, el ex organista de la catedral de Burgos, pronunció la sentencia que a mi juicio le hace el más perspicaz discípulo de Kant:

–María Eugenia, la Razón es la idea reguladora de la inteligencia.

Estoy completamente de acuerdo con don Nepomuceno Carlos de Cárdenas. En su búsqueda deseosa, la inteligencia se empeña en encontrar una certeza fruitiva. No quiere equivocarse ni en lo que piensa ni en lo que elige. Fortificar la propia evidencia para ponerla a salvo del error y el desengaño parece un proyecto consecuente con su anhelo de felicidad.

El sujeto inteligente necesita acomodarse a la realidad de la manera más ajustada, segura y eficaz posible. Entre todas las realidades naturales hay una que le merece especial atención, que es la realidad humana. Sus semejantes le dan mucho que pensar, lo mismo que les pasa a los animales superiores. Nicholas Humphrey, que comenzó su carrera estudiando el comportamiento de los gorilas, cuenta el pasmo que le produjo comprobar el gran tamaño del cerebro de estos animales, en contradicción con la monotonía de sus vidas. ¿En qué usaban toda esa capacidad cerebral? En meditar sobre los problemas de la vida en sociedad. El gorila también es un animal político.

El niño se esfuerza por acomodarse a esos dos tipos de realidades con las que convive: la realidad humana por un lado y por otro todo lo demás. El interés hacia las cosas es utilitario. El interés hacia los otros hombres tiene un aspecto afectivo más profundo. Nacido en una urdimbre sentimental básica, el ser humano se constituye en el entramado de la convivencia. Los niños lobo muestran que privados de la sociedad, que funciona como un camino indispensable hacia sí mismo, el ser humano no acierta a separarse del nivel funcional propio del animal. Piaget, a pesar de estar interesado sobre todo en los aspectos cognitivos de la inteligencia, admitió que era necesaria una fuerte motivación para que el niño alcanzara el pensamiento formal, dejando atrás su egocentrismo anterior. Furth, prestigioso psicólogo cuyos estudios sobre la inteligencia de los niños sordos son ya clásicos, le ha dado la razón. Lo que mueve al niño a pasar de la evidencia privada a la evidencia intersubjetiva –que es lo que en estricto sentido significa *uso racional de la inteligencia*– no puede ser la lógica, porque la lógica infantil es demasiado débil para que le preocupen las incoherencias. El impulso procede de la necesidad de relacionarse con los demás. Lo que Piaget y Furth dicen es que sin una actitud emocional constructiva –un deseo inteligente– los niños no llegarían a construir el marco de referencia lógico. La pasión por vivir con otras personas dirige al niño hacia un modo de inteligencia interpersonal. Las investigaciones de Jerome Bruner nos convencen de la importancia que tienen para la vida infantil «aquellas transacciones con el mundo adulto que se basan en compartir los supuestos y creencias acerca de cómo es el mundo, cómo funciona la mente, qué hacemos y cómo debe producirse la comunicación». Es conmovedor descubrir que la fría lógica surge de los ardores del corazón. Una vez conseguidos los instrumentos de control lógico, explica Furth, los niños se dan cuenta de que ese conocimiento teórico es un poder personal que les permite sentirse más seguros en el conflictivo mundo de los otros. «Ahora tengo seis años, ahora soy tan listo como los demás», así se sienten estos caballeretes.

La lógica, nacida de la necesidad de comunicación y convivencia, se entreteje ahora con el sentimiento y afán de poder. Así es, por lo demás, como se ha vivido normalmente la inteligencia. «Los que destacan por su entendimiento dominan naturalmente, mientras que los menguados de entendimiento pero robustos de cuerpo parecen naturalmente destinados a servir», dice Aristóteles (*Política*, 1.254 b) con lo que conviene el mismo Salomón: «El que es necio servirá al sabio» (*Prov.* 11, 20). Nietzsche tuvo un pobre concepto del poder cuando lo redujo a la fuerza física.

Las necesidades vitales imponen una *adecuación* a la realidad, una *comunicación* con otros seres y una *cooperación* con ellos en el plano práctico. Todas estas cosas exigen la configuración en la conciencia del sujeto de un espacio *objetivo*, común, interpersonal, firme. Wertsch ha estudiado los procesos de colaboración en una acción común de las madres y sus bebés. A los dos años y medio la interacción se interrumpe constantemente porque los niños categorizan los objetos de la tarea común de modo diferente al de sus madres. Parece como si estuvieran jugando a juegos distintos. El niño no es capaz todavía de *transcender su mundo privado* (*Vigotsky y la formación social de la mente*, Paidós, Barcelona, 1988).

El diálogo sólo es posible cuando puede salirse, aunque sea fragmentariamente, del mundo privado para acceder a la objetividad, una tierra de nadie utilizable por todos. En el diálogo dos mundos privados, dos sistemas de evidencias privadas, pueden comunicarse. Esto implica una serie de presupuestos que conviene explicar. Existe, por de pronto, un *a priori* del significado. El niño percibe los sonidos del habla como poseedores de significado, y arma y desarma sus estructuras conceptuales hasta que consigue comprenderlo. La tendencia hacia el significado es universal e innata. Sin ella, el niño no aprendería nunca a hablar. Iré más lejos: no aprendería a percibir. Muchos otros presupuestos son necesarios: la coincidencia en un proyecto, da lo mismo que sea dialogar que montar juntos un mecano. El niño tiene que intervenir en un proceso que no dirige por completo: ha de anticipar las intenciones del colaborador. Responder a sus preguntas. Y todo ello sobre un fondo de confianza universal en la consistencia de las cosas y de las palabras.

Esta situación dialógica es anterior al lenguaje. Un psicólogo de la infancia, el justamente famoso René A. Spitz, observando al niño durante su primer año de vida descubrió el «período crítico», en el que responde con la *angustia de los ocho meses* ante todo lo que no es el rostro amoroso de la madre. Aprende a distinguir lo vivo de lo inerte. Lo vivo *da respuesta.* Los niños con serias carencias afectivas reaccionan con ansiedad ante los objetos que no responden. En resumen: Spitz no vacila en equiparar lo que él llama *diálogo* a la relación madre-niño. Lo que hay en el fondo de todo esto es la estructura esencialmente *interactiva, transaccional,* del ser humano. Para desarrollarse necesita algo más que la *evidencia privada.* Tiene que acoger la *evidencia intersubjetiva*, que colabora con eficacia a la continuación de la vida.

En esto consiste el uso racional de la inteligencia, en usar toda su operatividad transfigurada, incluido por supuesto el razonamiento, para buscar evidencias compartidas. El hombre necesita conocer la realidad y entenderse con los demás, para lo cual tiene que abandonar el seno cómodo y protector de las evidencias privadas. Sopesar las evidencias ajenas, criticar todas, las propias y las extrañas, abre el camino a una búsqueda siempre abierta de una verdad y de unos valores más firmes, claros y mejor justificados. El hombre, como el niño, pide explicaciones. Se las pide también a sí mismo, porque como ya he contado internaliza esa estructura dialógica y se pasa la vida entera dialogando consigo mismo, inventando proyectos, haciéndose preguntas y también pidiéndose razones. Curiosamente, al realizar tan íntima y extraña justificación, el mismo sujeto argumenta consigo mismo y puede adoptar la voz de las evidencias intersubjetivas o la voz de sus propias evidencias. Elige entre lo pensado y lo sentido. Hacemos esto último cuando queremos «racionalizar» nuestras elecciones, tarea para la que estamos muy bien dotados.

Aquí aparece de nuevo el problema que mencioné al hablar de los *niveles de evidencia*, porque la petición de explicaciones se puede satisfacer a distintos niveles. Hay personas y culturas que truncan la búsqueda de claridad y firmeza antes de tiempo, con lo que no se libran de la inseguridad de la evidencia privada, sino que se refugian en la inseguridad maquillada de una evidencia privada de grupo. Muchos contenidos de las morales históricas pertenecen a este tipo de evidencias comunales y se mantienen por procedimientos de corroboración sectaria o de inmunización. Horton, en su estudio sobre el pensamiento tradicional africano, explica que estas culturas funcionan como máquinas defensivas de las propias creencias. Prefieren la estabilidad del pensamiento a su verdad, y lo consiguen prescindiendo de toda crítica. «Existe una marcada renuencia a registrar los reiterados fracasos en las predicciones y a reaccionar poniendo en tela de juicio las creencias implicadas: en lugar de eso se utilizan otras creencias vigentes para "disculpar" cada fracaso en el momento en que se produce. Así, las principales nociones del sistema están protegidas por actitudes de evitación hacia todo suceso que las desafíe, como si de un tabú se tratara» («African Traditional Thought and Western Science», en Wilson, B. R.: *Rationality*, Blacwell, Oxford, 1970).

Mi tesis es que todo nivel de justificación cerrado depende de una decisión arbitraria. No se pueden dar razones para considerar que no se debe investigar más un asunto. El principio fundamental de una ética de la inteligencia sería: *Detener la búsqueda de una evidencia más fuerte y más clara atenta contra el dinamismo de la propia inteligencia, y perjudica la acomodación del ser humano a la realidad y a la vida social.*

Esta búsqueda interminable exige la superación del régimen de las evidencias privadas, pero dentro de la misma evidencia privada. Es el sujeto concreto, usted y yo, los que debemos buscar corroboración a nuestras personales creencias, y uno de los procedimientos es acoger provisionalmente las evidencias ajenas y contrastarlas con las nuestras. Todo este proceso ha de ser querido, suscitado, mantenido por nuestras propias inteligencias, pues es dentro de nosotros donde esta búsqueda de evidencias intersubjetivas puede tener lugar. El diálogo tiene lugar entre dos personas, pero sólo en apariencia. Debo aceptar la voz ajena como parte de mi diálogo interior. Tengo que convertir aquella voz exterior en habla interna. Decirme a mí mismo lo que me ha dicho desde fuera y prolongar su significado.

Supongamos que un interlocutor me dice: «Esa acción que ha realizado es injusta.» Si me limito a rechazar su opinión, no puede decirse que haya habido un diálogo. Sólo si acepto lo que dice como mereciendo ser comprendido y tenido en cuenta, si respecto de su contenido me pregunto: ¿Será verdad lo que dice?, si busco razones en pro y en contra y se las expongo, y mi interlocutor se comporta recíprocamente, existe el diálogo, que significa *usar un pensamiento compartido*. Un *diálogo de sordos* es sólo un simulacro de diálogo.

Me interesa subrayar que en este paso del régimen de evidencia privada al régimen de evidencia universal no hay imposiciones foráneas, ni quiméricos deberes, sino que está exigido, reclamado o impulsado por el mismo tanteo de la inteligencia deseante que actúa y reconoce sus propios triunfos y fracasos. Me atrevo a decir que el proceso hacia la razón está dirigido por motivos descaradamente utilitarios y hedonistas. *Esto es lo que va a dar fuerza vital a la ética.* La naturaleza rige el comportamiento animal mediante las experiencias consumatorias que le advierten que va por buen camino. Estas experiencias quedan transfiguradas en el hombre por la inteligencia. La *verificación* se va a convertir en el acto consumatorio propio de nuestra especie.

La energía de la inteligencia creadora proyecta al hombre a la órbita del uso racional de la inteligencia.

3

María Eugenia tenía una belleza de cautiva. Era pálida, nostálgica y febril. A las claras se veía en su mirada oscura que echaba algo de menos apasionadamente. Su larguísimo cuello le daba un aire espiritado y a ratos altanero. Desde que vino de la ascética Extremadura le aquejaba una suave ebriedad. El trópico, sensual e hiperbólico, se le había subido a la cabeza y se le subía aún más cada vez que respiraba aquella dulzura alcohólica, que parecía como si el aire azucarado, con olor a magnolia y a guayaba podrida, se hubiera entero convertido en ron. Pronto abandonó las complejidades de la moda española para vestir con la desenvoltura sabia de las muchachas caribeñas, aunque manteniendo incólume su austero moño repicado y negro. María Eugenia había encontrado el paraíso y no quería perderlo.

Había perdido el seso doblemente, si es que eso es posible, pues estaba soliviantada por el trópico y por un amor de adolescencia tardía. Quería a don Nepomuceno Carlos de Cárdenas con toda su alma y a ser posible con toda su hacienda, incluidos los esclavos, el jolgorio de sus chozas y la agitación de la zafra. Sentía un amor de situación: quería a su tío así y allí.

Su interés por la filosofía era puramente sentimental. Estaba dispuesta a defender su felicidad con todas las armas, y con todas las letras si era necesario. Al fin y al cabo vivía en plena Ilustración. El tiempo en el trópico da mucho de sí, y María Eugenia podía urdir sus argumentos con la misma minuciosidad con que bordaba las enormes sábanas de hilo de Holanda.

–¿Qué es lo que dijo, tío, que era la Razón? –preguntó, con el tono más inocente que pudo encontrar en su riquísimo repertorio de tonos.

–La Idea reguladora de la inteligencia.

–No le creo a usted.

Comprobó que había conseguido sorprender a su tío. Se dedicó con gran atención a tomar a cucharaditas pequeñísimas el flan que tenía delante. Don Nepomuceno hizo todo lo que un caballero bien educado puede hacer en la mesa antes de decir nada. Bebió un sorbo de vino, se enjugó los labios, tomó un par de bocados, hizo una pregunta a su criado, se estiró las mangas de su casaca de hilo blanco, sonrió para sí, miró a su sobrina y por fin preguntó:

—¿Y por qué no me crees, sobrina?

—¿Por qué iba la inteligencia a querer ser regulada por nada? ¿Por qué iba a buscar convertirse en Razón?

—Por amor a la verdad y al conocimiento.

María Eugenia se recostó en el respaldo de su silla. Lo había conseguido. Disfrutó todo lo que pudo de su victoria antes de consumarla. Al fin dijo:

—Luego es el amor, tío, a la verdad o a lo que sea, lo que es la idea reguladora de la inteligencia.

Aquello era demasiado. La niña había salido respondona, pensó don Nepomuceno, que decidió tomarse tiempo para responder a aquel proyectil que había alcanzado al gran barco del sistema kantiano por debajo de su línea de flotación.

(A mí también me gustaría decir unas cuantas cosas a don Nepomuceno. ¿Podría hablar con él? Marta. / ¡Por favor, Marta! ¡Bastante complicado está ya el libro para que encima hablen entre ustedes! Autor.)

María Eugenia tenía razón, porque la marcha hacia la razón, el empeño en mantener ese uso de la inteligencia, ha de estar impulsado por alguna de las profundas energías que rigen nuestro dinamismo íntimo. El lector ya sabe que el hombre es un *deseo inteligente*, y que la meta imprecisa y constante de ese deseo es la felicidad. Por ahora podemos dejar aquí la cuestión.

4

Hasta ahora sólo he hablado del nivel de las evidencias. Nos queda por averiguar cuál es el adecuado proyecto de la *autodeterminación.* Se oye con frecuencia decir que es la *libertad.* Incluso se admite sin más que el hombre es libre por naturaleza. Si esto es así, hablar de la libertad como proyecto o como órbita elegida resulta tan absurdo como decir que tengo el proyecto de que mis pulmones oxigenen mi sangre. Pero lo cierto es que la libertad sólo está incoada por la naturaleza. De la misma manera que la razón es una inteligencia expandida, la libertad es una autodeterminación expandida.

Los existencialistas comprendieron esta ambivalencia de la libertad. El hombre está condenado a ser libre, pero, añadían, esta libertad puede quererse o rehusarse. La mala fe es querer libremente no ser libre. Simone de Beauvoir distinguió entre la espontaneidad original –que se puede emparentar, aunque no identificar, con lo que llamo *autodeterminación*– y la libertad querida: «La expresión "quererse libres" tiene un significado positivo y concreto. Si el hombre quiere salvar su existencia –que sólo a él le compete–, es necesario que esa espontaneidad original se eleve a la altura de una libertad moral, concibiéndose ella misma como fin a través del desvelamiento de un contenido singular.»

A don Nepomuceno Carlos de Cárdenas, que era tan furibundamente moralizador como los existencialistas, también le preocupaba a su manera la *salvación de la existencia* de sus esclavos, y estaba dispuesto a darles, por lo que se ve en sus apuntes, unas «Lecciones sobre la *Crítica de la razón práctica* acomodadas al entendimiento de los esclavos». (La idea creo que le fue sugerida por un libro que había heredado de su madre, señora culta, ilustrada y europeísta, original de Francesco Algarotti, titulado *Il Newtonianismo per le dame, ovvero Dialoghi sopra la luce e i colori*, editado en Milán en 1739.) Pero le resultaba penoso imaginar el modo de elevarlos de la espontaneidad original a la libertad moral.

En nuestro siglo han tenido mucho éxito las filosofías de la sospecha que han sospechado, entre otras cosas, de nuestra experiencia íntima de la libertad. Las cosas no son lo que parecen y, en especial, no lo son nuestras conductas, creencias y sentimientos. Para Freud, lo importante ocurre en el nivel inconsciente; para Nietzsche, en el oscuro y laborioso sótano del resentimiento o en la soleada cacería de la voluntad de poder; para Marx, en el nivel de las relaciones de producción. Nuestros maestros nos han enseñado a desconfiar de las apariencias, y con razón puesto que la razón surge de los problemas que las falsas apariencias plantean. Según ellos, creemos en la libertad porque nos sentimos dueños de nuestros actos, pero como lo que aparece en nuestra conciencia es una pantomima fraudulenta, una sublimación, espejismo o falsificación de lo que realmente ocurre, no somos en realidad libres sino ignorantes.

El lector sabe que estoy parcialmente de acuerdo. La libertad no me parece una propiedad humana ni estable ni universal ni homogénea, sino una *buena posibilidad* inventada por la inteligencia a lo largo de un trabajoso proceso que coincide con el de formación y expansión de la inteligencia. Es una *órbita* elegida e inestablemente alcanzada. En TIC di ya algunas explicaciones sobre la constitución de la subjetividad libre y a ellas me remito para abreviar.

He dicho que vivir era como escribir y el ejemplo nos sirve para describir nuestra controvertida libertad. ¿Cómo escribo? Es decir, ¿cómo vivo? Buscando una componenda aceptable entre mis deseos y mis limitaciones. Al acto de escribir una palabra –por ejemplo la siguiente– vengo lanzado por el impulso de toda mi vida anterior. Soy un dinamismo inteligente cargado de información, proyectos, creencias, temores, ilusiones y habilidades. Linealizo ese tropel mental en una frase, lo que me exige amputaciones dramáticas. Me vivo en bloque y me entiendo en líneas. Pero al hacerlo estoy haciendo un acto de libertad. Expreso mediante palabras un argumento que mantengo plegado en mi memoria, obedezco a un proyecto que me he propuesto, cuya forma concreta de realización –el estilo– no conozco del todo. Las ideas que me vienen a la cabeza no mueven mi mano, sino que he de mediar entre mis ocurrencias y mi propósito para buscar las palabras más ajustadas, la expresión más exacta o más brillante. Me propongo a mí mismo varias soluciones, distintas maneras de terminar la frase o de explicar el argumento, y rechazo una o varias o todas, a pesar de que deseo vivamente acabar este capítulo.

No puedo decir cómo se me ocurren las frases: ése es el terreno del Yo ocurrente sobre el que sabemos poco. Tampoco el pescador sabe cómo pica la trucha, pero sabe, en cambio, que puede lanzar el sedal o no lanzarlo, poner cebo vivo, mosca o cucharilla, elegir la hora, el recodo del río, la luz, empeñarse o darse por vencido. No es libre de pescar las truchas que quiere, y bien que lo siente, pero decir que su decisión, constancia y habilidad no van a influir en el comportamiento de la trucha es como decir que en el juego del póquer sólo juega la suerte: una falsedad.

Al escribir decido a qué proyecto encargo el control de mi comportamiento, tanteo, evalúo, rechazo o acepto y al fin doy la orden de parada. No llego a escribir con la soltura, claridad, humor, brillantez léxica o variedad sintáctica que quisiera, tampoco logro siempre la complicidad del lector o su sorpresa o su emoción o su asentimiento, pero, aun así, cuando doy la orden de parada estoy decidiendo voluntariamente el límite de mi actividad creadora. Cada vez que elijo un nivel de aspiración estoy marcándome una órbita de referencia.

Las tendencias del Yo ocurrente me impulsan pero no me determinan. Me dejan en el disparadero. El poder de autodeterminación es un poder mínimo de hacer una pausa entre el estímulo y la respuesta, entre el deseo y la acción. La gran obra de la libertad va a consistir en ampliar y administrar ese hiato. El Yo ejecutivo se encarga de esta gestión. En efecto, las relaciones entre el Yo ocurrente y el Yo ejecutivo van a determinar la amplitud e intensidad de nuestra libertad. Kierkegaard dijo lo mismo pero en lenguaje críptico: «La libertad está en función del modo como el yo-mismo se refiere a sí mismo en todo momento.»

Zubiri ha dedicado un buen estudio a los rasgos intrínsecos de la libertad. Hay distintos *perfiles de libertad*: puesto que las tendencias proporcionan la energía para la libertad, ésta se verá afectada por las características de la vida tendencial. Ortega insistió mucho en la vitalidad poderosa como fuente de la acción y reclamaba, con gran poder retórico pero con poco más que retórica, una educación de la vitalidad. Los abúlicos y los grandes deprimidos viven unas tendencias amortiguadas. La desgana como forma de ser altera el perfil de la libertad.

Tampoco es igual el *área de la libertad*, ni en extensión ni en profundidad. Las elecciones se dan entre las posibilidades que el sujeto alumbra, y este elenco puede ser mayor o menor. El abanico –de posibilidades, claro– puede tener más o menos varillas. Creo que algunas patologías mentales pueden redefinirse como patologías del proyectar. Esa queja tremenda que escuchamos a los deprimidos: «Es que no veo ninguna salida», es un reconocimiento de su imposibilidad de inventar posibilidades. El pensamiento obsesivo, las conductas anancásticas, las compulsiones patológicas, limitan también el área de la libertad. Hay culturas que ayudan a ampliar el área de la libertad y otras que la reducen. Por ejemplo, el sociólogo Daniel Lerner, en su estudio sobre los países de Oriente Medio, comprobó que alguno de los analfabetos a los que entrevistó respondían con risas a la pregunta de qué harían si se encontrasen en el lugar de sus gobernantes, y ni siquiera tomaron en cuenta la pregunta de en qué circunstancias estarían dispuestos a marcharse de su pueblo nativo. Las sociedades muy cerradas confieren a sus miembros unas identidades definidas y permanentes, que proporcionan un cupo fijo de posibilidades.

Aún hay que distinguir el *nivel de libertad*, que es el grado de responsabilidad con que se ha ejecutado un acto, la identificación del sujeto con el conocimiento de sus consecuencias, la claridad de los fines, el sentimiento de obrar por propia decisión. Se refiere a la profundidad con que el Yo ejecutivo puede determinar al Yo ocurrente. Luria ha estudiado las restricciones del nivel de libertad provocadas por lesiones en el lóbulo frontal: los enfermos son incapaces de mantener un proyecto de acción y siguen el primer estímulo que se les presenta.

La tesis de este libro es que el mejor proyecto para la *autodeterminación* es alcanzar una órbita de libertad sin limitaciones en su perfil, en su área o en su nivel. Las limitaciones procederán de sus elecciones. Los modelos que acoja o los proyectos que invente determinarán esa libertad, pero sin afectarla en su propia índole. La libertad externamente limitada de un cautivo no disminuye la órbita de su libertad, sino el ejercicio de ella. En cambio, si arrebatamos a una persona el sentimiento de su dignidad, o degradamos su propia imagen, o la convencemos de su incapacidad para cambiar la realidad, lo que se rebaja es la órbita misma de la libertad.

5

Toda cautela es poca antes de señalar o aceptar un deber. Parece que el uso racional de la inteligencia y la búsqueda de un comportamiento cada vez más libre son la expresión natural del ser humano, al que le cuesta prescindir de ambas cosas una vez que las ha conocido, pero no está de más apuntalar nuestra evaluación. ¿Son irrebatiblemente buenas la razón y la libertad? ¿Es tan fuerte la evidencia que corrobora esa afirmación?

Retomaré primero la justificación de la razón, repitiendo una vez más que por razón no entiendo una *facultad* sino un *uso* de la inteligencia: el que busca una evidencia cada vez más fuerte, admitiendo que la intersubjetividad de la evidencia es un medio para reconocerla y una consecuencia de ella. El uso no racional de la inteligencia, al que llamaré *irracional;* supone el enclaustramiento en la evidencia privada y el rechazo de toda crítica. Es la altanería de la propia opinión. Mi propósito es mostrar que el irracionalismo es malo porque desemboca en la *violencia*, el *escepticismo*, el *dogmatismo* y la *tiranía*, y estas cuatro cosas son falsas o malas o ambas cosas. Vamos a movernos en el nivel de *explicación de lo implícito*: quien niega la racionalidad afirma –lo sepa o no– la violencia y todo lo demás.

Antes de seguir me detendré en una puntualización semántica. Durante siglos se han deslindado los campos de la razón y la sinrazón de una manera confusa o equivocada. En las notas –si Marta me lo permite– diré algo más al respecto. A la racionalidad se le atribuía estar movida por el cálculo, ser ciega para los valores, recluirse en la ciencia, interesarse sólo por lo general, amar lo objetivo, despreciar las locuras del corazón. Para cumplir bien su cometido la razón había de ser lejana, fría, implacable. La razón es instrumental, impersonal, inhumana, insensible, imparcial, ¡demasiados prefijos privativos! Según el lenguaje la razón nos *priva* de todo lo que nos pertenece.

Por el contrario, la irracionalidad está movida por el sentimiento, animada por la pasión, es perspicaz para los valores, ama el arte, lo individual, lo subjetivo, y se deja convencer por los argumentos del corazón. Adora lo sorprendente, se disloca por lo divertido, valora todo lo que desborda el cálculo: lo desinteresado, generoso y gratuito. Frente a la razón sacacuentas, propicia el despilfarro lúdico.

Puestas así las cosas, sólo las computadores electrónicas o las avefrías preferirán la razón a la sinrazón. Hay que elegir entre la razón sanchopancesca o la irracionalidad quijotesca. Lo que sucede es que esa oposición tiene poco que ver con la idea de racionalidad que defiendo, y que es una *búsqueda apasionada* de evidencias universales, tanto perceptivas como afectivas, no por la buena cuenta que tiene para la razón, sino por la buena cuenta que tiene para mí. La razón no tiene nada que imponerme: soy yo, el náufrago, quien adopta la razón como técnica natatoria. El uso racional de la inteligencia es un estilo de natación vital.

Retomaré el hilo. La irracionalidad incluye la violencia, basta desplegar las implicaciones de la irracionalidad para comprenderlo. La convivencia humana conduce a conflictos. Al fin y al cabo, el enfrentamiento, el problema, el fracaso en la comunicación son una de las razones de la existencia de las morales. La libertad produce divergencias. Los cardúmenes no necesitan ni siquiera reglas de tráfico: evolucionan acompasadamente. Sólo se me ocurren tres maneras de solventar los conflictos que los enfrentados deseos humanos plantean: la fuerza, la razón y los sentimientos benevolentes.

Comenzaré por el final: parece que la solución más amable y humana es la que apela a los sentimientos benevolentes. Una humanidad arrebatada de amor mutuo alcanzaría fácilmente la felicidad. Sospecho que esta solución elude el problema y me recuerda el consejo de aquel bienintencionado arbitrista: «El enfrentamiento entre palestinos y judíos acabará cuando los dos se comporten como buenos cristianos.» Lo cierto es que ni siquiera el amor puede prescindir de la inteligencia y que, en último término, lo que hace de él un medio eficaz de convivencia es que se trata de un *sentimiento racional*, es decir que tiene en cuenta las evidencias ajenas y que, por definición, sobrepasa la clausura de la propia evidencia. «La más sublime forma de amistad», escribió Aristóteles, «es la que se parece al amor que uno siente por sí mismo» (*É.N.*, 1.166 b). El amor sería un movimiento natural para asimilar la evidencia ajena. El impulso afectivo que dirige la construcción de la inteligencia y propiciaba el diálogo, nos empuja a la racionalidad. La evidencia ajena ha de ser integrada en la mía: debo aceptarla como mía, si es que es más fuerte. Y esa apropiación de una experiencia ajena me recuerda lo que el 23 de abril de 1814 escribía Goethe a Sara de Grotthus: «La verdadera felicidad sólo puede consistir en la participación comunicativa.»

Pero dicho todo esto, que espero sirva para calmar los recelos de Marta, he de continuar diciendo que, sin la inteligencia, el amor o cualquier buen sentimiento puede ser muy ciego y causar desafortunados estropicios. Quevedo expresó con su portentoso estilo esta unión del sentimiento y del saber: «Puede el hombre con ardimiento y con bondad ser valiente y virtuoso; mas faltándole el estudio, no sabrá ser virtuoso ni valiente. Mucho falta al que es lo uno y lo otro, si no lo sabe ser. La valentía mal empleada se queda en temeridad, y la virtud necia hace mal el bien que no sabe hacer; y a veces es peor la virtud viciosa y la valentía desatinada que la cobardía cuerda y el vicio considerado cuando es mejor lo malo que se enmienda que lo bueno que se empeora. Poco se diferencia el hacer mal con lo bueno por no saber hacer bien, y el aprovechar el malo con lo malo, porque sabe hacer bien y mal. Dificultoso parece que de la virtud, siendo santa, pueda hacer delito el mal ejercicio. El oro es precioso y dado en moneda es merced, y disparado en bala es muerte; y sin perder lo precioso queda culpado.» (*O.C.*, Aguilar, Madrid, p. 924). **(No crea que entiendo bien tanto portento. Creo que dice que el sentimiento imbécil no vale para nada. De acuerdo: por eso la razón debe estar al servicio del sentimiento, ya lo dijo Hume. Marta.)**

Sólo quedan, pues, dos procedimientos para solucionar los conflictos: o el uso racional de la inteligencia o la fuerza.

La negación de la razón, es decir de la posibilidad de pasar de la evidencia privada a otra intersubjetiva, produce dos consecuencias opuestas: el *escepticismo* y el *dogmatismo*. Si nos encerramos en las *verdades del mundo personal*, cada uno en su verdad privada, sin posibilidad de justificarla, criticarla, o exportarla a subjetividades ajenas que estarán ocupadas por las suyas propias, sólo quedan esas dos soluciones. La primera: cada cual es la medida de todas las cosas y nada podemos saber de la realidad fuera de nuestra perspectiva, con lo que sólo hay un politeísmo diseminado de verdades personales, y así caemos en un *escepticismo* mejor o peor maquillado. La segunda: mi verdad es mía, no tengo que someterla a ningún tipo de prueba, pero afirmo que es la verdad universal, y así desemboco en el *dogmatismo*, en los *prejuicios* insalvables y, si llegara a tener el poder, sin duda en la *tiranía*, más o menos cruel.

El pensamiento de Nietzsche y el de Unamuno nos permiten ver escrito el desarrollo entero del *irracionalismo*. «La razón es enemiga de la vida. La razón mata», escribe Unamuno. «Una ilusión que resulte práctica, que nos lleve a un acto que tienda a conservar o acrecentar o intensificar la vida, es una impresión tan verdadera como la que puedan comprobar más escrupulosamente todos los aparatos científicos que se inventen. La vida es el criterio de la verdad y no la concordancia lógica que lo es sólo de la razón. Si mi fe me lleva a crear o a aumentar vida, ¿para qué queréis más pruebas de mi fe? Cuando las matemáticas matan, son mentira las matemáticas.» Son palabras de Unamuno, que me sirven para mostrar una vez más que la última definición de la inteligencia procede de una concepción moral.

Nietzsche también afirma el carácter vital de la verdad, y acaba confundiendo la fuerza de la evidencia con la fuerza a secas. Los hombres quedan irremisiblemente separados en sanos y enfermos, en fuertes y débiles, en superiores e inferiores. La conclusión es fácil de sacar: «Es necesario», escribe, «que los hombres superiores declaren la guerra a las masas.» La fuerza no necesita justificación alguna: es la última y definitiva justificación. Simone de Beauvoir resume así todo que he dicho: «Lo que distingue al tirano del hombre de buena voluntad es que el primero descansa en la certidumbre de sus objetivos, mientras que el segundo se pregunta incesantemente: ¿Trabajo en verdad por la liberación de los hombres? ¿Dicho fin no está puesto en duda por los sacrificios a través de los cuales lo entreveo?» (*Para una moral de la ambigüedad*, Schapire, Buenos Aires, 1956, p. 128).

6

¿Qué ocurre con la libertad? ¿Podemos justificar que truncar su desenvolvimiento es malo? Parece que se puede reconocer en la inteligencia humana una tendencia natural hacia el mejor control del propio comportamiento. No debemos minusvalorar la satisfacción que el hombre siente al constatar su propia habilidad. El sentimiento del propio poder es enormemente fruitivo. El discretísimo Spinoza lo dijo: «Cuando el alma se considera a sí misma y considera su potencia de obrar, se alegra.»

Si una tendencia que parece natural y fruitiva pretende ser limitada o truncada, conviene saber bajo qué fuerzas va a doblegarse. Pero la libertad interior, que es de la que estamos hablando, es debilitada o anulada por sucesos que el hombre vive como malos. Por ejemplo, la debilidad. «Nadie quiere ser débil», decía Vauvenargues. Por supuesto. Nadie quiere ser enfermo, ni cobarde, ni estar deprimido, ni desolado, ni sentir la estrechez de la angustia. Menciono estos tristes episodios porque todos limitan la libertad.

Con lo que sabemos de la libertad podemos clasificar las situaciones de truncamiento. Pueden afectar al *perfil de libertad.* A esto colaboran las situaciones depresivas, limitadoras física y psicológicamente de la vitalidad, el desánimo, la depresión, la desesperanza, la degradación de la propia estima, las impotencias aprendidas, el terror, el hambre, el agotamiento.

El *área de libertad* queda disminuida por la ignorancia de las propias posibilidades, por la incapacidad de proyectar, por la renuncia a hacerlo, por la sumisión, la incultura, el desconocimiento de la propia dignidad.

Por último, el *nivel de libertad* se desploma cuando actuamos irresponsablemente por abandono, confusión, obediencia ciega, por claudicación del sentido crítico, por admitir una imagen del sujeto equivocada, por proyectarnos en una órbita baja de libertad. Harrè ha acusado a la psicología de estar proporcionando un modelo de sujeto que elimina responsabilidades, y, como en este asunto también funcionan las profecías que se autorrealizan, el sujeto limitará su nivel de responsabilidad.

Todas las situaciones que limitan intrínsecamente la libertad son dañinas, y no pueden servir para justificar el debilitamiento de la libertad. Pero, además, no podemos olvidar que la inteligencia progresa y se transfigura por la libertad. La racionalidad es esencialmente libre. Libertad y creatividad crecen de la mano. Cuando los filósofos estoicos oponían las pasiones a la razón no era por su contenido sentimental, sino por su relación con la libertad. Todo lo que coarta la libertad coarta la razón. La claudicación de la libertad degrada la inteligencia humana, impide la razón, esclaviza al hombre a la voluntad ajena, limita su responsabilidad.

El *modelo de la dignidad* atrae a su órbita a la razón y a la libertad. La inteligencia y la autodeterminación son los presupuestos de todo derecho. Sólo un ser capaz de reconocer y decidir puede poseerlos en sentido estricto. Ahora hemos dado un paso más: el orbe de la dignidad necesita para desplegarse que la inteligencia y la libertad se expandan sin más limitaciones que las impuestas por la dignidad racionalmente desplegada.

M: El resumen es fácil de hacer. El modelo de ser humano constituido en la órbita de la dignidad reclama como modelo de inteligencia la racionalidad libre. Mantener el máximo nivel de libertad, y buscar la evidencia intersubjetiva más fuerte nos libra de caer en la esclavitud, la irracionalidad, la violencia o el fanatismo. Ser racional se convierte, casi, en el primer deber ético. Hay muchas cosas que no entiendo, pero sobre todo tres que no entiendo de manera escandalosa. La primera es: ¿Qué diferencia hay entre la razón como facultad y como uso racional de la inteligencia? Segunda: ¿Cómo puede ser la razón libre? Tercera y la más importante: El modelo de sujeto está defendido por la razón y, sin embargo, usted dice lo contrario, que el modelo de sujeto define lo que es la inteligencia. Empezaré por la primera. Estaba tan acostumbrada a oír hablar de la razón como facultad, que verla ahora convertida en un simple uso de la inteligencia me resulta chocante. Es como si la hubiera degradado.

A: No es ése mi propósito. Ya sabe que defiendo una teoría de la inteligencia en dos pisos. El de abajo, que es poderosísimo e imprescindible, está formado por el conjunto de operaciones mentales que somos capaces de realizar, muchas de las cuales compartimos con los animales. Lo que llamo piso superior es la capacidad de usar esas operaciones para distintos proyectos, capacidad que es posible porque somos conscientes y podemos reflexionar sobre los contenidos de nuestra conciencia. Apoyándonos en ese breve escenario, somos capaces de dirigir con mayor o menor habilidad toda nuestra maquinaria operativa. Por ejemplo, a partir de la contemplación de esta azalea en flor puedo intentar acordarme del nombre de un cultivador belga, con quien comentaba el temperamento neurótico de los rododendros. No sé cómo opera mi memoria, pero sé que puedo dirigir sus operaciones para conseguir el resultado que quiero. La capacidad de hacer razonamientos es una operación que consiste en pasar de unas premisas a unas conclusiones. Es posible que puedan realizarla los animales, y desde luego la ejecutan a la perfección los ordenadores. Lo peculiar del ser humano no es hacer razonamientos, sino utilizar las variadas operaciones mentales de las que dispone para buscar un mejor conocimiento de la realidad, una correcta convivencia de sus semejantes y una posibilidad feliz para él. Ha de usar el razonamiento, por supuesto, pero también la mirada inteligente, la creación de conceptos, relaciones, proyectos. Uno de estos proyectos es el de buscar evidencias intersubjetivamente mejor corroboradas y niveles de evidencia cada vez más eficaces.

M: ¿Eficaces para qué?

A: Para realizar los fines derivados del modelo de ser humano elegido. En nuestro caso un ser humano inteligente que considera bueno vivir en la órbita de la dignidad.

M: Pero la órbita de la dignidad ¿no tiene que fundarse racionalmente?

A: Puede fundarse racionalmente y, como le he dicho, ése sería el camino preferido por nuestra civilización, pero no es imprescindible. En este siglo han tenido mucho éxito algunas éticas intuicionistas, como la de George Moore y Max Scheler, que opinaban que los valores se perciben directamente. En sus *Principia Ethica* (UNAM, México, 1983), Moore considera que *lo bueno*, al igual que *lo amarillo,* se capta por las correspondientes experiencias inmediatas. No necesitaría, por lo tanto, ninguna fundamentación racional. Creo que el orbe de la dignidad necesita ser *mostrado*, más que *demostrado.* Mostrar implica una descripción que haga visible el contenido y sus implicaciones, y también las implicaciones de su negación.

M: Pasemos al segundo tema. Normalmente se consideraba la razón como una facultad inflexible, a la que el hombre tenía que plegarse forzosamente. Por ejemplo, la teología católica tuvo que estudiar seriamente las relaciones entre razón y fe. El acto de fe tenía que ser racional, para ser estrictamente humano, y al mismo tiempo libre, para ser meritorio. Pero si la razón impone la verdad, no se puede hablar de libertad. Nadie es libre para aceptar que dos más dos son cuatro. Como sé que le gustan los chistes de psiquiatras le contaré uno: ¿Sabe cuál es la diferencia entre esquizofrenia y neurosis? El esquizofrénico cree que dos más dos son cinco. El neurótico sabe que dos más dos son cuatro, pero no le gusta. Precisamente porque se resisten a aceptar lo que necesariamente tienen que aceptar, nos parecen personas extrañas. Todo lo que sé sobre las relaciones entre razón y fe lo he aprendido en el libro de Roger Aubert *Le problème de l'acte de foi*, Warny, Lovaina, 1958.

A: Creo que en esa doctrina teológica había varias confusiones. En primer lugar, me parece que lo propio del hombre es la inteligencia y no la razón. En segundo lugar, lo que se impone necesariamente son las estructuras de la lógica formal. Pero el problema del conocimiento y de la verdad es más amplio porque incluye la materia o el contenido de los razonamientos. El uso racional de la inteligencia es una actividad dirigida a un fin, libremente aceptado o mantenido. No es una facultad, sino un proyecto. Husserl concibe la racionalidad como un ideal que la conciencia realiza asintóticamente en el infinito. Es una idea ejemplar de la inteligencia. No se mueve tanto en el razonamiento como en la progresión indefinida de la evidencia (*Lógica formal y trascendental*, UNAM, México, 1962). Zubiri también ha insistido en la razón como actividad libre. Si estar en razón es algo impuesto por la realidad, su contenido racional jamás lo está. No está impuesto cuál sea la estructura *fundamental de lo real*. La imposición necesaria de algo que es lo que es no-necesariamente: esto es la libertad. Confiere a lo racional su carácter propio: *ser creación* (*Inteligencia y razón*, Alianza, Madrid, 1983).

M: ¿No estará siendo demasiado habilidoso? Claro, si convierte usted la razón en un proyecto, estará sometido, como todos los proyectos, a una evaluación que no puede venir de la razón. Es decir, las actividades racionales usan un criterio racional; pero el hecho de elegir la racionalidad como forma superior de la inteligencia es una decisión pre-racional. Basta que usted diga que depende del modelo de ser humano que nos parece mejor, para que haya convertido todo en una decisión ética.

A: ¿Tiene usted algo que objetar?

M: Pues que me parece que sigue usted la lógica de la pescadilla que se muerde la cola. Creo que la elección de la racionalidad como forma de inteligencia es muy racional, y que negarlo es un distingo ergotista, puramente dialéctico.

A: No estoy de acuerdo. No olvide que estoy haciendo una reconstrucción genealógica de la racionalidad, no describiendo la situación actual. Vivimos en una cultura tan sumamente racionalizada que nos parecen naturales, dadas, innatas, cosas que han sido construidas o inventadas. La cosa cambiaría si se pusiera usted en el lugar de un miembro de una tribu primitiva, o de una cultura absolutamente distinta de la nuestra.

M: Precisamente he hojeado en una librería un libro titulado *Comprender una sociedad primitiva* (Paidós, Barcelona, 1994), escrito por Peter Winth, un autor que usted ha mencionado. Me pareció entender que los criterios de racionalidad son internos a cada cultura, y que no hay manera de decir que unos son mejores que otros. Con esto pasamos al tercer asunto: el concepto de ser humano define la inteligencia y no al revés.

A: No estoy diciendo ninguna extravagancia. Unamuno decía lo mismo cuando se encrespaba contra la razón porque atacaba la vida. Muchos pensadores actuales conciben un tipo de sujeto que huye de la racionalidad como de la peste, porque la consideran una energúmena buscadora de absolutos, una loca peligrosa, vamos. La personalidad dadaísta, que tanta influencia ha tenido en nuestro mundo cultural, pretendía ser espontánea y aleatoria. La concepción de la inteligencia iba a juego. Para no ponernos en casos tan extremosos: la importancia que se dé a la voluntad dentro del modelo de sujeto va a definir el modo de inteligencia. La idea que se tenga de la libertad, también.

M: Me parece que no es la inteligencia la que cambia, sino nuestro concepto de inteligencia, que es otra cosa. La inteligencia es lo que es, y nosotros la pensamos de muchas maneras. También el hombre ha pensado que el sol era un dios, un pájaro, un barco, un ser vivo y ahora un perpetuo estallido termonuclear. Pero al sol ni le van ni le vienen todas nuestras opiniones. Sigue en lo suyo, y me parece que lo mismo le sucede a la inteligencia.

A: Le recuerdo que no estamos hablando de propiedades reales, sino de posibilidades. ¿Qué opina respecto de la inteligencia de un hombre que durante muchos años se entrena para alcanzar el vacío interior y la perpetua luz?

M: Me cuesta trabajo imaginar en qué puede consistir esa vida.

A: ¿Cree usted que un extraterrestre comprendería muy bien la Segunda Guerra Mundial, y la posterior reconciliación de los contendientes? Sólo le estoy diciendo que un concepto equivocado del ser humano –por ejemplo, la negación de la dignidad para una parte del género humano– no es que fuera un error, porque respecto de los derechos no se tienen errores, sino que era una maldad, que arrastró a la inteligencia, y produjo, como hace siempre la maldad, terribles sufrimientos.

M: Realmente, no tengo nada que objetarle. En el fondo, estoy de acuerdo con usted y esto me deja incómoda porque pienso que me dejo llevar por mis preferencias y no por mi sentido crítico. Creo, sin duda alguna, que conseguir la dignidad feliz es una muestra suprema de inteligencia, se razone o no se razone.

A: Con Sócrates se pueden tener dos comportamientos: argumentar, y entonces se confía en el poder de la razón, o limitarse a despreciarlo por feo. Si el modelo que prefiere es el triunfo, posiblemente el segundo procedimiento sea el más inteligente.

M: Lo que dice ¿no se supone un descrédito de la razón?

A: Al contrario. Supone una ratificación moral de la razón. Incluso en su aspecto cognoscitivo, la razón es importante porque la verdad es *un valor*. La inteligencia queda integrada en el dinamismo afectivo. Por eso puede haber una ética racional. Otra cosa son las críticas que se hacen a la razón negándole capacidad para llegar a criterios universales. MacIntyre, por ejemplo, habla de tradiciones racionales incompatibles. «Todo esquema de creencias global que se extiende más allá de la necesidad pragmática es igualmente injustificable? (*Justicia y racionalidad*, EIUNSA, Barcelona, 1994).

M: Por mí, hemos terminado.

A: Marta, ¿podría pedirle un favor?

M: Hágalo, ya sabe que contra el vicio de pedir está la virtud de no dar.

A: El próximo capítulo trata de la felicidad, y me gustaría que seleccionara usted los rasgos que tradicionalmente definen o acompañan o se relacionan con la felicidad. Así me ayudará a ser imparcial.

M: Lo intentaré.

VI. EL HORIZONTE DE LA FELICIDAD

1

¿Puede recuperar la ética constituyente que estamos elaborando la idea de felicidad? Durante siglos fue el tema principal de la filosofía moral, pero parece que Kant la desterró a las tinieblas exteriores. Para él, la felicidad era un asunto subjetivo, individual, sometido a todas las arbitrariedades del sentimiento y a las no menores arbitrariedades del azar. Muchos pensadores contemporáneos le dan la razón y afirman secamente que a la ética sólo le interesan las normas y no la felicidad. Defienden algo que suena a versión laica del precepto evangélico: Buscad el reino de la justicia y todo lo demás se os dará por añadidura.

En todo caso, la felicidad se confina en un capítulo propedeútico de psicología de la ética. En efecto, se sigue admitiendo el insigne tópico de que todos los hombres actúan buscando la felicidad. Usado así, el concepto de felicidad designa la estructura de la acción motivada. Nuestros actos están incitados y dirigidos por algún motivo, al que podemos llamar fin, bien, o concreción de la felicidad.

Esta estructura motivacional está determinada muy estrictamente en el animal. La casualidad me brinda un ejemplo: un murciélago acaba de colarse entre la persiana y el cristal de mi ventana y no encuentra la salida para volver a la oscuridad de la que procede. El programa de acción que se dispara en su cerebro tiene una sola regla: *moverse*. Obedientemente recorre la superficie de la persiana con un patético andar de gran amputado. Levanto suavemente la persiana para que encuentre el camino, pero el cerebro del murciélago, en respuesta a la nueva situación, pone en marcha otro programa: el animal se ovilla y queda inmóvil. Al cabo de un par de minutos despereza sus orejas de perrillo y se mueve lentamente al principio y después con más confianza. Al fin, echa a volar y yo me quedo pensando: ¿Buscaba el murciélago la felicidad? Tuve que abandonar la meditación para poder continuar escribiendo el libro.

Creo que nuestros lejanísimos antepasados debieron de actuar poco más o menos como el murciélago, mientras corrían por las sabanas de Tanzania. Pero eran más inteligentes, sabían manejar mentalmente irrealidades, y pronto les debió de resultar ineficiente esa sumisión a programas neuronales. Podían inventar sus propios programas, muchos programas, y elegir entre ellos el mejor. *Mejor:* ésta sí que es una palabra honda, enigmática, infinita, competitiva, excitante, publicitaria. Al ser humano no le bastó lo bueno, lo que servía para salir del paso: quiso lo mejor. De esa manera la estructura de la motivación se transfiguraba. La órbita de la dignidad es una consecuencia de esa transfiguración.

Pero *lo mejor* es un concepto vacío, como el de *felicidad.* No son más que el vaciado de la infinitud –o al menos de la indefinición– del deseo, y para llenarlos habría que satisfacer su vastísima expectación, que ni siquiera está definida. La inteligencia hizo una pirueta, un juego de magia, y transformó la *felicidad,* que era concepto formal, vacío, en contenido de un concepto. Apareció la felicidad no como forma de nuestra búsqueda, sino como la materia que buscábamos. Entonces empezaron las desventuras de la idea de felicidad. Se llegó a pensar que era un puro espejismo verbal, un personaje fantasmal, como ese «Nadie» que llama a la puerta cuando no llama nadie, o esa «Nada» que nos atemoriza cuando no hay nada que temer.

Aristóteles quiso acabar con esa indefinición incómoda y definió la felicidad como el bien que se desea por sí mismo y no como medio para otro. Gracias a él, la vida deja de ser una inacabable carrera de relevos, en la que sólo hay intermediarios sin meta. Se acaba la angustia de Kafka, porque llegamos al fin al Castillo. Se acaba la angustia del cruel Zenón de Elea, que nos entretenía eternamente brincando de un punto a otro antes de llegar a cualquier sitio. Voy a hacer caso a Aristóteles, pero sólo parcialmente. La noción de felicidad se ha sentimentalizado en exceso. Una cosa es la situación objetivamente feliz y otra es la experiencia subjetiva de felicidad. Confundir ambas supone fiarnos por completo de nuestra afectividad. Es demasiado frecuente el sentimiento de no haber valorado lo que poseíamos que nos invade cuando lo perdemos, para no darnos cuenta de lo fraudulentas que son nuestras evaluaciones.

Voy a defender una versión objetiva de la felicidad. Felicidad es aquel modo de ser-en-el-mundo que nadie querría perder.

2

El hombre es un ser-en-el-mundo. Ésta parece ser una de las ideas que la filosofía contemporánea acepta unánimemente. Cada conciencia genera un mundo, que es la interpretación consciente de la realidad. Mundo y sujeto son correlativos, como lo son, por ejemplo, la percepción y lo percibido. El mundo es como el azul del cielo. Una irremediable ocurrencia subjetiva. El cielo no tiene color. Pero no puedo decir sensatamente que esa exaltante bóveda sea una arbitraria invención mía. Se llama firmamento precisamente por lo firme que es... en mi evidencia subjetiva. El mundo no es ni arbitrario ni determinado. Aparece en el contraluz del sujeto y de la realidad. Es una ensoñación con fundamento. Una *cristalización* de mi sentimiento sobre la realidad, diré apropiándome de la metáfora de Stendhal sobre el amor. Tierra de nadie, tierra compartida.

La felicidad es un modo de ser-en-el-mundo. El lenguaje muestra una vez más su sabiduría. Atribuye a los sentimientos un *estar* provisional y efímero: estoy alegre, estoy triste, estoy acongojado o satisfecho. Pero, usando toda la solemnidad, toda la profundidad y circunstancia, dice: *soy* feliz. Y esta afirmación lingüística vocea un estrato más íntimo, más adentrado en mí: soy feliz, aunque en este instante me sienta desdichado. Todo está resumido en ese aunque. Aunque en este instante estoy sufriendo los tormentos del infierno, no cambiaría mi modo de estar-en-el-mundo. Antonio Machado lo dijo con esa maravillosa ramplonería que constituye uno de los encantos de su poesía: «Aguda espina dorada / quién te pudiera sentir en el corazón clavada.»

Interpretada así la felicidad, resultan comprensibles las afirmaciones de los estoicos. ¿Puede sentirse feliz el sabio en el tormento? Por supuesto que no. ¿Cómo pudo ocurrírsele a Séneca semejante majadería? Porque no estaba hablando del estado transitorio y terrible en que se encontraba el sabio, sino de su modo de estar en la realidad. Objetivamente, la felicidad es la situación que nadie querría perder. Ya sabemos que esa manera de estar en el mundo se concreta en poseer derechos universalmente reconocidos. Vivir en la órbita de la dignidad es la felicidad objetiva del ser humano.

Cualquiera me dirá que eso no produce placer, y que no es una situación que pueda percibirse sentimentalmente. Ambas cosas son una clamorosa falsedad, que procede posiblemente del espejismo del saciado. Es poco verosímil que el lector de este libro se encuentre en una situación de total carencia de derechos. La naturalidad con que los aceptamos como elementos del paisaje cultural nos permite despreciarlos. Pero ¿no será una experiencia gloriosa para Anabel Segura, una muchacha que podría haber sido alumna mía y que lleva un año secuestrada, la restitución de sus derechos? Concebir los derechos como una propiedad pasivamente recibida es una corrupción de su naturaleza, que deforma toda nuestra vida moral.

Cuesta trabajo imaginarse la carencia absoluta de derechos, lo que es sin duda una prueba del progreso social. Para el derecho romano, por poner un ejemplo tomado de una cultura con gran talento jurídico, el esclavo no era una persona, era una cosa. No podía, por lo tanto, ser sujeto de derechos, sino sólo objeto de ellos, igual que un árbol, que no tiene derechos pero pertenece a alguien que puede ejercer con él su derecho a cortarlo. Ser legalmente una cosa tuvo que ser una experiencia aterradora. No podían poseer nada, no podían contraer matrimonio y si su dueño les abandonaba, no por eso recuperaban la libertad, como tampoco la recupera una herramienta abandonada. Se convertían simplemente en *servus sine domino*, una cosa sin dueño de la que cualquiera podría apoderarse.

(Tomo las referencias del libro de Arias Ramos *Derecho Romano,* Ed. de Derechos Reunidas, Madrid, 1991, I, 65.)

No hace falta remontarse tan lejos. El terror, las torturas, la ignominia, las infinitas maneras de producir dolor injusto y evitable nos recuerdan hasta qué punto estamos protegidos por nuestros derechos. Un sesteo indecente nos impide reconocer y percibir fruitivamente nuestra privilegiada situación. Hay que afirmar con contundencia que estar-en-el-mundo como seres dotados de dignidad es nuestra felicidad objetiva.

Puesto que los derechos no son una cosa, sino un proyecto inventado, mantenido y parcialmente realizado por los seres humanos, sólo puede disfrutar de este modo de estar en el mundo un sujeto activo, creador del orbe ético. Ésta es la gran creación y, como tal, nunca cesa. Por eso, la definición de los contenidos de la dignidad, del alcance de sus derechos y de las figuras de la justicia se despliega históricamente. Los valores éticos, dice Wylleman, no pueden ser deducidos de un fin que sería la moralidad perfecta. El sistema de derechos y deberes que forman refleja más bien el reconocimiento de la dignidad humana en un momento dado de la historia («L'élaboration des valeurs morales», *Revue Philosophique de Louvain*, vol. 48, 1950, p. 245).

No hay, por lo tanto, un nivel definitivo de la dignidad, sino un progreso que, históricamente, se ha manifestado en el reconocimiento de los derechos. Una *ética constituyente* los recogerá, sin duda, pero cambiados de sentido, porque los considerará compromisos y no leyes físicas ideales de una Jauja inexistente. Al clarificar las implicaciones de esta expansión de la justicia nos encontraremos con una sorpresa. Al menos lo ha sido para mí. La idea de justicia no me parece creadora. En el origen de todos los grandes avances sociales ha habido alguien que ha ido más allá de la justicia. Se ha esforzado más de lo que le correspondía. La expansión del orbe de la dignidad procede de un entusiasmo creador de valores, que llamaría *amor* si esta palabra no estuviera absolutamente inutilizada para todo discurso coherente. Este *sentimiento* aparece como gran creador de valores éticos. Pertenece al momento inventivo de la ética, que después deberá ser corroborado y justificado por los procedimientos racionales. Eso es lo que Bergson describió en *Les deux sources de la morale et de la religion*, y lo que Marta lleva repitiendo desde hace cien páginas.

Quisiera que este párrafo fuera un homenaje a los grandes héroes de la creación moral, sobre cuyas espaldas nos aupamos.

3

He de añadir algo más sobre el modo felicitario de ser-en-el-mundo. Es el que corresponde a una sentimentalidad inteligente, creadora y libre. Esa sentimentalidad que funciona como dinamo de la invención modula ese modo de ser. Heidegger habló de la angustia como radical desvelación del ser. Me parece una arbitrariedad ontológica, pero como no estoy haciendo ontología no tengo por qué decir nada al respecto. Sí puedo afirmar, en cambio, la importancia que tiene para el ser humano, y para la constitución del mundo, el modo de instalación básica en la realidad. Voy a citar a un psiquiatra muy poco convencional, R. D. Laing, que llamó a esa posición existencial básica *seguridad ontológica primaria*. Gracias a ella saldrá al encuentro de todos los azares de la vida social, ética, espiritual y biológica con ánimo firme. La confianza en la realidad no proporciona automáticamente la felicidad, pero nos libra de obstáculos y amenazas sin cuento (*El yo dividido*, FCE, México, 1964).

Es fácil encontrar ejemplos literarios de esta seguridad e inseguridad ontológicas. Lionel Trilling compara los estilos vitales de Shakespeare y Kafka. Ambos muestran la cruel irracionalidad de la vida humana, que no pasa de ser el cuento absurdo contado por un payaso sin gracia lleno de ruido y furia. El mundo de Shakespeare es brutal, pero el de Kafka muestra una opresión angustiosa y sin sentido más terrible que la ferocidad: en Kafka, antes de que se ejecute la sentencia, antes incluso de que el proceso se haya incoado, un daño terrible se ha infligido al acusado: se le ha despojado de todo lo que constituye la dignidad del hombre, y sólo conserva una humanidad abstracta, un esqueleto descarnado y ya inútil. Carece de padres, de hogar, de esposa, de hijos, de entrega o de deseos; está aislado del poder, la belleza, el amor, el ingenio, el valor, la lealtad, la fama y de todas aquellas cosas que hacen esforzarse al náufrago. Trilling concluye: «Podemos decir que el conocimiento que Kafka tiene del mal existe sin el conocimiento opuesto del yo en su salud y validez, y que el conocimiento que Shakespeare tiene del mal incluye esa contradicción con toda su posible fuerza» (*The Opposing Self*, Secker and Warburg, Londres, 1955, p. 39).

(Viene tan a cuento, que me gustaría que incluyera el siguiente texto de Sartre. No sé si es verdadero, pero me parece hermoso: «Si el niño ha recibido los primeros cuidados en su plenitud, consagrados por las sonrisas dispersas del mundo; si se ha sentido absolutamente soberano en los tiempos arcaicos de la lactancia (...) vivir será la "pasión", en sentido religioso, que va a transformar el egocentrismo en don; lo vivido será sentido como "el libre ejercicio de una generosidad".» Marta.)

Creo que muchos psicólogos y psiquiatras corroborarían el texto citado por Marta. Dejamos el tema aquí. Sólo pretendía mostrar que la felicidad objetiva es el modo de ser-en-el-mundo de un sujeto que se reconoce amorosamente reconocido y que habita en el orbe de la dignidad cumplida.

4

En el suelo firme de la felicidad objetiva, cada sujeto deberá buscar su felicidad personal, de la que no se puede desconocer su componente sentimental. La felicidad pertenece al reino de la experiencia fruitiva, que incluye lo placentero, interesante, bello, estimulante y alegre. Identificar la felicidad con el placer físico es una salida demasiado tosca. Pensar que no tiene ninguna relación es una salida demasiado ciega. Tomás de Aquino lo dijo con gran sensatez: «Lo óptimo para los seres humanos ha de ser algún tipo de delectación.» Todo el problema está en averiguar, si es que se puede, cuál es ese placer en que consiste lo óptimo para el hombre.

En la *Ética a Nicómaco*, que es un libro de enorme vitalidad y vivacidad, Aristóteles tantea varios caminos para aclarar la cuestión de la felicidad. En uno de esos asaltos habla de distintos tipos de felicidad, correspondientes a las diferentes vidas. Que haya distintos modos, estilos o formas de vida le sonará sin duda al lector. Pues bien, Aristóteles distingue tres tipos: la vida voluptuosa, la vida política y la teorética. Los que eligen la primera órbita identifican la felicidad con el placer. Aristóteles no se muestra condescendiente con ellos. «Los hombres vulgares se muestran completamente serviles al preferir una vida de bestias» (1.096 b). Desde Platón hasta Bertrand Russell se ha repetido una metáfora: «El cerdo quiere una felicidad de cerdo.» John Stuart Mill modificó un poco la frase: «Prefiero ser un hombre desdichado que un cerdo feliz.» Aristóteles plantea un problema de gran envergadura, que ya mencioné al tratar de los niveles de evidencia. En cada nivel, las evidencias son irrefutables. Lo que resulta refutable es el nivel. Para quien elige, como dice Aristóteles, la vida voluptuosa, hablarle de otro tipo de satisfacción resultará quimérico. Imaginemos a Sade feliz. (No me refiero al Sade real, sino al personaje que él mismo diseñó.) Si es feliz, es feliz, y no podemos convencerle de que no lo es. Para serlo ha convertido el mundo en instrumento de sus deseos. ¿Qué hay que objetar? En su nivel, nada. Lo único que se puede mostrar es que se trata de un nivel violento, donde no existen los derechos, y que mantenerse en esa situación es más difícil de lo que parece. En el modo de vida de Sade está implícito que la veda de Sades está abierta. No hay nada que proteja a Sade de que cualquiera le tome como instrumento para su placer. Por seguir la metáfora de Stuart Mill de una manera estrepitosa: quien quiere una felicidad de cerdo tiene derechos de cerdo, es decir: ninguno. **(¡Qué disparate! ¿Qué pasará cuando llegue San Martín? Marta. / No se asuste, mi brutalidad es tan sólo dialéctica. Quiero mostrar que cuando se aclaran las implicaciones de determinadas actitudes resultan consecuencias disparatadas. Es lo que se llamaba, en lógica, reducción al absurdo. Autor.)** El bien intrínseco del hombre es la felicidad, en la que sin duda se incluye el placer, pero es una felicidad marcada, calificada y precisa: la felicidad propia del orbe de la dignidad.

El segundo tipo de vida señalado por Aristóteles es la vida política, que tiene como felicidad los honores. Ésta la trata Aristóteles con más deferencia, porque el reconocimiento de los demás hombres, el merecer honor, tenía una relevancia moral que ha degradado su confusión con la *fama*. Mientras la fama es una mera popularidad producida por evaluaciones equívocas y a veces ridículas, en la esencia del *honor* estaba ser una evaluación moral. Se basaba en una estructura de mutuo reconocimiento de méritos, que muchas culturas han considerado eficaz procedimiento para mantener la prestancia moral. Sin embargo, Aristóteles no lo considera el máximo nivel de vida, que encontrará en la actividad de nuestra facultad más alta. Y como esta facultad es para él la razón, el bien del hombre es «la vida activa propia del ser que tiene razón, y que, por una parte, la obedece, y por otra parte la posee y la piensa» (1.098 a).

Dicho así, la solución de Aristóteles nos deja fríos. Lo que dice, en realidad, es que la felicidad consiste en *vivir inteligentemente*. Y como, en mi opinión, la del hombre es una inteligencia creadora, se trata en último término de *vivir creadoramente*. Con esto recuperamos muchos temas expuestos a lo largo de este libro. Todo el proceso de invención de la ética se identifica con el proceso de una inteligencia que busca la mejor de sus posibilidades, el modo más inteligente de ser inteligente. Hasta ahora, ese modo lejano con el que pretendíamos seducirnos desde lejos, está caracterizado por la invención de la dignidad, y por un modelo de inteligencia que despliega su libertad racionalmente. Este modo de ser sujeto definía un modo de ser en el mundo. Pues bien, ahora tenemos que dar un último paso y reclamar que esa inteligencia, creadora de por sí, viva en *actitud creadora*. Así interpreto la tajante definición de la felicidad como *actividad* que repite Aristóteles. Para evitar confusiones terminológicas, llamaré a la actitud creadora de la inteligencia creadora *actitud poética*. No se trata, por supuesto, de escribir poesía, sino de designar esa reduplicativa creación utilizando el sentido etimológico de la palabra *poiesis*, producción, creación.

Quiero insistir en el concepto de *actitud*. Se trata de una disposición voluntaria de la inteligencia, que suscita, controla y dirige las operaciones mentales para conseguir un estilo determinado de ocurrencias. Se diferencia del carácter, que también es un estilo fijo de ocurrencias, porque es voluntaria. Se diferencia de los *hábitos* porque no está automatizada. Su importancia dentro de la economía vital deriva de que es el punto donde la inteligencia negocia con los sentimientos. Por ejemplo, adoptar una *actitud cínica* supone convertir los sentimientos de escepticismo, desprecio y afán de escandalizar, en sistemas de producción de significados. Es posible que en su inicio el sujeto no sienta esos sentimientos, pero tenemos una gran habilidad para simular voces, por eso podemos escribir narraciones, y si esas voces manifiestan los valores negativos descubiertos por el escepticismo y el desprecio, no es raro que acabemos por sentirlos. La estructura del ser-en-el-mundo puede actualizarse en dos sentidos: el mundo llena la conciencia y la conciencia ilumina al mundo. El sentido del humor, la benevolencia, la ironía, la desconfianza, la crítica, la ciencia, pueden considerarse como actitud. Su carácter voluntario les proporciona una lucidez de la que pueden carecer los sentimientos. Por ejemplo, prefiero una actitud tolerante a un sentimiento de tolerancia. El sentimiento de tolerancia se confunde fácilmente con el desinterés o con una benevolencia generalizada y boba, mientras que la actitud tolerante justifica su tolerancia, la elige, la dosifica y sabe que hay cosas con las que no se puede ser tolerante, por ejemplo con la intolerancia.

Si desde el punto de vista objetivo la felicidad era el ser-en-el-mundo de la dignidad cumplida de un sujeto dotado de seguridad ontológica, ahora he de añadir que, desde el punto de vista subjetivo, ese sujeto es una inteligencia en *actitud poética*. **(Me parece que está usted arrimando descaradamente el ascua a su sardina. Marta.)**

5

Para defenderme de la crítica de Marta, apelaré a testimonios imparciales. Los estudiosos de la creatividad distinguen entre personalidad creadora, proceso creador y obra creada. Ninguno de los tres apartados coinciden con lo que llamo *actitud.* La personalidad creadora es una noción demasido vaga y, con facilidad, se diluye en la nebulosa del misterio. El intento de relacionar creación y felicidad parece extremadamente vulnerable a la crítica. Basta constatar que grandes artistas han sido personajes torturados e infelices. Es fácil contestar a esta crítica, porque la creación artística, igual que la científica, la económica, la deportiva o la jardinera, son actividades creadoras fragmentarias, que, como todo lo fragmentario, pueden producir exageraciones. Yo me refiero a otro tipo de inteligencia creadora que actúa poéticamente sobre la totalidad de la vida y que puede no tener ninguna habilidad especial para ningún arte en concreto. ¿Qué es lo que caracteriza a esa poética de la acción cotidiana? En primer lugar, la conciencia de ser autor de los propios actos y de poder dirigir las propias ocurrencias, aunque sea con todo tipo de limitaciones. He criticado en varias ocasiones la idea de inspiración, porque me parece falsa y porque da al creador una mala comprensión de sí mismo. Si la actividad creadora se limita a esperar, es difícil que podamos hablar de una actitud poética que no sea la espera. Ya sé que las ocurrencias tienen un aspecto imprevisible, que escapa a nuestro control, y por eso he hablado de Yo ocurrente, pero eso no quiere decir que estemos completamente sometidos a voces ajenas o que seamos instrumento de poderes lejanos. Nuestro trato con el Yo ocurrente es muy complejo. Desde luego, no se nos ocurren las cosas cuando queremos, pero tampoco se nos ocurren las cosas que no hemos posibilitado de alguna manera. Es imposible que yo tenga ninguna ocurrencia en chino. Y mi creatividad en cálculo tensorial también es nula. Valéry sostenía que la creación era el favorecer los azares valiosos, lo que me recuerda el comentario de Severiano Ballesteros a los que decían que estaba teniendo mucha suerte en un torneo: «Es verdad que tengo muy buena suerte cada vez que entreno mucho.» La actitud poética prescinde por completo de la mitológica creencia en la inspiración.

En segundo lugar, la actitud poética inventa significados, por eso es creadora. Busca modos de realizar su proyecto creador, que puede identificarse con el proyecto de su vida cotidiana. La relación activa con la realidad abre dos zonas de libertad: una, la zona de los significados, y otra, la zona de las acciones. Podemos, en dosis mayores o menores, cambiar el significado de las cosas, o cambiar las cosas mismas. Últimamente se habla mucho de las estrategias psicológicas de *coping*, es decir, de enfrentarse a los problemas. Suelen reducirse a tres programas: que cambie el sujeto, que el sujeto cambie la interpretación que da a las cosas, que el sujeto cambie la realidad. Los tres casos exigen la aparición de una novedad, y por lo tanto, de un acto creador.

Ya sabe el lector que la novedad no es criterio suficiente para evaluar la creación. Hacen falta otros criterios. La configuración de un criterio personal es la más comprometida operación poética, sea artística o de cualquier otro tipo. En el ámbito de la felicidad, el mejor criterio de evaluación es el que permita una comprensión del sujeto y de la realidad, es decir, del ser-en-el-mundo, interesante, animosa, placentera y digna.

Menciono el interés porque una de las degradaciones de la felicidad es el aburrimiento. No he sufrido un despiste al considerar el tedio como una degradación de la felicidad, porque el aburrimiento no se da en el dolor o en el sufrimiento. Nos aburrimos cuando no nos está pasando nada malo, por eso lo llamo la degradación del bienestar. La vida es una estructura de repetición. El aburridísimo Gracián vio que la rutina era la carcoma que roía todas las cosas. Sin embargo es un hecho que hay personas que no se aburren nunca, porque se les ocurren siempre cosas interesantes, posiblemente minúsculas, que hacer o que contemplar. Kierkegaard, en uno de esos destellos admirables de perspicacia que tenía, dijo que la *repetición* era la principal categoría ética. Yo diría que es el trato poético con la repetición, asunto que exige que toda la capacidad creadora funcione al máximo. Los grandes artistas experimentan la inagotabilidad de lo real. En un curioso libro escrito conjuntamente por D. T. Suzuki y Erich Fromm, *Budismo zen y psicoanálisis* (FCE, México,

1985), el pensador japonés menciona un haiku del poeta Basho que vivió en el siglo XVII. Habla de una planta silvestre llamada nazuna, que desconozco, por lo que voy a sustituir esa palabra por la no menos silvestre de *ortiga*:

Cuando miro con cuidado
¡veo florecer la ortiga
junto al seto!

El signo de admiración traduce la palabra japonesa *kana*, una partícula que acompaña a un nombre, adjetivo o adverbio, marcándolo con un sentimiento de sorpresa e intensidad. El brevísimo poema sólo expresa el deslumbramiento experimentado por el poeta al descubrir lo trivial. Como lo trivial no puede producir ningún descubrimiento, lo que Basho vio al ver la ortiga, debió de ser una cosa distinta de la que ve el resto de los mortales. Ya lo comenté cuando estudié la mirada inteligente (TIC, pp. 29-43) y a ello me remito.

Esta libertad creadora choca irremediablemente con la desgracia, la enfermedad, el dolor y la muerte, que ofrecen un límite infranqueable. Nos proporciona un ámbito de felicidad condicionada y precaria, que debemos ampliar y asegurar todo lo que podamos. Una de las funciones éticas, como ha puesto de manifiesto Habermas, es socorrer nuestra inevitable vulnerabilidad.

Se ha utilizado, sin embargo, la actitud poética como procedimiento terapéutico para soportar las situaciones insolubles, y alguna información puede verse en el libro de Erika Landau *El vivir creativo* (Herder, Barcelona, 1987) o en las obras de la escuela de psiquiatría denominada Third Force: May, Rogers, Fromm, Maslow, Murray, etc. En nuestro país, Juan Rof Carballo ha hablado insistentemente sobre creatividad y medicina. Sólo diré que me parece interesante relacionar la creatividad con la salud, después de tantos siglos de relacionarla con la enfermedad.

(Creo que la actitud poética mantiene una relación con la realidad muy parecida a lo que yo llamaría «actitud amorosa». Usted ha dicho que el conocimiento es una interviú que el sujeto hace a las cosas, un interrogatorio. La actitud poética, y también la actitud amorosa, sería en cambio una

conversación brillante, una estimulante complicidad. El poeta también «digni-fica» la realidad al convertirla en colaboradora de su libertad. Ni la actitud poética, tal como usted la describe, ni la actitud amorosa son contemplativas. Tampoco son toscamente utilitarias, es cierto. Son utilitarias por elevación, utilizan lo que hay para construir una hermosa posibilidad. Marta.)

M: ¿Así que la felicidad es un modo de ser-en-el-mundo? Perdone, le haré primero el resumen. La felicidad no es, primariamente, un estado sentimental, sino un modo de ser-en-el-mundo. ¿En qué mundo? En el mundo de la dignidad, es decir, de los derechos mutuamente construidos y reconocidos. Hay distintos modos de estar afectivamente instalado en ese mundo. El mejor es la *seguridad ontológica*, un sentimiento básico de confianza, que en principio el niño recibe del cuidado de los demás. ¿Y quien es ese ser que está en el mundo felicitariamente? Un ser sentimentalmente inteligente que vive en actitud poética. Lo que dice me convence, pero temo que estuviera ya previamente convencida. Es decir, que no me fío de mi opinión.

A: ¿Por qué lo dice?

M: Desde que era una muchacha siempre tuve la impresión de que las cosas o las personas nos mostraban una superficie mate, como los espejos sucios, y que si supiéramos sacarles brillo, brillarían. Creo que la única teoría filosófica que me interesó fue la «metafísica de la luz» de San Buenaventura. Tenía la ingenua impresión de que la realidad cotidiana podía transfigurarse. Me emocionaba con la poesía oriental y su modo de tratar las realidades cotidianas. Por eso he entendido muy bien su cita de Basho. Le voy a dar un ejemplo de las cosas que me entusiasmaban. Se trata de un poema japonés:

«Para darte las gracias por haberme dado a conocer esa poesía de Tsu Kia Liang, te envío unas pocas hojas de té. Proceden del árbol que posee el monasterio situado en la montaña U-I.
Es el té más ilustre del Imperio, de la misma manera que tú eres su más ilustre hombre de letras.
Procúrate una vasija azul de Ni-hing. Llénala de agua de nieve recogida, a la aurora, en la vertiente oriental de la montaña Su-chan. Coloca esa vasija sobre un fuego de briznas de arce recogidas sobre musgo muy viejo, y déjala allá hasta que el agua empiece a reír. Arrójala entonces a una taza de Huen-tcha donde habrás puesto mis pocas hojas de este té. Coloca sobre la taza un pedazo de seda blanca tejida en Huachan, y espera que se esparza un perfume comparable al de un jardín de Fun-lo.
Lleva la taza a tus labios y luego cierra los ojos. Te hallarás en el Paraíso.»

También me emocionaban los pintores holandeses, Vermeer, por ejemplo, y los bodegones de Zurbarán. En fin, comencemos a trabajar.

A: ¿Preparó usted lo que le pedí?

M: Sí. Me parece que una de las ideas más constantes sobre el sentimiento de felicidad es la *plenitud*. Es una afirmación compartida por mucha gente que, sin embargo, no se digna explicar lo que entiende por esa palabra, que es un término muy curioso. Pleno está lo que está lleno o completo del todo.

A: Ortega lo relacionaba con otra palabra curiosa: *ocupación*. Hay ocupaciones felicitarias. ¿Qué es lo que se ha llenado cuando hablamos de la felicidad como plenitud? Lo más sencillo es decir que ha sido el deseo. Y este sentido tienen en etología los comportamientos consumatorios, entre los que se encuentran los placeres. Pero si tomamos esta acepción, no podríamos hablar de plenitud, sino de plenitudes, porque los deseos son muchos, sucesivos, y en ocasiones contradictorios. Sin embargo, al hablar de la felicidad hablamos de plenitud en singular: «¿Qué es lo que constituye la excelencia de la vida bienaventurada?», escribe Séneca. «Su plenitud.»

Hay otra acepción de plenitud más interesante, a la que se refirió también Ortega: «Cuando pedimos a la existencia cuentas claras de su sentido, no hacemos sino exigirle que nos presente alguna cosa capaz de *absorber nuestra actividad.* Si notásemos que algo en el mundo bastaba a henchir el volumen de nuestra energía vital, nos sentiríamos felices y el universo nos parecería justificado (...) ¿Quién que se halle totalmente absorbido por una ocupación se siente infeliz? Este sentimiento no aparece sino cuando una parte de nuestro espíritu está desocupada, inactiva, cesante. La melancolía, la tristeza, el descontento son inconcebibles cuando nuestro ser íntimo está operando. Basta, en cambio, que en nuestra actividad se haga un calderón para que asciendan del espíritu quieto –como los vahos maléficos de un agua muerta– esas emociones de desazón, de desamparo y vacío infinito. Entonces advertimos el desequilibrio entre nuestro ser potencial y nuestro ser actual. Y eso es la infelicidad» (*O.C.*, II, p. 81).

M: Esa concentración gozosa en una actividad es lo que caracteriza el juego. No me extraña que con frecuencia se haya equiparado la felicidad con ese tipo de existencia ágil, despreocupada, que es el juego. La plenitud lúdica muestra un aspecto interesante: la concentración produce una nueva experiencia del tiempo. El tiempo, que es sin duda nuestra riqueza, se convierte fácilmente en un enemigo cargante, y debemos *matarlo.* Es uno de los efectos del juego.

A: Lo que dice usted es interesante, porque relaciona la plenitud con una actividad. No parece desencaminado relacionar la felicidad con una actitud creadora, es decir, superactiva. Continúe con su descripción.

M: La felicidad se vive como *intensidad.* Leo en Julián Marías: «La felicidad consiste primariamente en la *intensidad de la vida*» (*La felicidad humana*, Alianza, Madrid, 1987). Me resulta, sin embargo, un rasgo ambiguo, porque se confunde con la *excitación.* Y la búsqueda de excitaciones tiene el carácter absurdo y errático de correr tras de la propia sombra.

Habría que precisar las cualidades de la intensidad. No es lo mismo la intensidad amorosa que la intensidad sádica.

A: Lo que dice me recuerda unos estudios hechos tras concluir la Primera Guerra Mundial. Muchos excombatientes admitían que para ellos la vida no había tenido nunca más plenitud y mayor sentido que cuando combatían contra los alemanes. Desaparecían las inhibiciones y las dudas y les era posible concentrarse sin reservas en una sola actividad. La identificación con un fin grandioso barrió la pequeñez y el egoísmo de la vida cotidiana y les permitió alcanzar una sensación de integración personal y de autenticidad desconocidos hasta entonces» (Brown, J. A. D.: *Técnicas de persuasión*, Alianza, Madrid, 1978, p. 88).

M: No es cosa de empezar una guerra para que los supervivientes experimenten la plenitud.

A: No, no parece sensato. La intensidad es un rasgo esencial de la actitud poética, que los poetas expresan con maravillosa energía. Saben percibir la grandeza de un valor, sin necesitar perderlo para experimentarlo, como pasa frecuentemente al resto de los mortales. Es curioso comprobar cómo Séneca, que predicaba una indiferencia bastante áspera, se complacía en la intensificación de las experiencias más simples como comer pan con queso. En fin, sigamos adelante.

M: Lo que define unánimemente a la felicidad es la *alegría*. En esto le puedo dar testimonio para todos los gustos. Los estudios psicológicos a gran escala que se han hecho sobre los sentimientos felices, manifiestan un factor claro de satisfacción global, de júbilo y alegría (Argyle, M.: *La psicología de la felicidad*, Alianza, Madrid, 1992, p. 10). Ya le dije que Sartre pensaba dedicar una parte de su ética precisamente a la alegría, que consistía en la conciencia de la libertad creadora. La alegría, describe, es la revelación del Ser (*op. cit.*, p. 486). Comentando un texto de Saint-Exupéry, escribe: «La alegría viene de una curiosa realidad: creando (pilotando) el avión, se desvela un aspecto del Ser que era y no era al mismo tiempo. Desvelar es crear lo que es» (p. 501). Poco después, añade: «Si la creación fuera pura subjetividad, la creación no conduciría a la alegría; si fuera pura objetividad, tampoco: la alegría viene de encontrarse fuera cuando uno se ha perdido dentro» (p. 514).

A: Le agradezco esos textos que corroboran lo que he dicho. Bergson también habló mucho de la alegría. Según él, la naturaleza se ha tomado el trabajo de instruirnos sobre la significación de la vida y sobre el destino del hombre. «Ella nos advierte mediante un signo preciso que nuestro destino está alcanzado. Este signo es la alegría. Digo la alegría, no digo el placer. El placer no es más que un artificio imaginado por la naturaleza para obtener del ser vivo la conservación de la vida; no indica la dirección en la que la vida está lanzada. La alegría, en cambio, anuncia siempre que la vida ha triunfado, que ha ganado terreno, que ha alcanzado una victoria: toda gran alegría tiene un acento triunfal» (*O.C.*, p. 832).

La alegría, para Bergson, va unida siempre a la creación. Da lo mismo que sea la alegría de un hombre de negocios, de un artista, de una madre. Por ejemplo, lo que busca un artista no es la gloria o los honores, sino el «sentimiento de haber creado algo», «la ampliación de la personalidad por un esfuerzo que saca mucho de poco, algo de nada y añade sin cesar algo nuevo a lo que había de riqueza en el mundo» (833). En una palabra, lo que produce la alegría es *«la creation de soi par soi»*.

M: Cambiaré de tema, porque hablar tanto de la alegría me está deprimiendo. Hablan de la alegría como si pudiéramos levantarnos por la mañana y decir: ¡Hoy voy a estar muy alegre! El siguiente rasgo comúnmente aceptado es *el sentimiento de propio poder*. Spinoza lo relaciona con la alegría, ya sabe usted: «Cuando el alma se considera a sí misma y considera su potencia de obrar, se alegra. Esta alegría se sustenta más y más cuanto más alabado por los otros se imagina el hombre.» Esto me parece profundo y desolador. Es patético descubrir hasta qué punto necesitamos el aplauso de los demás, o al menos, de una persona en particular. Inspirándose en Spinoza, Erich Fromm sostiene que la felicidad es el acompañamiento necesario del vivir creador. No me extraña que usted le haya citado varias veces, porque le da la razón. Apoyándose en el psicoanálisis distingue también entre placer y gozo. Para él, gozo y felicidad difieren sólo en la duración: «La felicidad es indicadora de que el hombre ha encontrado la respuesta al problema de la existencia humana: la realización creadora de sus potencialidades. Gastar energía creadoramente: lo contrario de la felicidad no es el dolor, sino la depresión.» Tiene la pretensión de tratar los temas éticos desde la ciencia, lo que me parece muy ingenuo. Considera que los comportamientos malvados, cuyo componente principal es el odio, la pasión por destruir a los otros y a sí mismo, están provocados por el bloqueo de las capacidades de la persona: «La destructividad es el resultado de la vida no vivida» (*Ética y psicoanálisis*, FCE, México, 1986, p. 234).

A: Ya sabe usted que se ha podido explicar la aparición de las depresiones como una consecuencia del sentimiento de impotencia. Cuando un sujeto deja de percibir la eficacia creadora de su actividad, su capacidad para determinar el ambiente que le rodea, se siente abrumado por un destino implacable y se deprime. Ha sido Seligman el autor que ha elaborado esa teoría. Algunas terapias contra la depresión aspiran a restituir el sentimiento de la propia eficacia en el enfermo. Ya le mencioné un libro de Aaron T. Beck. Estrechamente relacionada con el sentimiento del propio poder está la experiencia de *autoestima*, que tiene también gran importancia en la génesis o en la curación de estados depresivos (Bernard, M. E., y Ellis, A.: *Aplicaciones clínicas de la terapia racional emotiva*, DDB, Bilbao, 1990). Kant expresó la importancia de esta actitud con toda solemnidad: «El hombre no debe renunciar a su dignidad, sino mantener siempre en sí la conciencia de sublimidad, de su disposición moral, y la *autoestima* es un deber del hombre hacia sí mismo.»

M: Bueno, sólo me queda ya hablar de la felicidad como *autosuficiencia*. Los estoicos, que estaban siempre muertos de miedo, buscaban desesperadamente la independencia de todo lo superfluo y el dominio de sí mismos. La felicidad era, precisamente, la autarquía. ¿Le ha servido todo esto para algo?

A: Desde luego. Ha hecho una selección muy buena de los rasgos del sentimiento de felicidad. La psicología de las emociones, que ahora se está desperezando, también estaría de acuerdo con su selección. Goffman se ha preguntado en uno de sus trabajos por qué nos divierten los juegos, y contesta que son una transposición benévola de las necesidades que sentimos en la vida diaria. Es un microcosmos ordenado por sus propias reglas. Los participantes, al entrar en ese mundo aislado, unifican su vida con una sola meta, el juego, que permite emociones amables, encuentros personales reglados y sin dramatismo, recursos para realizar el proyecto, y usar al máximo algunas capacidades del sujeto (Goffman, E.: «Fun in Games», en *Encounters: Two Studies in the Sociology of Interaction*, Bobbs-Merrill, Indianápolis, 1961). Keith Oatley ha elaborado una teoría de la emoción que merece ser comentada. Considera que una de las funciones de la emoción y los sentimientos es comunicar al sujeto la situación en que se encuentra la realización de sus proyectos. El sujeto acomete simultáneamente muchas metas, lo que le produce serias dificultades. Las emociones negativas estarían producidas por el fracaso de uno de esos proyectos, la obstaculización o la pugna entre varios de ellos. Los sentimientos positivos comunican el progreso en la realización de uno de esos proyectos. Me parece una teoría interesante porque se basa en una correcta teoría de la inteligencia humana, cuya actividad está dirigida por metas. Todo parece indicar que la invención de proyectos, su selección y la actividad que desarrollamos para realizarlos, son un componente esencial de la felicidad, lo que da la razón a Aristóteles. Su cumplimiento o fracaso modula positiva o negativamente el sentimiento. Sin embargo, la elección del proyecto parece tener decisiva importancia. No vale uno demasiado asequible, ni tampoco uno irrealizable. No puede alcanzarse por completo, porque paralizaría la acción, y produciría fenómenos de saciedad. Tienen que ser, por definición, metas que se justifiquen por su misma actividad de búsqueda. Por esta razón, se han relacionado con la felicidad actividades interminables pero valiosas: la libertad, el conocimiento, la creación o el amor (*Best Laid Schemes*, Cambridge University Press, Nueva York, 1992).

M: Ahora comprendo su interés por el barón de Münchhausen.

Todo esto es tan difícil como sacarse de un pantano tirándose hacia arriba de los pelos.

A: Desde luego. Lo único que podemos hacer es conocer con la mayor precisión posible nuestros mecanismos sentimentales, para proyectar un mundo, unas relaciones humanas y una concepción del sujeto capaces de aumentar nuestras posibilidades de ser felices.

M: ¿Pero esto qué tiene que ver con la ética?

A: Son trabajos previos para dilucidar en qué podría consistir un *derecho a la felicidad.*

VII. LOS BUENOS SENTIMIENTOS

1

La gravedad nos mata. Me refiero a las leyes que rigen la caída de los cuerpos y de las inteligencias. Aristóteles sostuvo la curiosa teoría de que todas las cosas tenían su lugar natural, una especie de hogar perdido cuya querencia sentían y al que retornaban en cuanto les era posible. El hogar del plomo es el suelo, el hogar del humo es el cielo. El hombre no está claramente domiciliado. A veces parece un lugareño y a veces un ciudadano del mundo. Oscila también entre el plomo y el humo. A la fuerza tiene que elegir su nivel de vida.

La inercia nos mantiene en el nivel cero de la humanización, muy próximo al estupor y a la violencia, donde funcionan sólo los lenguajes vitales de la rutina. El gran estilo es otra cosa. El mejor proyecto de la inteligencia, por ahora, es encaminar su deseo de felicidad hacia una libertad racional. Ni la libertad ni la racionalidad son propiedades nuestras, sino posibilidades que nos apropiamos, de ahí su incertidumbre y vulnerabilidad. Si queremos mantenernos en su órbita estamos *obligados* a cumplir los trámites necesarios.

Para la ética, lo importante es la acción, que es el modo de convertir en realidad las irrealidades que pensamos. Gracias a ella, nuestros proyectos se encarnan. La acción es la síntesis que unifica el deshilachado, selvático, incoherente vivir de nuestra conciencia. Zanja el largo contencioso entre el Yo ocurrente y el Yo ejecutivo, entre las ganas y los propósitos.

La acción no es un aerolito vital. No somos libertades puras, sino sentimentalidades en busca de libertad. El acto absolutamente gratuito puede realizarlo un robot, pero no un hombre libre. Marcel Duchamp, que para hacer su parodia del arte quería escoger objetos absolutamente faltos de atractivo y de interés, confesó la dificultad de realizar esta elección sin preferencias. Hay estados de ánimo que facilitan la acción o la entorpecen. Los clásicos hablaron sobre todo de *virtudes*, que eran hábitos operativos que conferían destreza y soltura. La actividad creadora, sea científica, estética o ética, se basa siempre en estos mecanismos, sin los cuales es imposible el vuelo inventivo. Pero ocupan el piso de abajo de la creación, son las herramientas psicológicas indispensables pero insuficientes. Lo importante es que, desde el piso de arriba, se usen creadoramente.

La acción brota en el campo sentimental, por eso a la ética le han interesado siempre estos *alborotos anímicos*. Deseos, pasiones, afectos, tendencias, aversiones, toda la flora sentimental se encuentra disecada en las páginas de los moralistas. La selva afectiva era sometida a evaluación. No todos los sentimientos son iguales: los hay buenos y malos. Unos incitan a comportarse correctamente y otros a actuar con perversidad. Cada modelo ético se veía obligado a diseñar un sistema sentimental apropiado. Basta comparar los afectos propiciados por el hinduismo, el islamismo o el cristianismo para comprobarlo.

Este interés ético por los sentimientos es sorprendente, porque la ética trata sobre los comportamientos voluntarios, y nuestros afectos parecen estar fuera de control. Podemos elegir nuestra forma de mirar, y por eso hay una mirada inteligente; podemos construir nuestra memoria, lo que nos permite hablar de memoria inteligente, pero nadie elige su amor, ni su odio, ni su miedo, ni su envidia, por lo que parece disparatado hablar de sentimientos inteligentes.

Y, sin embargo, podemos hacerlo. Las *actitudes sentimentales* son el fruto de esta hibridación de afecto e intención. No podemos suscitar directamente nuestros sentimientos, pero podemos producir significados valorativos que influyen en nuestro modo de sentir. Desde muy niños aprendemos a dirigir estas imágenes afectivas. Sartre se contaba cuentos de miedo para sentir miedo, y todos hemos hecho y hacemos cosas parecidas, aunque menos morbosas.

En este capítulo voy a estudiar las actitudes sentimentales que favorecen o mantienen el salto a la órbita ética. Son los sentimientos de la racionalidad poética.

2

No sabemos como acceder a la fuentes de nuestra propia energía. Nos sentimos animados o desanimados sin saber por qué. En esos sentimientos complejísimos se resume todo nuestro estado físico y mental. Son grandes sumas crípticas.

El *ánimo* es la actitud sentimental de los comienzos. Mantiene la primera escaramuza con la gravedad. La palabra delimita un profundo campo semántico. Según el *Diccionario de Autoridades* significa «alma, el espíritu que hace discurrir y moverse los animales. Se toma también por valor, esfuerzo, denuedo y bizarría». Este principio vital, ánimo o ánima, es también principio de actividad. Sorprende comprobar que, según el lenguaje, el modo de actuar que mejor parece representar la actividad del alma es la *valentía.*

Está claro que la *valentía* no es un sentimiento, aunque esté acompañada, entorpecida o facilitada por el miedo, la agresividad o la impavidez, que sí lo son. La valentía es una actitud. Hay personas que mantienen una actitud valiente, animosa, decidida, resuelta, ante los sucesos, aunque les produzcan miedo.

El enlace entre la valentía y el ánimo no es casual. El castellano quiere dejarlo muy claro y repite una relación análoga en otras familias léxicas. Por ejemplo, el campo semántico de *aliento* es superponible con el de *ánimo.* También tiene un significado vital –la respiración, fuente de vida–, y un significado operativo: la capacidad para enfrentarse con fuerza o firmeza a las dificultades, y de emprender cosas que requieren esfuerzo. Sus antónimos corroboran el paralelismo. *Desánimo* y *desaliento* nos llevan al pantano de la *desmoralización.* Cuando falta el impulso básico para afrontar el esfuerzo, la lengua castellana considera que se ha perdido la prestancia moral. «Desmoralizar», escribe María Moliner, «es hacer perder a alguien la moral o las buenas costumbres. Hacer perder a alguien el valor o la decisión.» No para aquí la cosa, porque con notable perspicacia el castellano acuña una palabra morfológicamente idéntica a *desanimado* pero con un inequívoco significado moral: *desalmado*.

Por una vez están de acuerdo todas las morales, todas las religiones, todos los autores, todos los seres humanos. Nietzsche se hizo portavoz de esta rara unanimidad moral cuando escribió: «¿Qué es bueno? Ser valiente es bueno.»

Me resisto a abandonar el análisis semántico de tan importante esquema sentimental sin recorrerlo del todo. El valor enlaza con la *agresividad* y la *furia*, que no son esenciales al valor sino suplantación tosca. Agresividad supone sólo la tendencia a responder atacando a cualquier molestia. Y la furia, desde siempre, ha sido una locura transitoria.

Con una insistencia que muestra la relevancia del tema, el castellano relaciona la valentía con lo difícil, con lo que exige esfuerzo. Para *Autoridades*, el valor, además de ser «la calidad que constituye una cosa digna de estimación y aprecio», se toma también «por ánimo y aliento que desprecia el miedo y temor en las empresas y resoluciones. Significa también subsistencia y firmeza de algún acto» y «fuerza, actividad, eficacia o virtud en las cosas para producir sus efectos». *Valentía* tenía un significado más, que viene al pelo a nuestro asunto: es la cualidad propia del creador. «Se llama valentía la fantasía o viveza de la imaginación, con que se discurre gallardamente y con novedad en alguna materia.» Ya sabe el lector que don Nepomuceno Carlos de Cárdenas pensaba a lo valentón.

A lo que entraña dificultad llamaban los filósofos medievales *lo arduo*, y opinaban que no era valioso por ser difícil sino al revés. San Buenaventura lo definió como lo grande, excelente y elevado. Para Tomás de Aquino, lo arduo es lo *«elevatum supra facilem potestatem animalis»*, lo que supera las facultades animales, que son facultades de lo fácil. ¡Fantástica idea! Siguiendo a Aristóteles, los escolásticos consideraron que enfrentarse con lo difícil, alejarse del grado cero, era propio de la *magnanimidad*, a la que definían como *«raisonnable emprise de hautes choses»*.

Este razonable empeño en cosas altas parece necesario, o cuando menos conveniente, para dirigir la elección de la órbita moral, porque el hombre empequeñecido sólo percibe cosas pequeñas y puede que no acierte a ver siquiera las ventajas de la liberación. Volviendo a la magnanimidad, el estoico Crisipo, en una definición que pasaría a la teología cristiana a través de Clemente de Alejandría, consideró la magnanimidad como «ciencia que *nos eleva* por encima de los acontecimientos». Una vez más aparece la seducción de la altura.

El antónimo de *magnanimidad* es *pusilanimidad*, el apocamiento del ánimo. Para cerrar este intenso campo semántico, mencionaré que incluye la *esperanza*, que es la pasión propia del apetito de conquista. El lector puede completar este recorrido en el admirable libro de R. A. Gauthier *Magnanimité. L'ideal de la grandeur dans la philosophie païenne et dans la théologie chrétienne* (Vrin, París, 1951).

3

El análisis semántico nos ha puesto el tema en suertes. ¿Por qué tiene el ánimo generoso tanta transcendencia moral? ¿Es que la moral es el reino de lo dificultoso? No exactamente. La ética, y su posterior despliegue en morales de la segunda generación, es el reino del mantenerse en vuelo. Pues bien, lo que nos mantiene en vuelo es el razonable ánimo para emprender cosas altas. Dicho de otra manera, el ánimo para apartarnos de la facilidad animal. O, en una tercera fórmula, el ánimo para no rechazar un proyecto, que reconocemos bueno, por el esfuerzo que cuesta conseguirlo.

Ya he mostrado que la razón y la libertad son valiosas, pero son modos de ser que alzamos a fuerza de fuerzas, como el buen estilo. Su forma verbal sería el gerundio. No es exacto decir *soy racional* o *soy libre*. Deberíamos decir, en todo caso, *estoy siendo racional* o *estoy siendo libre*. No son realidades posadas sino en vuelo, realizaciones de un proyecto creador no cosificado. Cuando el ánimo claudica, el proyecto se desploma y el sujeto *se apoca* y *se abandona*.

Abandonarse es una expresión profunda. Significa «desfallecer en un esfuerzo, entregarse a alguien». ¿Pero a quién? En este caso, a uno mismo. Me abandono en mis propias manos. Me dejo llevar. *Dejadez* significa también *pereza.* Me abandono perezosamente en brazos de mis ganas. Con su acostumbrada perspicacia, el lenguaje ha reconocido la relación. *Desidia,* sinónimo de *abandono* o *pereza,* procede del latín *desidium,* deseo, ganas. Desidia es, pues, dejarse llevar por los deseos.

La valentía supone cierto desdoblamiento de la conciencia, en la que retiñen dos principios de acción: lo que deseo y lo que quiero. Deseo huir, pero quiero quedarme. Deseo terminar este capítulo, pero quiero redondear el argumento. Cuando entrego el control de mi comportamiento a una u otra instancia, *me decido.* Atención a esta forma verbal: parece que lo que decido es la acción, pero esa voz media indica que la acción no sale de mí, que se remansa en mi propia subjetividad, y que al tomar una decisión sobre algo tomo una decisión sobre mí mismo: me elijo. El asombroso Platón dijo que la valentía era el puente que unía la razón con el deseo. Estoy de acuerdo, y también lo estoy con Aristóteles, para quien consistía en actuar *a pesar de.* Y también con Spinoza, que la entendió como el deseo que lleva al hombre a perservar en su ser de acuerdo con los dictados de la razón. Y también con René Le Senne, cuando decía que superar el obstáculo era el principio de toda moralidad, y que el valor proporcionaba la energía para producir lo que la naturaleza no basta para determinar.

El orbe ético no es más que el ser humano ampliando al máximo las posibilidades de su inteligencia. Truncar ese impulso conduce al *encanallamiento.* Aunque el can sea el mejor amigo del hombre, el convertirse en can no es nuestro mejor destino.

La actitud animosa pertenece al sistema sentimental del orbe ético. Todo lo que la ataca es malo: el miedo, la inseguridad ontológica, el vampirismo que deja el ánimo exangüe y ciega las fuentes de la creación. «Dame, oh Señor, una lengua de iniciado, para decir una palabra de ánimo al abatido», cantó uno de los mayores poetas de todos los siglos, Isaías el profeta. Nadie crea sin ánimo: «¿Qué importa que el entendimiento se adelante si el corazón se queda?», escribió Gracián.

4

La actitud animosa incluye la energía para emprender y la energía para mantener el empeño. A esta energía en permanecer se la ha llamado tradicionalmente *paciencia*, y es hoy día una palabra miserablemente desprestigiada por unas connotaciones de sumisión, victimismo y debilidad. Ya que no la palabra, me gustaría al menos reivindicar el concepto. Para hacerlo comenzaré con la definición de Tomás de Aquino, que no es nada quejumbrosa: «Por la paciencia se mantiene el hombre en posesión de su alma.» Es, pues, la virtud de la personalidad libre. Aquino añade unas descripciones iluminadoras: «Paciente es no el que huye del mal sino el que no se deja arrastrar por su presencia a un desordenado estado de tristeza» *(Sum. Theol.*, II-II, 136,4). La paciencia preserva al hombre del peligro de que su espíritu «sea quebrantado por el abatimiento y *pierda su grandeza*» (II-II, 128,1).

Los artistas de este siglo han sido impacientes hasta el azogamiento. Mathieu, un pintor vertiginoso, comprendió que la introducción de la velocidad era una revolución estética que alteraba las formas habituales de hacer arte. Porque el artista ha sido siempre inquieto y apasionado, pero paciente. La paciencia es, como la valentía, una actitud indispensable para la actividad creadora. En una de las cartas a su hermano Theo, Vincent Van Gogh escribe: «Hay una frase de Gustavo Doré que yo he encontrado siempre muy bella: *Tengo la paciencia de un buey*. Veo en su interior a la vez algo bueno, una cierta honestidad resuelta; en fin esa frase contiene muchas cosas: es una verdadera frase de artista. *Tengo paciencia*, qué sereno es esto, qué digno.» Me produce gran emoción un texto del pintor japonés Hokusai y espero que el lector me disculpe por citarlo entero: «Desde la edad de 6 años tuve la manía de dibujar la forma de los objetos. A los 50 años había publicado infinidad de dibujos, pero todo lo que he producido antes de los 70 no vale nada. A los 73 aprendí un poco acerca de la verdadera estructura de la naturaleza. Cuando tenga 80, por consiguiente, habré progresado aún más; a los 90 penetraré en el misterio de las cosas; a los 100 habré alcanzado, ciertamente, una etapa maravillosa; y cuando tenga 110, todo lo que haga, ya sea un punto o una línea, estará vivo. Escrito a la edad de 75 años por mí, en otro tiempo Hokusai, hoy Gwakio Rojin: el hombre anciano loco por dibujar.»

La verdadera actitud creadora posee la sabiduría del tiempo. No es lenta ni apresurada. Entrega el control del tiempo al objeto y no al propio estado de ánimo. Esto es lo que, a mi juicio, caracteriza la paciencia: adecuarse al ritmo del objeto. La ternura, como contó Marta, ha de ser lenta, la respuesta a la injusticia ha de ser rápida. La comprensión puede ser lenta, pues hay que dejar que el objeto o la persona puedan mostrar sus distintas facetas, la ayuda ha de ser rápida. La meditación lenta, la realización veloz.

Relacionada con todas las actitudes y sentimientos que he mencionado se encuentra la *generosidad*, palabra que mantiene un bello lazo semántico. *Generoso* procede de la misma raíz que *engendrar*. Es el que produce mucho, y da mucho, por eso las tierras pueden ser generosas, por su fertilidad. Antiguamente, eso era lo que significaba la palabra *felix*, antecedente de nuestra *felicidad*. Los geógrafos hablaban de *felix Arabia*, la fecunda y rica Arabia. Jankélévitch describe la generosidad como «iniciativa, genialidad, improvisación aventurera, gasto creador y sobre todo como capaz de reducir las cosas a lo esencial. La grandeza del alma ve grandeza; la amplitud de alma ve amplitud; la altura de alma ve alto y lejos, al contrario que los pulgones que no ven más allá de la punta de su nariz de pulgones, ni más allá de su brizna de hierba y de sus pequeños beneficios; la óptica microscópica de los avaros, de los miopes y de los pulgones resulta así abandonada por las vastas panorámicas del magnánimo» (*Traité des Vertus*, Flammarion, París, 1986, II, 335).

5

¿Tienen estos análisis psicológicos algo que ver con la ética? Me parece que constituyen el sistema sentimental que acompaña, suscita o facilita la invención del orbe ético y el mantenimiento de la actitud poética. Es un sistema muy coherente, lo que para mí garantiza la justeza de la descripción.

Los filósofos escolásticos, a los que debemos un extraordinario análisis del mundo afectivo, hablaron de un detestable estado de ánimo llamado *acidia*, que definían como *hastío de los bienes espirituales*. ¿Por qué consideraban este sentimiento tan perverso? Porque era el desfondamiento del impulso creador, el cansancio de mantenerse en vuelo, la claudicación. Pensaban que conducía a la desesperación y a una cierta pereza inquieta, una *evagatio mentis*. Una vez más me sorprende la perspicacia del lenguaje: en la palabra *vago* se unen líneas semánticas al parecer incoherentes, que, sin embargo, describen un perfil unificado: *vago es el perezoso, el desdibujado y el que vagabundea.*

Para explicar mejor la hondura de la acidia **(y también porque le divierte. Marta)**, contaré una curiosa peripecia semántica. Durante siglos, la teología moral católica al hablar de los pecados capitales emparejaba la acidia con su antídoto, que era la diligencia. Muy tardíamente se tradujo *acidia* por *pereza*, con lo que se sustituyó el hundimiento personal por una falta de laboriosidad. Se mantuvo, sin embargo, el antídoto, la diligencia, que acabó por perder su significado para adquirir el de *laboriosidad, rapidez en realizar los deberes*. ¿Pero cuál era su significado original? *Diligente* procede de *diligere*, que significa *amar*. El amor por los valores espirituales era lo opuesto a la acidia. El antídoto era oportuno. Ahora resultaría chocante decir que el antídoto de la pereza es el amor. **(¿Le parece de veras tan extraña esa afirmación? Marta.)**

El uso racional de la inteligencia también va acompañado de actitudes sentimentales.* Peirce enumeró algunas de ellas para elaborar una especie de disposición ética del científico, y la ética dialógica los ha tenido en consideración. Si un ser humano desea satisfacer su vocación de verdad, si desea resolver sus conflictos argumentando, esto quiere decir que ha de *renunciar* a la valoración exclusiva de la evidencia privada; que ha de *reconocer* la posible validez de las evidencias ajenas; que ha de estar sinceramente *comprometido* en la búsqueda de la verdad, con la *esperanza* de conseguir una evidencia subjetiva (Cortina, A.: *Ética sin moral*, Tecnos, Madrid, 1990, p. 237).

6

A don Nepomuceno Carlos de Cárdenas la lectura de la *Metafísica de las costumbres* de su admirado Kant le tranquilizó. Venía a dar la razón a su versión caribeña y sensual de la formal ética kantiana. Al fin, Kant hablaba, y muy pormenorizadamente, de sentimientos. Le leyó a María Eugenia un texto que consideró adecuado para su formación: «Es un deber, tanto hacia sí mismo como hacia los demás, impulsar el trato entre los hombres con sus perfecciones morales, no aislarse (...). No precisamente para fomentar lo mejor del mundo como fin, sino sólo para cultivar la comunicación recíproca, los medios que indirectamente conducen a ello, la amenidad en sociedad, el espíritu de conciliación, el amor y respeto mutuo, agregando de este modo la gentileza a la virtud; cosa que es incluso un deber de virtud.» Después, como de pasada, leyó unas frases que no venían al caso: «La amistad, en la dulzura del sentimiento de posesión recíproca, que se acerca a la fusión en una persona, es algo tan *delicado* que no está segura en ningún momento contra las *rupturas*, si se basa sólo en el sentimiento y no en reglas que limiten el amor recíproco con exigencias de respeto.» «En cualquier caso el amor en la amistad no puede ser un *afecto*, porque éste es ciego en la elección y se desvanece mas tarde.» María Eugenia tuvo la certeza de que su tío lo había leído con tono ligeramente guasón, y sólo por chinchar.

Es verdad que Kant describe en ese curioso libro algunos buenos y malos sentimientos. Considera que hay cuatro sentimientos que el ser humano ha de tener para que la vida humana sea posible. A saber: el sentimiento moral, la conciencia moral, el amor al prójimo y el respeto por sí mismo. Son «predisposiciones del ánimo, *estéticas* pero naturales, a ser afectado por los conceptos del saber; no puede considerarse como deber tener estas disposicones, sino que todo hombre las tiene y puede ser obligado gracias a ellas».

Define el sentimiento moral como la sensibilidad para el placer o el desagrado, que surge simplemente de la coincidencia o la discrepancia existentes entre nuestra acción y la ley del deber.

Kant afirma que, sin sentimiento, la humanidad se disolvería irremediablemente en la mera animalidad.

Todo hombre posee conciencia moral. «Estar obligado a adquirir la conciencia moral, sería tanto como decir: "Tengo el deber de reconocer deberes." La filantropía es el tercero de estos sentimientos fundamentales. El recelo de Kant hacia los hombres aparece al desnudo. "Hacer el bien a otros hombres en la medida de nuestras facultades es un deber, lo amemos o no, aunque nuestra especie no es apropiada, por desgracia cuando se la conoce más de cerca, para que pueda juzgársela como particularmente amable." Por último, el respeto es también algo meramente subjetivo, un sentimiento peculiar, producido por la conciencia de la propia dignidad. Una frase de Kant hizo meditar mucho a don Nepomuceno: «No puede decirse que el hombre *tiene* el deber de respetarse a sí mismo; porque para poder concebir un deber ha de tener ya en sí mismo respeto por la ley.» Meditó mucho sobre la manera de despertar en sus esclavos ese sentimiento.

7

No he hablado de los dos sentimientos tradicionalmente relacionados con la moral: la *vergüenza* y la *culpabilidad.* Los antropólogos han distinguido entre *culturas de vergüenza* y *culturas de la culpabilidad.* «Las verdaderas culturas de la vergüenza», explica Ruth Benedict, «se apoyan sobre sanciones externas para el buen comportamiento, no sobre una convicción interna de pecado, como en las verdaderas culturas de la culpabilidad. La vergüenza es una reacción ante las críticas de los demás. Un hombre se avergüenza cuando es abiertamente ridiculizado y rechazado, o cuando él mismo se imagina que le han puesto en ridículo. En cualquier caso, es una poderosa sanción. Requiere un público, o por lo menos un público imaginario. La culpabilidad no. En una nación en la que el honor significa adaptarse a la imagen que uno tiene de sí mismo, una persona puede sentirse culpable aunque nadie esté enterado de su mala acción, y posiblemente logre liberarse de la sensación de culpabilidad confesando su pecado.»

El japonés antiguo vivía, por ejemplo, en una cultura de la vergüenza *(haji)*. «Un hombre que sabe lo que es la vergüenza» se traduce a veces como «hombre virtuoso» y otras como «hombre de honor». En castellano sucede otro tanto. «Tener vergüenza» puede ser bueno o malo, ya que puede significar sentirse avergonzado o tener pundonor.

La historia de estos sentimientos es tan enrevesada, ha habido tanta injerencia, se ha desorbitado hasta tal punto su importancia, ha producido tanta desdicha, que en su estado actual es difícil saber si son todavía aprovechables. Me inclino a pensar que deben ser recreados para convertirse en *sentimientos de la segunda generación*. Hay que inventar sentimientos que transmitan los valores. Necesitamos, también, sentimientos de fracaso moral, para evaluar nuestra renuncia a cumplir los compromisos. ¿Pueden integrarse dentro de una actitud poética? Prescindir, como se ha hecho con notoria precipitación, de todo sentimiento que acompañe a la comisión de un mal, parece conducir a una anestesia moral demoledora. Acoger sentimientos destructores que enturbien la vida moral tampoco parece buena solución. Es interesante que la colección «Serie Morales», de Éditions Autrement, en cuyo consejo asesor figuran personas tan conocidas como Julia Kristeva, Elisabeth Badinter, Emmanuel Lévinas o Fernando Savater, haya dedicado uno de sus volúmenes al «honor». Completar el estudio de los sentimientos éticos excede al propósito del presente libro. Queda, pues, emplazado el tema para una investigación futura.

Agnes Heller, una pensadora muy sensata, ha comentado el tratamiento que del sentimiento de culpabilidad hace la psiquiatría contemporánea. He de advertir al lector que la lengua castellana no ha admitido nunca este sentimiento, y tampoco la inglesa, según leo en un artículo de Ortony publicado en la revista *Cognition and Emotion* («Is Guilt an Emotion?», I, 3, 1987). Para nuestra lengua, la culpabilidad es una situación real, y no tiene sentido decir que una persona «se siente culpable». En todo caso, se podría decir: se reconocía culpable y se dolía por ello.

Sin embargo, es cierto que puede haber una culpa sin objeto, de la misma manera que la angustia es un miedo sin objeto. Se trata de un terrible modo de ser-en-el-mundo, que el sujeto hará bien en aclarar. Pero eso no implica que todos los sentimientos de culpa sean anormales. Heller critica el error de considerar que todos los sentimientos de culpa son patológicos. Por ejemplo, el piloto de bombardeo Eatherly fue declarado «anormal» porque haber lanzado desde su avión la bomba atómica sobre Hiroshima, que causó 200.000 víctimas, le producía una ingrata sensación de responsabilidad. La importancia práctica del juicio moral ha sido formulada por psicólogos americanos como Angyal o Mower, que coinciden en la conveniencia de suscitar «sentimientos realistas de culpabilidad» (Heller, A.: *Teoría de los sentimientos*, Fontamara, Barcelona, 1982, p. 300).

El castellano nos proporciona una solución. Reconocer la culpabilidad es un acto de conocimiento. Se es o no se es culpable. Los sentimientos correspondientes son *remordimiento, tristeza, arrepentimiento, pesadumbre.*

Los náufragos de Golding tienen que diseñar también su cultura sentimental. El trabajo no va a faltarles. Buenos sentimientos son los que facilitan la dignidad feliz, y ayudan a experimentar como subjetivamente felices las situaciones que lo son ya en realidad; a evitar las desdichas que puedan evitarse, a soportar las que no puedan evitarse, y a saber distinguir unas de las otras. **(Mientras leo su libro, oigo un concierto de piano de Beethoven. Me convence más la música que sus palabras. ¡Quién pudiera imitar en la vida el talento de Beethoven para repetir un mismo motivo con mayor exaltación cada vez, y para sentir su maravillosa intensidad apresurada! Marta.)**

8

A lo largo de todo el libro Marta ha insistido –a veces con cierta impertinencia– en mencionar el *sentimiento amoroso* como principal creador de valores éticos. Voy a recoger sus sugerencias, pero sin hablar de sentimiento, sino de *actitud amorosa*, por una vez y para incluirla como ingrediente en esa actitud reduplicadamente creadora que he llamado poética. Invocamos constantemente la justicia como máximo valor ético, pero ya he explicado que su contenido depende de lo que hayamos reconocido como *nuestro*, de nuestros derechos. La justicia, por lo tanto, no es una actitud creadora de valores, sino realizadora de valores ya inventados. Esto hace que se den distintos niveles de justicia, como se dan distintos niveles de evidencia o de dignidad. La invención de los derechos es previa a la justicia y procede de un gran impulso creador, generoso y altivo, que combina el interés propio y el ajeno, y que eleva cada vez más, o debería hacerlo, la órbita de la dignidad. A esta actitud que descubre nuevos modos de dignidad, que inventa posibilidades que el ser humano reconoce como exaltantes al principio y que acoge después con *naturalidad,* podemos llamarla *actitud amorosa.* No sería un sentimiento en sentido estricto, porque hablar de un amor generalizado, a los desconocidos, a los lejanos, a la humanidad, vacía de contenido la palabra. El sentimiento amoroso es personal. La actitud amorosa puede ser universal. Tenemos que agradecer al cristianismo la distinción de ambos aspectos. En efecto, la *agapé*, una compleja palabra griega que hemos traducido por *caridad*, significaba un comportamiento amoroso, más que un sentimiento amoroso. En su origen, el cristianismo no era nada sentimental. La *agapé* no era *sentir* sino *hacer*. En la parábola evangélica del buen samaritano no se elogia el sentimiento amoroso del que se acercó a atender al caído, sino que se acercara a él *como* si fuera un prójimo, es decir como si fuera alguien realmente allegado a su corazón.

Esta actitud creadora de valores, valores que después la razón justificará y la justicia se encargará de realizar, ha sido el motor de nuestro progreso moral. No me importa repetir que disfrutamos de nuestros derechos porque hubo mucha gente, verdaderos creadores éticos, que fueron más allá de sus deberes.

M: No pienso hacer el resumen de ese microdiccionario sentimental que nos ha enjaretado. Hablar de sentimientos no vale para nada. Lo importante sería cambiarlos, pero no se puede. Son nuestro destino. Yo me siento desanimada, humillada, traicionada: me he equivocado en todo. Mi mundo se me ha venido abajo. ¿Qué quiere que haga? ¿Aplaudir y gritar: ¡Que no decaiga la fiesta!? Si me dice que debo sobreponerme y superarlo, esas cosas que le gustan tanto, le pego una bofetada y me voy.

A: ......

M: ¿No tiene nada que decir? ¡Qué raro!

A: Pues no, no tengo nada que decir. Otras personas dicen que pueden superarlo, pero usted no. Viéndola desde fuera, Marta, es usted una mujer guapa, atractiva e inteligente, pero está acabada. Las heridas del espíritu no dejan huella, dijo Hegel. Pero ésa es una de las majaderías que dicen los filósofos. Usted está herida, y debe cuidar su herida. Ésa es su misión, Marta. No creo que deba usted continuar comentando este libro.

M: ¡Es usted un bruto!

A: Le voy a contar un suceso que apareció en los periódicos austriacos hace ya un montón de años, cuando usted no había nacido. El suelto decía: «Un suicida se arrojó al Danubio desde un puente. Un guardia, que acudió atraído por los gritos de los espectadores, se echó el fusil a la cara, apuntó al suicida y le gritó: ¡Sal de ahí o te mato! El joven salió del agua renunciando al suicidio.» ¿No le parece una noticia curiosa? ¿De qué se ríe?

M: No se preocupe, la próxima vez no me tiraré al río en su presencia.

A: Podíamos cambiar de tema, porque no está el aire para comentar los sentimientos. ¿Quiere usted jugar a un juego, Marta? Se trata de resolver un problema que suelo poner a mis alumnos. ¿Podría usted unir todos estos puntos con cuatro trazos, sin levantar el lápiz del papel?

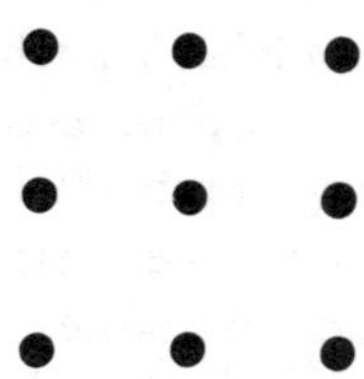

M: Déjeme probar. Así no. Así tampoco. Espere, tenga paciencia. No. Oiga, no es tan fácil como parece. Desisto.

A: La solución es ésta.

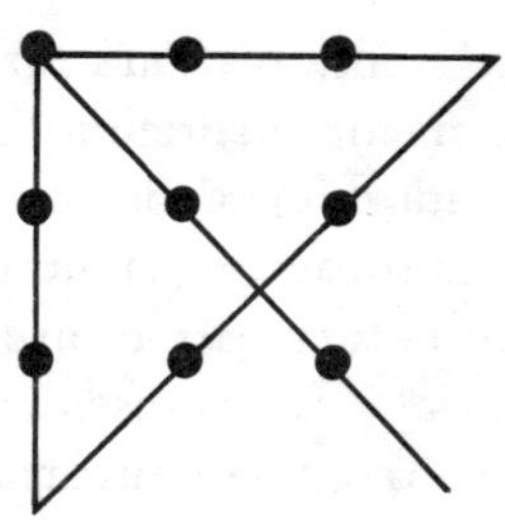

M: ¡Eso no vale! ¡Se sale usted fuera!

A: La única condición que le puse es que tenían que ser cuatro trazos sin levantar el lápiz del papel.

M: ¿Y esto es lo que enseña en clase de filosofía? ¿Y le pagan a usted? ¿Por qué se lo enseña a sus alumnos?

A: Es un ejemplo clásico de resolución de problemas. No sé quién inventó el problema de los nueve puntos. Adams lo estudió en su libro *Conceptual Blockbusting* (Freeman, San

Francisco, 1974). Hay problemas insolubles dentro del marco que parecen definir. Hay que salirse fuera, como ha dicho usted.

M: Ya. ¿Y usted piensa que esto puede aplicarse a los problemas vitales? ¡Usted cree que soy tonta!

A: No, no lo creo. Marta, la desgracia forma un sistema, y dentro de ese sistema no encontrarás ninguna solución. No puedes hacer que te quiera quien no te quiere. Eso es una tragedia sin solución. El asunto es si vives en ese sistema o integras ese sistema en tu vida.

M: Ahora sí que no te entiendo.

A: La tristeza, la depresión, la desdicha son invasivas. Tendemos a confundir el hecho de que sean irremediables con la posibilidad de que constituyan el marco de nuestra vida. Se trata de definir la relación de continente a contenido. Hay que decidir si la desdicha contiene tu vida o si tu vida contiene un territorio irremediable de desdicha.

M: Pero tú crees que se puede *decidir*.

A: Creo que debemos volver a nuestro tema. El lector nos ha pagado para eso. Creo recordar que Sartre habla mucho sobre el cambio.

M: ......

A: No se quede tan pensativa. Trabaje usted, por favor.

M: Sí, es verdad. A mí me sorprendió que en las páginas iniciales de su *Cahier* introdujese bruscamente el siguiente texto: «Me dicen: es preciso que explique la *naturaleza* porque hay en usted una naturaleza que es la inautenticidad. El hecho mismo de que *El ser y la nada* sea una ontología anterior a la conversión supone que una conversión es necesaria.» Espere, que la frase sigue de una manera muy curiosa: «...y por lo tanto, que hay una actitud natural» (ed. cit., p. 13). ¡Horror! ¡Si es la palabra que tanto le gusta! ¡Por lo menos, reconocerá que soy imparcial!

A: Se lo reconozco. Le advierto que la expresión *actitud natural* procede de Husserl. Es nuestra instalación básica en el mundo, la actitud que tenemos antes de adoptar ninguna actitud, y que consiste en creer ingenuamente lo que percibimos y lo que nos dicen. La *conversión* sería un cambio de actitud, lo que en el sistema de Husserl significa la aparición de un nuevo campo de significaciones. ¿Por qué le preocupaba tanto ese tema a Sartre?

M: Sospecho que en Sartre hay que buscar un acontecimiento biográfico detrás de cada tesis teórica. La preocupación por el cambio personal fue continua a lo largo de su vida. En una de sus primeras cartas conservadas, escrita cuando tenía veintiún años, declaraba que sus dos preocupaciones básicas eran la ambición y construirse un carácter: «Tengo un carácter de solterona, cobarde y sensiblero. Me asusta cualquier cosa.» Cuando escribe su guión sobre Freud enfoca su biografía sobre el momento en que Freud cambia, y se libera de la imagen del padre. En *El ser y la nada* se pregunta ya directamente cómo es posible la conversión, cómo es posible el cambio. ¿De dónde sacaría fuerzas para cambiar, si los móviles y motivos dependen de un fin, que es el proyecto radical, algo que en realidad no se ha elegido?

A: ¿A qué se refería con esa expresión?

M: Creo que en el fondo se refería al propio carácter, que en el *Cahier* denomina *naturaleza* (p. 14) y que al final de su vida llamaba *destino*. Como afirmaba que la conciencia es libertad absoluta, tenía que admitir que en cualquier instante se podía invertir la dirección de la vida. El *instante* era el momento en que la conciencia decide captar como ya pasada la elección a la cual sustituye por otra en ese instante. Pero no acaba de explicar qué es lo que puede motivar ese paso. Critica a los filósofos por no haber estudiado «esos instantes extraordinarios y maravillosos en que el proyecto anterior se desmorona en el pasado a la luz de un proyecto nuevo que surge sobre las ruinas de aquél y que no hace aún sino esbozarse, instantes en que la humillación, la angustia, la alegría, la desesperación se alían estrechamente, en que soltamos para asir y asimos para soltar» (*El ser y la nada*, Losada, Buenos Aires, 1966, p. 586).

A: Pero si ese cambio depende de un proyecto, no es una convulsión espontánea, sino que tiene que algo tiene que anticipar la nueva situación.

M: Al menos eso parece indicar un texto como el siguiente:

«Sólo cuando se puede concebir otro estado de cosas, una nueva luz ilumina nuestras penurias y decidimos que no son soportables. El sufrimiento no podría ser por sí mismo un *móvil* para con sus actos. Sólo cuando haya hecho el proyecto de cambiarlo, le parecerá intolerable» (*ibid.*, p. 539).

A: ¿Y que le parece todo eso?

M: El primer Sartre pensaba que podíamos elegirnos de arriba abajo. Consideraba, por ejemplo, que «el complejo de inferioridad es proyecto libre y global de uno mismo como inferior ante el otro». Esto resulta estimulante unas veces, otras irritante, y siempre, creo yo, falso. Cuando leo los problemas que tenía en su relación con los demás, su preocupación por la mirada ajena, la necesidad de ser *actor* de su propia vida, me parece ver en Sartre el patético combate de un hombre contra su destino. Ésa es la impresión que me da *Las palabras*, esa pequeña obra maestra.

A: El cambio personal es un problema universal y tremendo. A lo largo de la historia, los hombres han querido cambiar su situación social, desde luego, pero sobre todo su situación anímica. Cambiar el carácter, cambiar el régimen de vida, cambiar el estado sentimental, ha sido un deseo que se ha procurado satisfacer de muchas maneras: el alcohol, las drogas, la música, el juego, las relaciones humanas, la magia, la religión, el yoga, la meditación transcendental, todo ha sido utilizado para cambiar el ánimo.

M: ¿Y hay alguno que sea eficaz?

A: Supongo que todos tienen alguna eficacia, puesto que se han usado, y poca eficacia puesto que hay tantos. Es posible que tuviéramos que aprender de los estoicos un cierto aguante, una cierta resistencia para las situaciones de sufrimiento o angustia. Creo recordar que Sartre, en algún lugar, habla de aislar la tristeza en un rincón de la conciencia, para que no se vuelva invasiva. Pero esto es mas fácil de decir que de hacer. Es curioso que lo que acabo de decir sea lo contrario de lo que dicen los partidarios de la *psicología del cambio.*

M: ¿A qué se refiere?

A: Toda la psiquiatría tiene como problema central facilitar el cambio, se entiende que de una situación desdichada a una mejor situación. El problema central de la psicoterapia es ayudar, suscitar o producir el cambio. Muchas técnicas se basan en una teoría constructivista del sujeto, que afirma que el sujeto se construye a sí mismo y construye el significado de la realidad. Ya he mencionado algunos autores, pero puede ver un resumen de distintas tendencias en el libro de M. J. Mahoney y A. Freeman *Cognición y psicoterapia* (Paidós, Barcelona, 1988). A mí me interesa mucho la llamada Escuela de Palo Alto, que ha aprovechado los trabajos de Bateson y Erickson y que ha encontrado en Watzlawick un expositor muy sugestivo. Tal vez le interese leer *Cambio. Formación y solución de los problemas humanos* (Herder, Barcelona, 1976) y *El lenguaje del cambio* (Herder, Barcelona, 1980). Sus técnicas se utilizan mucho en terapia familiar. Puede leer algunos casos prácticos en Papp, P.: *El proceso del cambio* (Paidós, Barcelona, 1991).

M: Todo esto ha salido porque usted dijo que las cosas son más fáciles de decir que de hacer.

A: Sí, es la Teoría de Palo Alto. No se resuelve ningún problema intentando que el sujeto cambie de modo de pensar. Nuestro Yo ocurrente es muy díscolo, no atiende a razones, como sabe toda persona que está desanimada. Pretender razonar con él favorece la aparición de resistencias. Sostiene la idea, que me parece verdadera, de que todo sistema, y el Yo ocurrente lo es, se resiste al cambio, y tomar conciencia del cambio antes de que ocurra significa poner en guardia al sistema. El proceso de cambio supone salirse del sistema, para lo cual hay que jugar las cartas que se tienen con astucia.

M: Supongo que ahora me va a explicar a cuenta de qué vino el problema de los nueve puntos.

A: Es usted demasiado inteligente para necesitar explicaciones. En efecto, dentro de un sistema cerrado, no creativo, es muy difícil encontrar solución. Watzlawick distingue dos tipos de cambio, que aclara con un ejemplo. Durante una pesadilla, el protagonista se ve amenazado y corre, se oculta o pide ayuda. Estas acciones son cambios dentro del sistema. El cambio radical es pasar a otro sistema, despertarse.

M: Me parece un ejemplo más del optimismo crónico de los psicólogos americanos. Siempre han creído, con una fe de carboneros atómicos, que el sujeto era todopoderoso. Siento decirle que soy sentimentalmente europea. O sea, un Yo fragilísimo.

A: Lo que me interesa es el interés de esos psicólogos por la acción. Yo no puedo cambiar las ocurrencias de mi Yo ocurrente, al menos de una manera directa. Lo único que está en mis manos es realizar una acción, a veces mínima. Me parece muy acertado que estos terapeutas elaboren con cada paciente una escala gradual y progresiva de pequeños objetivos, que dan la sensación al paciente de que el tratamiento no es demasiado acuciante ni ansiógeno. Además, llaman su atención sobre cualquier cambio, aunque sea minúsculo.

M: ¿Tiene esto algo que ver con la ética o nos hemos perdido?

A: La ética estudia un modelo de sujeto capaz de alcanzar su felicidad. Pero, además del aspecto práctico, estas teorías han llamado la atención sobre dos temas que tienen importancia directa para la ética. El primero de ellos es que la causalidad en el mundo humano no es lineal sino circular. Lo que hacemos actúa sobre nosotros. Lo que proyectamos nos determina. Lo que pensamos sobre nosotros mismos constituye un elemento de nuestra realidad. El segundo es que los seres humanos vivimos en una red gigantesca de influencias recíprocas. Esta escuela ha estudiado los problemas familiares considerando que la familia es un sistema autorregulado, en el que todos sus miembros interactúan entre sí. No es disparatado pensar que la humanidad entera puede concebirse como un único sistema autorregulador. Ya veremos que esto tiene gran importancia ética. Bueno, creo que ya hemos trabajado bastante.

M: Ha sido una conversación un poco atípica.

A: ¿La veré en el capítulo próximo?

M: Si no cambio mucho hasta entonces, desde luego.

VIII. ¿PERO QUÉ DERECHOS?

1

Ningún viento es bueno para el que no sabe adónde va. La dignidad es un viento poderoso pero debemos marcarle el rumbo. Es bueno para el hombre tener derechos, y nadie puede conscientemente rechazarlos todos para vivir a la intemperie en la violenta naturaleza. Pero ¿qué derechos? ¿Cómo podemos seleccionar los derechos en un mundo tan complejo y confuso?

Últimamente han proliferado las *éticas de la supervivencia.* En pleno naufragio los moralistas han pensado que lo importante era, por lo menos, sobrevivir, y que, dada la penuria de la situación, no se puede pedir más a la moral. Feyerabend, un filósofo de la ciencia muy ingenioso, ha señalado cuál es el tema más urgente: «La cuestión de la supervivencia: la supervivencia de la naturaleza y de la humanidad ante la mala administración, la contaminación y la amenaza nuclear. Esto, por lo que a mí se refiere, es el problema más difícil y urgente que existe. Nos concierne a todos: todas las clases, todos los países, todo el ámbito de la naturaleza están afectados por él de la misma manera» (*Adiós a la razón*, Tecnos, Madrid, 1992, p. 16).

Feyerabend defiende un fervoroso relativismo. Los seres humanos están en constante riesgo de colisión y para sobrevivir necesitan unas reglas de tráfico. A su juicio, la moral no debe tener más pretensiones que la de ser un útil código de la circulación. No hay más criterio ético que la eficacia para salvaguardar la vida. Una sociedad sólo necesita normas que se cumplan. Escribe: «Si la ley prohíbe matar –y dicha prohibición sería, como he dicho, una especie de norma de tráfico–, sólo es necesario que se obedezca la ley, *sin preocuparse de las razones por la que se acata.* Se castigaría a los criminales y un fuerte cuerpo de policía garantizaría la observancia de las leyes.»

Cuando preguntamos a Feyerabend cuál sería el contenido de esas leyes, escurre el bulto diciendo que ése no es asunto suyo. «Esa tarea recaería sobre los interesados, que lo definirían siguiendo criterios inventados para enfrentarse a cada situación contingente» (*Diálogo sobre el método*, Cátedra, Madrid, 1990, p. 53).

Cesaría en mi empeño de escribir este libro si pensara que Feyerabend está en lo cierto, pero lo que dice me parece una simpleza. Para empezar, ¿qué significa *sobrevivir?* Mantener la vida, por supuesto. Pero ¿qué vida? La vida humana, supongo. No son ganas de complicar las cosas, pero si al decir *vida humana* queremos decir algo, tendremos que decir lo que entendemos por *humana.* Y esto nos va a llevar más lejos de lo que nuestro autor cree.

La ética de la supervivencia es una fraudulenta ética de mínimos. Habría un solo valor: la vida. Todos los demás problemas serían problemas de medios, y cada cual podría utilizar los que le parecieran mas útiles para ese propósito. Al afirmar que vivir es la única finalidad universalmente justificable, nos movemos en una órbita moral demasiado baja, que ni siquiera asegura su propia permanencia. No se despega del *nivel natural*, y a ese nivel las especies biológicas no son ni buenas ni malas. Los dinosaurios desaparecieron naturalmente, y no podemos culpar a la naturaleza de asesinato. Pero hay más: aunque diéramos por bueno que la especie humana tiene que sobrevivir, de ahí pueden sacarse conclusiones muy distintas. Por ejemplo, Hayek sostiene que en término globales «salimos beneficiados de que *no se trate* a todos con idéntico espíritu de solidaridad». Otros autores han mantenido que la guerra podría ser un bien biológico, mientras que la individualidad personal podría ser un obstáculo. Hubo quien adornó todavía más la tesis y pretendió engalanar el furor bélico. Con tesis metafísicas Max Scheler escribió una obra titulada *El genio de la guerra y la guerra alemana*, en la cual sostenía que la guerra no es una mera expansión de la violencia física, sino una controversia de poderío y voluntad entre personas espirituales colectivas: «Sólo en las guerras», escribe, «adquirimos plena conciencia de esas poderosas personalidades colectivas que llamamos nación. Es en la paz la nación para sus miembros un concepto simbólico más bien que un algo incluido y percibido como existente. En la obra bélica creemos ver y como palpar ese enorme ser espiritual del que somos miembros.»

Hegel ya había hablado de la guerra en un tono escandalosamente elogioso: «La guerra es algo que eleva la esencia moral, como obra de la libertad, y nos cura de la precaria salud en que la molicie nos hace caer.» **(Para compensar, permítame que introduzca un texto de uno de mis filósofos preferidos, René Descartes: «No hay tontería que no haya sido sostenida alguna vez por algún filósofo.» Marta.)**

Las éticas de la supervivencia me parecen perversas por su miopía. Para ponerse a salvo –lo que incluye, claro está, vivir– el hombre ha de tener una vista de lince. No es la vida el valor ético importante, sino el *derecho a la vida.*

2

Esta afirmación merece un comentario porque resume la esencia de la ética. Todo ser vivo procura mantenerse vivo, lo que, en un arrebato de psicología ficción, nos permite decir que si el percebe tuviera un mínimo de expresividad afirmaría que para él la vida es un valor. No creo que el impulso por vivir sea otra cosa que la pura acción vital sin propósitos ni finalidades, y este vivir por vivir le parece al hombre una bobería. No se conforma con vivir, sino que quiere comprender su vida y darle un significado. Esta expresión es curiosa porque presupone que el ser humano tiene frente a sí su vida como algo informe y mostrenco a la espera de recibir un sentido. La vida es un sustantivo en expectativa de adjetivo.

Ya he dicho que el ser humano considera bueno calificarla de *digna.* Esta atribución, que en apariencia es un acto lingüístico trivial, tiene transcendental importancia porque se trata de un hablar performativo, un acto lingüístico que no se limita a comunicar información, sino que instaura una nueva realidad. Así sucede en expresiones como «te prometo que mañana iré», «te presento mis excusas», «te doy este libro». Al mismo tiempo que comunico el hecho, realizo la acción de prometer, excusarme o donar. Lo mismo sucede cuando afirmo: «La vida humana está dotada de dignidad.» No se trata de un juicio sobre lo que existe, sino del propósito explícito de instaurar una realidad. Olvidarlo es una seria equivocación.

La afirmación del orbe de los derechos es constituyente. En cambio, la afirmación de que la vida es un valor es puramente descriptiva, como mucho. La vida es un valor de la órbita cero, de la naturaleza; el derecho a la vida es un valor de la órbita ética. En él se manifiestan dos rasgos distintos: el derecho y la vida. Esta duplicidad presente en un único valor explica que la vida sea el valor radical pero el derecho sea el valor absoluto. Gracias a esta distinción no caemos en una paradoja al decir que la dignidad de la vida puede ser un valor superior a la vida.

Ésta ha sido una idea común a todas las morales. Me referiré a la de los antiguos griegos porque somos herederos suyos. Para aquella animosa cultura el supremo valor no era la vida real de cada hombre sino su vida posible. El ser humano se mueve por su amor propio que no va dirigido a lo que el sujeto es, sino a lo que podría ser cuando, alcanzada la más alta virtud, la *areté* suprema, se «apropiara la belleza». Resulta que para Aristóteles la entrega a un ideal es la prueba de un amor propio enardecido. «Quien se sienta impregnado de la propia estimación preferirá vivir brevemente en el más alto gozo a una existencia en indolente reposo; preferirá vivir un año sólo por un fin noble, que una larga vida por nada. Preferirá cumplir una sola acción grande y magnífica a una serie de pequeñeces insignificantes» (Jaeger, W.: *Paideia: Los ideales de la cultura griega*, FCE, México, 1962, p. 79).

Sorprende la insistencia con que el ser humano se empeña en dar un sentido a su vida buscando algún valor superior a su vida. Se ha esforzado en encontrar esa justificación por variados caminos. Scheler, por ejemplo, reconoció que apelando sólo a valores vitales el ser humano no es gran cosa. Desde ellos, ni siquiera la inteligencia está dotada de valor, porque no es un poder vital, sino un remedio para la debilidad vital, la astucia de un animal enfermo. «Si atribuimos valor al hombre, es porque presuponemos valores independientes de los valores vitales, que son los de lo *sagrado* y los *valores espirituales*» (*Der Formalismos in der Ethik und die materiale Wertethlk*, p. 298). En su ética de la superviviencia, Hans Jonas da un paso más y apela directamente a Dios. Niega que se pueda probar que la humanidad no tenga derecho al suicidio. El derecho incondicional de la humanidad a existir sólo puede justificarse apelando a la religión, porque sólo podría fundarse en «el derecho del Creador frente a su criatura, a la que junto con su existencia le habría confiado la continuación de su obra» (*Das Prinzip Verantwortung, Versuch einer Ethik für die technische Zivilisation*, Insel, Frankfurt, 1979, p. 86).

Sólo me interesa destacar la insuficiencia de los valores puramente vitales. La protección de la vida no asegura una vida digna, porque ante cualquier amenaza prevalecerá la defensa de la vida sobre la defensa de la dignidad. Es un instinto de suicidio ético, fácil de detectar en el ser humano. Defender a ultranza la vida puede exigir asesinar la vida digna. Todos los luchadores por la libertad y los derechos han tenido que zafarse de este impulso tanático, y de su generosidad vivimos todos.

La ética de la superviviencia ha de ser superada por una *ética de la dignidad*, en la que encuentra su fundamentación. No se trata de mirar atrás para fundar los derechos. La justificación viene del futuro. El nivel ético ha de *inventar posibilidades*, porque el anhelo inteligente que impulsa al hombre no le deja descansar en lo dado, ni contentarse con el claroscuro de su pasado. Todo eso ha de ser tenido en cuenta, pero no es nuestra prisión ni nuestro reino. Nos alejaremos de ello como del puerto del que partimos o de la pista de la que despegamos. Conocer nuestras propiedades reales no es suficiente porque no somos realidades clausuradas. Me parecen cicateras y falsas todas las quejas acerca de la naturaleza humana. No hay que ser un águila para saber hasta qué extremos de perversidad y bajeza puede llegar el hombre; basta pensar que la crueldad, el desamor y la tortura son creaciones humanas, inventadas por inteligencias fracasadas. Pero no somos planetas, ni árboles, ni máquinas que se rijan por leyes inflexibles, sino seres dotados de una libertad limitada, vulnerable, frágil, pero cierta. Lo que ha sucedido hasta ahora no determina lo que va a suceder mañana. Cada momento traerá su cosecha de novedades. La historia de la humanidad podría no ser mas que un amontonamiento de crímenes y bellaquerías y aun así, admitida la libertad humana, podríamos suponer que en el futuro las cosas tal vez marchen de otra manera. En este sentido, todas las ciencias son paleontología. Se ocupan de lo viejísimo. Sólo la ética se ocupa de lo futuro, y por lo tanto de la irrealidad, que hemos de convertir en luz o en tinieblas.

A la pregunta ¿Pero qué derechos?, es preciso contestar: El derecho a la vida. Esta expresión es inacabable. Tendríamos que escribirla: el derecho a la vida con derecho a la vida con derecho a la vida... y no terminar nunca.

3

La afirmación casi tautológica del *derecho a una vida con derecho a la vida* permite ampliar la respuesta a la pregunta con que empieza este capítulo. La vida capaz de recibir, inventar y reconocer derechos ha de ser inteligente y libre, es decir, creadora. La especie humana instaura una novedad radical, al añadir a la legalidad natural que rige esa estampida de constelaciones que es el universo la legalidad propiamente suya: los derechos.

La afirmación de un derecho implica el derecho a todo lo presupuesto por él. No se puede pretender la flor sin querer la semilla. La inteligencia y la libertad no crecen en el vacío. No son flatos de una voz pretenciosa, ni fantasmas, ni valores ideales. Son espléndidas construcciones reales que necesitan materiales sólidos: la convivencia, la información, los bienes materiales imprescindibles, una cierta estabilidad. Son construcciones individuales que necesitan ser amparadas por derechos individuales, como ha recordado Dworkin (*Los derechos en serio*, Ariel, Barcelona, 1989).

Vida, derecho a la vida, derecho a una vida inteligentemente libre: la búsqueda de la dicha nos somete a un dinamismo expansivo interminable, espoleador, en el que unos derechos fundan los derechos siguientes, que a su vez explican a los anteriores. Éste es el vaivén de la lanzadera creadora. Los náufragos de Golding harán bien en tener grandes sueños, pero soñarlos despiertos.

Del derecho a la vida inteligente y libre va a derivarse otra serie de derechos que resumiré en un complejo *derecho a buscar la felicidad personal mediante la racionalidad poética.* Gracias a él, el ser humano queda situado en campo abierto, obligado a inventar y a razonar, mantenido por una realidad que no le basta y por una posibilidad que aún no posee. Centauro de sentimiento y razón, de realidad y deseo, de pasado y futuro, rico y menesteroso –como el amor, que era hijo de Penia y Poros, de la pobreza y la abundancia–, el hombre va a tener que aprender a jugar sus contradictorias cartas. Está ante su propia vida con el mismo poderío y la misma turbación con que el escritor se enfrenta a la hoja en blanco. La racionalidad poética se perfila como supremo avatar de la inteligencia. **(Supongo que antes de pedir a los pobres seres humanos que afirmen y reconozcan este derecho tan complicado, nos dará un cursillo para que lo entendamos, ¿no? Marta. / Sigue usted siendo una precipitada, amiga mía. Autor.)**

El uso de la inteligencia nos impone buscar la claridad común. Sólo puede construirse la benefactora cúpula de los derechos utilizando las cimbras y andamiajes de la razón. Pero sólo la valentía del inventar, esa actitud reduplicativamente creadora que he llamado poética, se arriesga a elevar más y más el vuelo de la dignidad humana. Siempre me he sentido fascinado por la razón poética que alumbra el existir interminable de hermosas verdades o de bellos proyectos. Sin la razón, la altanería poética cae en una fantasiosa utopía. Sin la generosidad poética, la razón se ahoga en la ramplonería de lo trivial. Juntas son capaces de seducirnos desde una *eutopia* inteligente y lúcida. No se trata de empeñarse en lo que no tiene lugar, sino de construir el buen lugar donde vivir. Desacostumbrarse de lo cotidiano y no compadrear con nuestra debilidad, eso es lo importante.

«El hombre obra de acuerdo con su propia naturaleza,

cuando entiende», dijo Spinoza hace siglos. Usar racionalmente la inteligencia supone dar explicaciones y recibirlas. Comprender, aclarar y, sobre todo, atenerse a razones, sean propias o extrañas. Enrocarse en la propia evidencia se convierte así en una regresión. La fortaleza de la inteligencia le exige rendirse a la evidencia, si hace falta. Así alcanza su victoria incluso en las derrotas aparentes. Paradójico sino.

Es aquí, y no antes, donde tienen su lugar las éticas dialógicas tan activas en la actualidad. Afirman que quien quiere argumentar o incluso quien ejecuta cualquier acción comunicativa, acepta implícitamente cuatro pretensiones de validez: la verdad de las proposiciones, la corrección del comportamiento, la veracidad del sujeto y, por supuesto, la inteligibilidad. Sin admitirlas no valdría la pena ni siquiera abrir la boca. ¿Para qué hacerlo, si el lenguaje fuera ininteligible? Tampoco podríamos convivir si no creyéramos que los demás hombres iban a mantener una coherencia en su comportamiento y una veracidad en su habla. Ya sabemos que los seres humanos no son íntegros ni veraces, pero esas transgresiones sólo son posibles porque lo que esperamos es otra cosa.

Apel, Habermas y sus discípulos pretenden fundar la ética sobre estas condiciones imprescindibles para la comunicación. No he utilizado sus ideas en primera línea de mi argumentación porque creo que sólo adquieren fuerza cuando el orbe de los derechos está ya justificado. No hay que esperar mucho de la argumentación ni del diálogo sin una previa elección de la órbita de la dignidad. No es la razón la encargada de fundamentar esa decisión. Al contrario, el derecho a una vida digna propone el uso racional de la inteligencia como el modo más adecuado de conseguir y desplegar la dignidad.

4

Las éticas del diálogo forman parte de las llamadas, sin gran eufonía, *éticas procedimentales*. Sus defensores creen que el contenido de las normas o de los derechos escapa a toda fundamentación directa. Nuestra capacidad argumentadora no puede descubrir lo que es justo, sino sólo los procedimientos para decidir lo que es justo. A mí, que vengo de la teoría de la inteligencia, tienen que recordarme forzosamente los sistemas procedimentales con que trabajan las ciencias de la computación. Emplean la estructura *If-then*. *Si* A, *entonces* B. En ética, este esquema se complica un poco pero permanece constante. *Si* un sujeto es imparcial, posee la información necesaria, comprende las situaciones y reflexiona con paciente rigor, *entonces* lo que piensa es verosímilmente justo.

David Hume y Adam Smith, que eran dos águilas, habían defendido ya algo semejante, llamándolo «el espectador imparcial». Una versión posterior fue ofrecida por Richard Brandt con el nombre de «el observador ideal». Javier Muguerza ha prolongado la tradición con su «preferidor racional». La estructura es la misma. *Si* un espectador imparcial, observador ideal, preferidor racional, es decir, un ser imparcial, informado, libre y de carácter normal **(y, además, moralísimo. Marta)** aprobase moralmente X, *entonces* X es justo. Últimamente, Rawls ha complicado un poco la cláusula *If* con lo que llama «posición original». Se trata de una hábil dramatización de la actitud imparcial. Suponga el lector que tiene que decidir sobre la conveniencia de las dictaduras, sin saber si va a ser tirano o tiranizado, ignorando si el dictador será duro o blando, angélico o diabólico, y sin desear, por envidia o rencor, que los demás sufran aunque también al lector le toque sufrir. Esta hipotética situación de imparcialidad por desconocimiento hará que el lector procure dar un dictamen correcto del que previsiblemente se siga la menor cantidad de males.

Estas éticas me recuerdan una vieja afirmación de Aristóteles: «Bueno es lo que las personas buenas juzgan como tal.» O dicho en forma condicional: «Si una persona buena evalúa una norma positivamente, esa norma es buena.» De hecho, en la primera formulación de su teoría Rawls decía que «justo es lo que consideran tal unos jueces expertos». Es difícil salvarse de caer en un círculo vicioso, porque si los jueces expertos definen lo justo, ¿cómo podemos saber que un juez es experto? La ética dialógica es procedimental a su manera. Desconfía de las dramatizaciones hipotéticas. No le basta que un sujeto se coloque hipotéticamente en el lugar de todos los demás: quiere traer a los demás al foro. O jugamos todos o la pelota se deshincha ella sola. Dicen que no hay una razón solitaria. El monólogo es siempre irracional, o al menos insuficientemente racional. La fetén de la razón es el diálogo real. Apel y Habermas consideran que todos los afectados por una norma son *dignos* y necesarios para asegurar el consenso, y que sólo el consenso garantiza la validez de una propuesta. Si todos los miembros afectados por una norma dicen que es válida, la norma es válida. Soy más escéptico, porque creo que hay consensos que matan, pero ahora estoy exponiendo opiniones ajenas.

No creo ser cicatero con estas éticas cuando las retiro de la primera línea de argumentación. Los procedimientos son eficaces cuando se cumple el antecedente, la condición, y éste es el elemento por el que pasan a la carrera. Tanto interés tienen en demostrar que juegan limpio, que antes de presentar el procedimiento se arremangan como los buenos prestidigitadores y dicen «nada por aquí, nada por acá». Los procedimientos van a actuar con una limpieza inmejorable.

Sin embargo, al mirarlos de cerca se ve que dan por supuestas muchas cosas, antes de poner a trabajar los procedimientos. Rawls no lo oculta, pues repite en muchos lugares que la noción de persona determina todo el contenido de una teoría moral. «Las concepciones morales ven a las personas de manera distinta y estiman aspectos diferentes de su naturaleza.» De entrada supone que los seres humanos poseen dos poderes morales: «El primer poder es la capacidad para un efectivo sentido de la justicia, esto es, la capacidad para entender, aplicar y actuar desde (y no meramente en concordancia con) los principios de justicia. El segundo poder moral es la capacidad para formar, revisar y perseguir racionalmente una concepción del bien» (*Justicia como equidad,* Tecnos, Madrid, 1986).

Me da la impresión de que Rawls escribe para un público previamente convencido de que las personas son iguales, libres y capaces de ser racionales y razonables. Para que el sistema funcione tiene que admitir un «sentido de la justicia» y exigir que el sujeto racional «no se deje llevar de la envidia». Son demasiados supuestos.

Rawls comienza a edificar su teoría de la justicia por el segundo piso, por lo menos. Lo mismo pienso de otros serios intentos de fundamentación de la ética, como el de Apel, quien tiene que pedir a los dialogantes que «piensen seriamente», y no se dejen arrastrar por una cómoda razón estratégica. O sea, exige que no vayan racionalmente a lo suyo. Aún tengo que hacer otra crítica a estas éticas, pero lo haré al contar al lector un problema que surgió en la bahía de Batabanó.

5

De Kant sólo le interesaba a María Eugenia su cosmopolitismo, que ella aspiraba a llevar de la teoría a la práctica. Quería universalizar su amor, paseándolo por todas las capitales de la vieja e iluminada Europa. Su corazón aceptaba complacido, junto a don Nepomuceno, su ingenio azucarero llamado «La Raíz del Mar», y lo aceptaba con todas sus implicaciones semánticas. *Raíz*, sí: estabilidad, hondura, lentitud, fijeza; pero también *del mar*: navegación, aventura, velocidad y lejanía. Aspiraba a un casero amor cosmopolita, que es el no va más de la utopía. Ante tan grande diseño no había que pararse en barras. Ni en barras ni en estrellas, ni en círculos, ni en nada. María Eugenia era un talento prolífico. Quien no sepa de agricultura sin duda desconocerá que las semillas más productivas son las que proceden de climas duros, porque al ser sembradas luego en otros suaves caen en una orgía genesíaca altamente fecunda. La inteligencia de María Eugenia era un caso de libro. Criada en la extremada dureza de Extremadura, su inteligencia, trasplantada al trópico generoso, había cumplido todas las leyes de la genética y de la agrotecnia, y producía ocurrencias sin término. María Eugenia era un caso anticipado de razón estratégica: iba a lo suyo razonando eficacísimamente. Incluso don Nepomuceno Carlos de Cárdenas, que la veía llegar antes de que ella se hubiera levantado, se sorprendió al oírla decir:

–Que digo, tío, que por qué no deja que sus esclavos decidan. Los reúne, les explica lo que piensa y que ellos hablen, discutan y a ver qué sale. Eso sería tratarlos como seres racionales, o sea como franceses.

Dicho y hecho. Don Nepomuceno, desde la llegada de la Razón, el Progreso y María Eugenia, tenía bastante tiempo libre porque había dejado de coquetear –si se me permite el eufemismo– con sus esclavas, y espaciado sus viajes a La Habana para discutir con su pariente, el obispo Juan José Díaz de Espada y Fernández de Landa, un arrebatado personaje ilustrado, y tal vez masón. Así que habló con Nicolás Butamba, que estaba al cabo del asunto por la propia boca de María Eugenia, y reunió a todos sus esclavos en la explanada, frente a la solana del oeste, la del sol poniente. A don Nepomuceno le podía el simbolismo y quiso asegurarse de que aquella asamblea simbolizaba el ocaso de la esclavitud.

Su exposición fue larga. Duró tres días, con las pausas que la fisiología exigió. La elocuencia de don Nepomuceno tenía el discurrir amplio y lento de los ríos gigantes que había visto en Brasil, durante su expedición. A su derecha y un poco retrasada, María Eugenia le escuchaba meciendo indolentemente su impaciencia.

Otros tres días duraron las discusiones. Al final, don Nepomuceno les hizo votar. Los que quisieran la libertad pondrían, en un cántaro convertido en urna, un grano moreno de café, y los que no quisieran la libertad, un dorado grano de maíz. El resultado no ofreció dudas. Solo el grano de café de don Nepomuceno destacaba en aquella menuda calderilla de oro. María Eugenia ocultó su alegría bajo la solemnidad al decir:

–Tío, ahora es usted el primer dueño de esclavos por sufragio universal.

La paradoja de esta situación muestra las limitaciones del consenso. Recuerde el lector lo que le dije acerca de los *niveles de evidencia* y se dará cuenta de que los consensos pueden darse en órbitas bajísimas. El consenso respecto de la movilidad del sol ha sido absoluto durante milenios. También lo ha sido el consenso sobre la carencia de derechos del niño, y muchos otros. Los hombres han estado mayoritariamente de acuerdo en colosales disparates. El simple acuerdo no garantiza la validez de lo acordado. Hace siglos que Francisco de Vitoria planteó el problema, al hablar de los sacrificios humanos en México: «No es obstáculo el que todos los indios consientan en esto, y que no quieran en esto ser defendidos por los españoles. Pues no son en esto dueños de sí mismos ni tienen derecho a entregarse a sí mismos y a sus hijos a la muerte.» Los consensos puramente fácticos no bastan para legitimar nada. Hay que atender a dos parámetros a la vez. Horizontalmente, el acuerdo debe ser lo mas completo posible; en la vertical, es preciso atender al nivel en que se da el acuerdo.

La *actitud poética* se encarga de proyectar niveles cada vez más altos. Recoge el impulso creador, la irrequietud del deseo de felicidad, la génesis incansable de nuevos valores y nuevos derechos. Una vez más, la ética nos impone una decidida torsión de la mirada. El pasado, las morales históricas, la naturaleza, nos sirven tan sólo para aprender la manera de crear el futuro. La ética estudia, ante todo, la invención del porvenir. La metáfora existencialista –«estamos arrojados al mundo»– no me parece expresiva: estamos lanzados a la temporalidad futura y nuestra mejor manera de salir del paso es siempre ir varios pasos por delante de nosotros mismos. Ya lo sabe el lector: *a là Münchhausen.*

6

A la pregunta ¿Qué derechos?, creo que se puede responder: Tres derechos constituyentes, de los que se derivarán todos los demás:

Derecho a la vida digna, lo que implica la afirmación universal de la persona como poseedora de derechos.

Derecho a la vida inteligentemente libre, con sus exigencias de libertad de la ignorancia, libertad del miedo y libertad de la miseria.

Derecho a buscar la felicidad personal mediante la racionalidad poética, que incluye la fundamentación racional y el vuelo creador. Sobre ambos focos se construye la elipse de la órbita ética. La racionalidad nos exige tener en cuenta toda la información, todos los argumentos, todas las evidencias pertinentes, sea cual sea su procedencia, para dar base firme al dinamismo inventivo. No creo que el diálogo sea imprescindible para el momento creador. De hecho, los grandes inventores éticos han sido personas aisladas o grupos minoritarios. El diálogo es necesario, en cambio, en el nivel auténticamente constituyente. Situados ya en la órbita ética, los participantes, que antes o después han de ser todos, se comprometen a varias normas de procedimiento, exigidas por los derechos que ya han admitido, y que servirán para ampliarlos. Podrían resumirse en el pentálogo siguiente: Primero: escuchar a los demás y comprender sus argumentos. Segundo: exponer los propios argumentos. Tercero: aceptar la evidencia más fuerte. Cuarto: proseguir el diálogo hasta que se haya conseguido un acuerdo. Quinto: aceptar el acuerdo, promulgado por él, y vinculante.

NOTAS, COMENTARIOS Y OTRAS COSAS MÁS

M: Antes de hacer el resumen quiero preguntarle algo que me está rondando desde el principio. ¿Para qué me hace hacer estos resúmenes?

A: Se trata de una técnica de pensar que aprendí de Descartes. Descartes se dio cuenta de que todo argumento se desenvuelve en el tiempo, pero sólo es demostrativo si se capta como una unidad. Él lo resolvió acostumbrándose a recorrer, por un movimiento mental continuo y cada vez más acelerado, las diversas etapas del razonamiento, «hasta qué he aprendido a pasar del principio al final con la suficiente rapidez para dejar poco trabajo a la memoria y tener la intuición de todo a la vez». Gaston Bachelard convirtió esta sugerencia en un excelente precepto pedagógico: pensar lentamente y repensar con celeridad. Si le convence mi explicación, puede pasar a su resumen.

M: Usted defiende que hay al menos tres derechos fundamentales o constituyentes. Dentro del mundo ético jugarían el mismo papel que en el plano político representa la Constitución. Definirían el campo de juego y las reglas para jugar. Ha vuelto a repetir que los derechos no son un repertorio ya cerrado, sino que la creación ética consiste en inventar nuevos derechos. ¿Qué opina usted de los derechos animales, por ejemplo?

A: Ya se que algunos autores los admiten. Peter Singer ha titulado uno de sus libros *Animal Liberation: A New Ethics for Our Treatment of Animal* (Random House, Nueva York,

1975). Las razones que aducen no me parecen válidas. Es cierto que los animales sienten dolor, pero de ese hecho no se deriva derecho alguno. Los animales no son capaces de inventar ninguna estructura de poderes simbólicos, que es en lo que consiste el derecho. El hombre puede hacerlo, y creo que debe incluir bajo ese paraguas protector a los animales, pero no se trata con ello de conferirles derechos, sino de mostrar que el cuidado hacia los seres vivos es beneficioso para mantener la órbita ética. Aunque sólo sea porque en la afirmación del derecho a la vida humana está implícito el odio hacia el dolor y la muerte, todo lo que refuerce este sentimiento juega a favor de nuestra dignidad. En estricto sentido, no podemos decir que el pájaro tenga derecho a no ser martirizado. Lo que tenemos que decir es que el hombre tiene el deber de no martirizar, porque martirizar significa disfrutar con el dolor, lo que supone una inversión de la evidencia fruitiva que altera todos los criterios. Una sentimentalidad hasta tal punto alterada constituye un quiste dentro de la estructura personal cuya morbosidad desconocemos.

M: Me sigue pareciendo que separa peligrosamente la noción de derecho y la noción de naturaleza. ¿No queda el orbe de los derechos a merced de la voluntad humana?

A: Sí, pero no se trata de una voluntad caprichosa o arbitraria. De ahí la importancia de apelar a la razón. Los que afirman que pueden encontrar valores morales o deberes en la realidad no mencionan un paso previo: una autoridad moral tendría que haber introducido las valoraciones en la naturaleza. Tradicionalmente, se ha hablado de dos poderes éticos que podrían realizar esa función: Dios y el hombre. Por esta razón, es lógico que algunas religiones consideren que la legalidad de la naturaleza impone su dirección a la legalidad moral. Lo que mantengo en este libro no colisiona con esas afirmaciones, ya que, para el hombre, la legalidad natural es el dinamismo que rige la inteligencia y nos impone una búsqueda incesante de evidencias cada vez más amplias y mejor corroboradas. No detener nunca esa búsqueda es un claro mandato derivado de nuestra dignidad. La racionalidad creadora no debe darse nunca por satisfecha: tenemos que conocer mejor lo que nos rodea, plantear los problemas con mayor agudeza e intentar resolverlos con todo nuestro talento, inventar nuevos derechos en que reconozcamos el despliegue de nuestra dignidad.

M: Usted sabe que en nuestra cultura se ha considerado que la ética se fundaba en la religión. Por ejemplo, Aranguren en su *Ética* insiste en que «el hombre está inserto en un orden que ni siquiera le es dado entrever. Sólo la religión puede decirnos algo sobre él». «Igual que la felicidad, también la elevación de los sentimientos, solamente en parte depende de nosotros. No podemos *esperar, creer* o *amar* a nuestro arbitrio y esto aun en el plano puramente natural. La teoría cristiana de las *virtudes infusas* se levanta sobre una experiencia estrictamente natural: la de que no todas las virtudes están siempre a nuestro alcance. De nuevo se manifiesta aquí la necesaria abertura de la moral a la religión» (p. 127). Más adelante lo dice con mayor énfasis: «Sabemos que estamos puestos en las manos de Dios» (p. 284).

A: La apertura fundamental es la de la inteligencia. Al expandirse en busca de evidencias amplias y fuertes aparecerá, sin duda, el tema de Dios. Tal como veo las cosas, es la creación de la órbita ética lo que justifica el uso racional de la inteligencia, y nos impone como derecho y como deber la búsqueda incesante de modos de conocer y de vivir. La responsabilidad del hombre consiste en no pararse nunca. Nuestra naturaleza está definida por la inteligencia. Vivir de acuerdo con la naturaleza es vivir de acuerdo con la inteligencia.

M: Usted habla mucho de derechos. No quiero hacer un juego de palabras pero me parece que los derechos debe estudiarlos el Derecho y no la ética. ¿No nos habremos equivocado de asignatura?

A: No. La última fundamentación del derecho es extrajurídica: es ética. Tanto el Derecho como la moral cumplen la función de reducir los conflictos entre los individuos y facilitar la cooperación social. Pero el Derecho se distingue de otros sistemas normativos porque utiliza la *autoridad institucional* y la *coacción*. El Estado dispone prácticamente del monopolio de la fuerza y la emplea de dos modos sustancialmente distintos. En primer lugar, como amenaza para conseguir que la gente desista de ciertos comportamientos. Su propósito es convencer de que cumplir la ley es más sensato que violarla. En segundo lugar, como servicio a los derechos particulares. Se pone a disposición de los ciudadanos para que puedan hacer valer sus derechos frente a otros ciudadanos. Ayuda, por ejemplo, a que se ejecuten los contratos. Ahora bien, los límites del Derecho no los puede poner el propio Derecho. Tampoco la autoridad institucional puede determinar sus poderes. El modo como se legitiman la autoridad, sus funciones y el campo normativo sujeto a coacción debe decidirlos la ética. Si quiere conocer el estado actual de la investigación sobre estos temas puede leer el libro de Carlos S. Nino titulado *Ética y derechos humanos* (Ariel, Barcelona, 1988). También le serán muy útiles varios estudios de Ernesto Garzón Valdés incluidos en su obra *Derecho, Ética y Política* (Centro de Estudios Constitucionales, Madrid, 1993).

M: Con esta distinción entre los derechos que proceden de la ética y los que constituyen el Derecho, el concepto de justicia queda muy ambiguo.

A: Siempre ha sido una palabra polisémica. «Justicia» significa: un modo de obrar que da a cada uno lo que le corresponde, la institución que vela para que se cumpla la ley y la virtud que inclina a comportarse justamente. La acepción fundamental es la primera: dar a cada uno lo suyo. Ya he comentado que el problema surge al definir *lo suyo*. ¿En qué consiste? ¿Quién lo determina? Sólo hablaré de las dos opciones que nos importan aquí: lo que corresponde a cada caso y persona lo determina la moral o lo determina el Derecho. Ocurre que ambas instancias pueden enfrentarse, y por eso podemos decir que un acto es legal pero injusto. Legal quiere decir de acuerdo a las leyes, injusto quiere decir contrario a las normas morales.

M: Pero esa subordinación del Derecho a la ética no es universalmente aceptada, creo.

A: En efecto, la discusión sobre si existe o no un vínculo entre Derecho y moral ha ocupado a los filósofos y juristas durante siglos. Hay una controversia viejísima entre los iusnaturalistas y los positivistas jurídicos. Aquéllos dicen que sí y éstos dicen que no. Parece difícil admitir que un sistema jurídico es autónomo y autosuficiente, porque hacerlo nos mete en serios embrollos. Carlos Santiago Nino ha mencionado tres ejemplos de estas controversias internas que desbordan el discurso jurídico. En la Argentina, como en muchos otros países, se debate si debe prevalecer la Constitución sobre los tratados internacionales o los tratados internacionales sobre la Constitución, o si ambos tienen validez independiente. Lo curioso de la controversia es que las dos posiciones son completamente circulares, porque quienes defienden la prioridad de la Constitución se apoyan en la misma Constitución, y quienes defienden la prelación de las convenciones internacionales se apoyan en una convención internacional.

M: De donde usted saca la consecuencia de que tienen que apelar a principios éticos.

A: Dejémoslo por ahora en la necesidad de recurrir a principios extrajurídicos. El segundo ejemplo que pone Nino se presenta cuando hay una interrupción del orden constitucional. ¿Qué validez tienen las normas que dictan los que usurpan el poder constitucional, mientras dura la dictadura, o después, cuando se restablece el orden democrático? La forma de salir de esta dificultad tiene necesariamente que derivar de valoraciones extrajurídicas como es la legitimidad de las autoridades supremas del orden jurídico. Las leyes dictadas por un régimen de fuerza funcionan, sin duda, como Derecho, pero no son válidas. Es interesante el caso de la Constitución alemana, que recoge en un artículo el derecho de todos los ciudadanos a rebelarse contra los que pretendieran colocarse por encima de la Constitución.

M: ¿No están por encima de la Constitución los tribunales constitucionales?

A: Ése es un tema muy debatido en otros países y Nino lo cita como ejemplo de problemas de orden jurídico irresolubles dentro del marco jurídico: «Se necesita acudir a consideraciones valorativas sobre los fundamentos de la Democracia y el reconocimiento de derechos fundamentales que no pueden estar determinados por las normas jurídicas que integran el sistema» (*Derecho, Moral y Política*, Ariel, Barcelona, 1994, p. 71).

M: Pero usted da por supuesta la posibilidad de encontrar derechos universalmente válidos.

A: Ya sabe usted, Marta, que yo no creo que podamos perforar en ningún sitio con la esperanza de encontrar un yacimiento de derechos. El ser humano tiene sus propiedades reales, un repertorio de necesidades de distinta jerarquía y situaciones conflictivas previsibles, como son la escasez de recursos para satisfacer todos los intereses humanos, la necesidad que tenemos de convivir y, al parecer, las dificultades para hacerlo. Sentimos continuamente llamadas contradictorias. Deseamos la estabilidad y el cambio, la soledad y la compañía, la libertad y la sumisión, la benevolencia y la agresividad. En lo que tenemos que ponernos de acuerdo no es en los derechos que tenemos, sino en los derechos que sería bueno tener. A pesar de sus grandes diferencias, una parte de autores contemporáneos tienen un rasgo común que podríamos llamar *constructivismo ético*. Por ejemplo, Ackerman, Apel, Baier, Frankena, Gewirth, Hare, Habermas, Hare, Nagel, Rawls, Warnock, etcétera.

M: Recientemente he leído un estudio de un autor que usted ha citado, Garzón Valdés, con un título muy sugerente: «Las instituciones suicidas» (*Isegoría*, 9, abril de 1994). No se si sabré resumírselo. Las dos instituciones suicidas son la Democracia y el Mercado. Pone como ejemplo la posibilidad de eliminación democrática de la Democracia. Menciona el caso de la República de Weimar y el nazismo, y también el grave problema de las minorías en los regímenes parlamentarios. Apelar a un aumento de racionalidad no resuelve los problemas, porque «cuanto más racional sea la gente, tanto más tenderá a comportamientos parasitarios y, desde luego, a conservar y aumentar su posición de poder». Su conclusión es que la única manera de librar a estas importantes instituciones de su tendencia suicida es someterlas permanentemente a evaluación ética.

A: Creo que tiene razón. De ahí proviene la impotencia de un consenso fáctico para asegurar la legitimidad de una norma.

M: ¿No le importaría explicarme lo que entiende por consenso fáctico?

A: El consenso alcanzado realmente. Por ejemplo, según Luhman, cada sistema político instituye sus propios fundamentos de legitimidad o legitimación a través de un sistema específico para la adopción de sus normas y decisiones. La aceptación rutinaria de los resultados obtenidos por este procedimiento es condición necesaria y suficiente para la legitimación. Las motivaciones no importan. La racionalidad queda marginada (*Legitimation durch Verfahren*, Darmsdadt/Neuwied, 1970).

M: Eso quiere decir que el sistema se lo guisa y se lo come, y perdóneme la expresión.

A: Lo mismo me parece a mí. Habermas parte también del consenso fáctico, pero va un poco más allá. «La imposición duradera de una norma», escribe, «depende de que en un contexto dado puedan movilizarse razones suficientes para que en el círculo de sus destinatarios su pretensión de validez pueda presentarse, al menos, como justificada.» Habermas es consciente de que los consensos pueden ser imperfectos e incluso racionalmente deficientes, lo que le lleva a distinguir entre la situación de hecho y la situación ideal. Sólo en una situación ideal de comunicación, en la que todos los dialogantes alcanzaran la plenitud de su racionalidad, podrían resultar equivalentes el consenso y la legitimidad.

M: Pero en ese caso hay un criterio superior al consenso: el que sirve para distinguir un consenso ideal de un consenso meramente fáctico.

A: Otra vez tengo que darle la razón. No puede hablarse de racionalidad sin enunciar algunos criterios objetivos de racionalidad. Las proposiciones racionalmente justificadas guardan una esencial relación con el consenso. Pero hay que saber dónde situar el consenso dentro de ese proceso de justificación. Si lo coloca al principio, lo convierte en fundamento. Si lo coloca después, lo formula como consecuencia. No creo que la verdad o la bondad de una proposición dependan del consenso, sino que acabarán suscitando el consenso.

M: No me parece que las éticas del diálogo sean tan modernas. Atienda a este texto de fray Bartolomé de las Casas: «En asuntos que han de beneficiar o perjudicar a todos, es preciso actuar de acuerdo con el consentimiento general. Por esta razón, en toda clase de negocios públicos se ha de pedir el consentimiento de todos los hombres. Habría pues que citar a todo el pueblo para recabar su consentimiento» (*De regia potestate o derecho de autodeterminación*, ed. L. Pereña, Madrid, 1969, p. 35).

A: Es verdad, pero los juristas españoles tropezaron enseguida con la posibilidad de que el consenso estuviera equivocado. El texto de Francisco de Vitoria que he citado es una prueba. Tal vez esta dificultad suscitara su interés por el derecho internacional. El acuerdo ha de ser universal. Es notable que tres siglos antes de la aldea global, escribiera lo siguiente: «El derecho de gentes no sólo tiene fuerzas por el pacto y convenio de los hombres, sino que tiene verdadera fuerza de ley. Y es que el orbe todo, que en cierta manera forma una república, tiene poder de dar leyes justas y a todos convenientes como son las del derecho de gentes.» Todo esto sigue vigente.

M: Respecto del capítulo de turno, tengo que hacerle un reproche, que es el mismo de siempre: al hablar de consenso, contratos, pactos o lo que sea, olvida los elementos sentimentales. Usted habla de una ética para el futuro, que recoja de las morales históricas sus creaciones válidas, y las universalice en un acuerdo explícito. Sin duda alguna que la razón puede lograrlo, pero no creo que lo consiga sin el fortalecimiento de los sentimientos que nos unen. Cada vez veo más claro lo que Hume vio con claridad: la razón debe trabajar para el sentimiento. Para los buenos sentimientos, por supuesto. Si está de acuerdo, me gustaría que lo remachara todo lo posible. Supondría un notable cambio en los sistemas educativos.

A: La *racionalidad poética* unifica ambas cosas. La actitud poética, que incluye los sentimientos creadores del orbe de la dignidad, funciona en el momento inventivo de la ética. Bergson ya advirtió que toda gran creación procede de la aparición de una emoción nueva. Sin embargo, en ética, como en ciencia, o como en arte, al momento inventivo sigue el momento evaluativo. Entonces entran en juego los criterios de evidencia y las habilidades de la razón. Necesitamos inventar y seleccionar. Hacer hipótesis y corroborarlas. Le doy la razón al quejarse del grave descuido en que ha caído la educación sentimental. Es urgente reintegrar los afectos en una teoría de la inteligencia.

M: Siento curiosidad por el obispo Díaz de Espada. ¿Existió realmente?

A: Desde luego. Fue obispo de La Habana, abolicionista, ilustrado, y muy preocupado por la educación y la sanidad de su grey. Escribió una apasionada carta pastoral para que los feligreses perdieran el miedo a la vacuna contra la viruela. A sus expensas enviaba todos los años a «un facultativo con el fluido vacuno» a las parroquias lejanas, y sólo confirmaba a los niños que se habían vacunado. Conozco estos datos por una biografía escrita por César García Pons: *El obispo Espada* (Ministerio de Educación de La Habana, 1951). Es un interesante ejemplo de racionalismo caribeño.

M: Me gustaría someter el contenido de este capítulo a los criterios de evidencia. Al fin y al cabo, fue usted quien los propuso. ¿Es suficientemente fuerte la evidencia a favor de esos tres derechos constituyentes?

A: Creo que sí. En primer lugar, son ratificados por la experiencia sentimental. El deseo de vivir con derechos, libremente y pudiendo buscar la propia felicidad mediante la racionalidad poética es universal.

M: Estoy de acuerdo si habla sólo de los derechos, pero si incluye los deberes asociados y hace un balance, ya no lo veo tan claro. Mucha gente preferiría, posiblemente, un régimen menos poético, menos racional y más automáticamente eficaz. Y, sobre todo, sin deberes.

A: Cualquiera de esos espejismos puede desvanecerse tomando en consideración la experiencia. La irracionalidad conduce a la violencia, y en el caso del ser humano, que es un ser embrionariamente libre al menos, el automatismo sólo se consigue mediante la coacción externa, la degradación o el bloqueo del desarrollo. Todas esas alternativas son malas.

M: Hay personas que no creen que vivir sea un valor. Por ejemplo, los suicidas.

A: Ninguno de ellos pondría objeción alguna a una vida feliz. Su protesta no va contra la vida, sino contra la angustia y el sufrimiento.

M: Pasemos al criterio transcendental.

A: Ya sabe que hay que aceptar que algo es real, verdadero o valioso, según los casos, si es condición indispensable de un hecho o un valor. Los *derechos constituyentes* son presupuestos necesarios para la realización del *modelo de dignidad* que defendí en el capítulo IV. No tiene sentido hablar de un *ser humano con derechos* si se le priva del derecho a la vida, a la libertad inteligente. Defender la *racionalidad poética* como derecho fundamental es más discutible, y por eso lo he discutido con más detenimiento en capítulos anteriores.

M: Creo que el tercer derecho constituyente tiene dos partes independientes. El *derecho a buscar la propia felicidad* es constituyente, mientras que el derecho de hacerlo mediante la *racionalidad poética* es una tesis suya. Alguien puede pensar que basta la razón a secas, la poesía a secas, o la obediencia religiosa, o vaya usted a saber qué.

A: No estoy de acuerdo con usted, Marta. No se puede hablar de *derecho a buscar la propia felicidad* sin añadir alguna restricción. Aunque sólo sea añadiendo: «mientras no atente contra los derechos anteriores».

M: Me encanta esto de examinarle. ¿Qué tiene que decirme sobre el tercer criterio: la coherencia?

M: Ya sabe, profesora, que la coherencia puede ser interna o externa. No encuentro ninguna incongruencia entre el modelo de sujeto y los tres derechos constitucionales, ni comparando los derechos entre sí. Respecto de la coherencia externa, he procurado aprovechar los conocimientos que nos proporciona la teoría de la inteligencia creadora, incluido lo que sabemos sobre el océano sentimental. La contrastación con lo que nos dicen las morales históricas no plantea problemas. Las morales dinámicas se van acercando a esos derechos. Tampoco entran en contradicción con la ciencia. El método que he empleado para justificar mis propuestas es paralelo al científico, y los análisis del proceso de creación ética aclaran la creación científica. El racionalismo poético es la fuente de todas las grandes invenciones.

M: Ha dejado la religión al margen.

A: Históricamente las religiones han suscitado gran parte de los valores éticos, y, desde luego, han sido grandes creadoras de sentimientos. Se ha dado con demasiada facilidad el paso desde la religión a la moral. No creo atentar contra el fenómeno religioso, sino al contrario dignificarlo, al decir que me parece mejor la siguiente secuencia: en primer lugar, fundamentar la ética. Uno de los deberes implicados en el derecho a la libertad inteligente es la búsqueda de las evidencias más poderosas: ahí es donde debe darse el paso a la religión si queremos que sea legítimo. En su caso, la religión modulará moralmente la ética.

M: Entonces la ética se convierte en juez de la religión.

A: No: la inteligencia se convierte en juez. De hecho siempre lo ha sido. Cualquier religión tiene que ser aceptada por los sujetos individuales como verdadera. Esa decisión la toma cada uno de ellos, y es de esperar que inteligentemente. Desconocer ese momento de decisión personal es suicida para el sujeto y para la religión. La inteligencia no es un peligro para nada valioso. El peligro es la estupidez.

M: Pasemos al criterio de previsión.

A: Ya sabe que en ética este criterio se desdobla. Además de prever algunos efectos, una buena teoría ética tiene que producir buenas consecuencias. Ambas cosas corroboran su energía. Podemos prever que quien ha poseído o conocido estos derechos no querrá ser despojado de ellos, lo que muestra su deseabilidad. En segundo lugar, las consecuencias que la aplicación de estos derechos produciría son, evidentemente, buenas: el respeto a la vida, a la libertad y al despliegue de los planes personales.

M: Nos queda, por último, el criterio del progreso. ¿Usted cree que con esta teoría hemos progresado algo?

A: Ya sabe, Marta, que el progreso de una teoría se calibra por el aumento del poder explicativo y de la capacidad para resolver problemas. Creo que fundar la ética en la noción de derecho permite explicar mejor la evolución histórica de las morales y la relación entre la teoría y la acción ética, ya que el derecho sirve de intermediario entre el sujeto y los deberes. Aclara también la búsqueda de nuevos derechos, la consolidación de los antiguos, los cambios de las formas de vida. También permite resolver muchos problemas, entre ellos el de elaborar una ética universal que integre en un modelo general la riqueza inventiva de los sujetos individuales.

M: Espero que no vuelva a repetirme que con la misma sintaxis se pueden escribir poemas muy distintos.

A: Le prometo que no lo haré.

IX. EL DESCUBRIMIENTO DE LOS DEBERES

1

La dulce brisa de la noche cubana no aplacaba la inquietud de María Eugenia. Estaban sentados en el gran porche. La orquesta tocaba una sinfonía de Haydn, manteniendo con dificultad el elegante ritmo europeo, que tiene tendencia a sincoparse al llegar al trópico. Sentados en la explanada, muchos esclavos esperaban el fin del concierto. Solían terminar con una música mestiza, que mezclaba las refinadas melodías de los compositores foráneos con los bailes autóctonos. Don Nepomuceno disfrutaba tanto como ellos viéndoles bailar aquellas adaptaciones cubanas del minué y el fandango. A María Eugenia la tenía preocupada el silencio de su tío desde el día de la votación, y decidió remachar el clavo o, al menos, saber a qué atenerse.

–Tío, y digo yo que por qué se le había ocurrido liberar a sus esclavos si a usted le hacía un perjuicio y a ellos, por lo que han dicho, también.

Don Nepomuceno no contestó de inmediato, porque tenía un concepto teatral del tiempo y conocía muy bien la elocuencia de las pausas. «La solemnidad es la gracia de las cosas serias», escribió en una de sus obras, y la ejercitó al decir:

–Lo hago, María Eugenia, por deber.

Lo sabía. María Eugenia lo sabía y tenía muy meditada su contestación. Pero el concepto dramático del tiempo debía de ser cosa de familia, y esperó meciéndose dulcemente en la mecedora, como si toda su atención estuviera concentrada en aspirar el aire lleno de aromas recién cosechados.

–Pero, tío, el deber nos dice *lo que* debemos hacer, no *por qué* debemos hacerlo. No sé si es una pregunta impertinente, porque una vez se la hice a las monjas del colegio y me castigaron tres días sin salir al jardín. ¿Por qué hay que hacer lo que se debe?

El señor de Cárdenas escribió en su Diario: «Mi sobrinita, que además de guapa es lista, quiere dármela con queso. Tal vez al final la deje que lo haga. He de reconocer que el amor es perspicaz porque la objeción que puso era de gran agudeza.»

Don Nepomuceno desenredó pronto el hilo. Era medianoche. Dejó de escribir. Cogió un candelabro de seis velas. Salió. Cruzó. Subió. Llamó a la puerta del cuarto de María Eugenia. «Hay mujeres que no debían despertarse nunca del todo», pensó al ver sus ojos.

–María Eugenia, hago mi deber porque *quiero*. Yo soy mi propio legislador. ¿Cómo no iba a cumplir las órdenes que me doy? Negar mi propósito sería un des-propósito. Me legislo a mí mismo. Hago lo que quiero, lo he hecho siempre. Pero quiero hacer lo que quiero no por gusto, sino por deber. Es decir, no por lo que siento, sino por lo que pienso. Mi razón, que es mía, me obliga a pasar de mis deseos personales a mis deseos universales, pero, en realidad, no salgo nunca de mis deseos. Hago siempre lo que quiero: por eso no soy esclavo. Hago siempre lo que quiere mi razón: por eso soy libre.

Se marchó, tras esbozar un gesto de despedida. María Eugenia cerró la puerta sin saber si reír o llorar. Ella no quería ser objeto de un deseo universal sino de un deseo personal. Tardó en dormirse. No le gustaría que la quisieran por deber.

2

María Eugenia había planteado un arduo problema. Es difícil averiguar lo que es bueno, pero más difícil aún es saber por qué hay que hacer lo bueno.

Tal vez exagere, porque muchos autores creen que la proposición «Hay que hacer el bien» es absolutamente evidente. Nicolai Hartman pensaba que lo esencial de los valores morales es que exigen ser realizados. Hay, en efecto, una claridad tautológica en la expresión «Debemos cumplir nuestro deber». Cargamos de energía el deber y dejamos que después la despliegue. Pero ¿de dónde procede esa energía?

La dificultad está en unir la moral y la psicología. ¿De qué modo se convierte una norma en motivo? Las morales históricas han usado varios procedimientos. El más eficaz parecer ser la coacción social.

Los sentimientos de culpa y de vergüenza son un atajo construido para lograr la máxima eficacia. Explicar y convencer son procedimientos largos y azarosos. Además, casi todo el mundo querría ser una excepción. En las morales históricas, el *deber* es el modo como resuena en la conciencia una solución aceptada por la comunidad y resumida. Unas veces no se puede justificar con claridad, y otras se puede, pero no se hace. Este bloqueo de la explicación empuja el deber hacia una estructura tautológica: *el deber es el deber*. En efecto, hay que hacer lo que hay que hacer, hay que hacer las cosas por deber. Bergson decía que sobre estas frases gravitaba el gigantesco poder del sistema entero de deberes de una cultura. La convivencia social se mantiene mediante el cumplimiento de deberes, y un sistema de premios y castigos parece ser el único procedimiento para convertir los deberes en motivos para la acción. Es cierto que Bergson admitía otro motivo para actuar moralmente: el impulso de los grandes creadores morales. Es una afirmación históricamente verdadera, pero que sólo explica la aparición de los valores, no su conversión en deberes. Ciertamente, la pasión con que Gandhi propugnó la no violencia es conmovedora y admirable, pero no me atrevería a decir que convierte la no violencia en un deber.

Otra respuesta tradicional apela a la razón para justificar que se deba realizar el deber. Es fácil decir que para un ser racional, que admite la existencia de valores positivos, la pregunta ¿Por qué debo hacer lo bueno?, puede responderse: Porque es lo bueno. Es, en cierto sentido, la respuesta de Sócrates. Si esto fuera tan claro, ¿cómo se explicaría la existencia del mal?

Planteada la pregunta por los deberes como si el deber fuera un concepto primario, no derivado del concepto de derecho, es difícil dar una respuesta convincente. Los deberes, convertidos en el dominio propio de la moral, se convierten en un sistema poco menos que ininteligible. Comprendo por ello la patética afirmación de Freud, en una carta a J. J. Putnam: «Cuando me pregunto por qué me he esforzado siempre en ser honrado, condescendiente e incluso bondadoso con los demás, y por qué no desistí al notar que todo ello sólo me acarreaba perjuicios y contradicciones, pues los otros son brutales e impredecibles, no tengo, a pesar de todo, una respuesta.»

¿Es ésta la última respuesta posible?

3

Intentaré otra salida. Todo lo que motiva nuestra acción es siempre algo que el agente estima bueno. Ni el asesino, ni el violador, ni el traficante de armas o de drogas hacen su oficio para mortificarse. El juicio moral se mueve a otro nivel. Hay una trágica brecha entre lo que vivimos como bueno y lo que pensamos que es bueno. Un mismo sujeto puede estar al tiempo a un lado y a otro de la sima. Es *aner dipsijos*, un hombre de mente dividida, decían los griegos.

¿Cómo trasladar el deber de una orilla a otra? ¿Cómo convertir el *deber* en *motivo?* A esto se refería María Eugenia. El deber puede exigir sacrificios ¿Cómo vencer la repugnancia que el sufrimiento produce? La respuesta de don Nepomuceno parecía un escandaloso ejemplo de miopía. Es falso pensar que motivos y deberes están en la misma orilla. El deber es un motivo al que entrego el control de mi comportamiento, sin deseo.

Aun así estoy de acuerdo con don Nepomuceno. Si clarificamos lo que entendemos por *deber* se convierte en la condición o en la consecuencia de un *querer lejano.*

Para explicar nuestro comportamiento, conviene distinguir entre la fuerza coactiva de las *obligaciones* y la fuerza coactiva de los *deberes.* Ob-ligaciones son aquellos actos que nos ligan a un fin. Si queremos el fin, tenemos que realizar los medios necesarios. Es interesante que el perspicaz idioma castellano no ponga en claro la diferencia entre *tener que hacer* y *deber hacer*. En estricto sentido se tienen que hacer las obligaciones, si se quiere alcanzar el fin. Y adelantaré que se deben cumplir los deberes si se quiere tener derechos. Pero de esto ya hablaré después.

El poder coactivo de las obligaciones procede de nuestra propia elección del fin. A él tenemos que remitirnos cuando nos preguntamos las razones de nuestro obrar. El *deseo* del fin activa nuestra acción para emprender los medios, las obligaciones. Ésta fue la solución de Aristóteles, que inmediatamente tropezó con el problema de la elección de los fines. Si las obligaciones derivan de los fines, ¿por qué debemos elegir unos fines y no otros? La respuesta fue que hay un fin que no elegimos, que todos los hombres desean, que es un proyecto necesario, y lo llamó *felicidad*. Era una respuesta comodín. No satisfacía a nadie, pero todo el mundo podía incluirla en su sistema. A mí me parece un intento conceptualmente hábil para enlazar el deber con el deseo, y explicar así el comportamiento bueno.

Pero creo que la solución anda por otro lado. La dificultad de explicar la acción de los deberes está causada por nuestro empeño en convertir los derechos en cosas. Si el derecho es algo irremisiblemente dado, los deberes se descuelgan del campo de los motivos, pasan al otro lado de la brecha. En cambio, si los derechos no son cosas sino fines propuestos por la inteligencia, que el hombre desea y en los que se reconoce, el deber no es más que la consecuencia del derecho y por lo tanto se mueven en el mismo lado del barranco.

Las morales tienden a cosificar sus valores y preceptos. Quieren librarlos del subjetivismo y del capricho, y la única solución que encuentran es convertirlos en cosa. Ahí están las normas, ahí están los derechos, ahí están los valores. El sujeto se tropieza con ellos como se tropieza con una pared. No puede reconocerlos como proyecto suyo. Se convierten en propiedades suyas, que recibe graciosamente, como recibe el hígado o el páncreas, y que no le obligan a nada. De esta manera queda roto el lazo con el deber, al que hay que buscar una justificación autónoma, que nunca se encuentra del todo. Cuando Kant afirma que hay que hacer el deber por el deber, sin inclinación alguna, está apelando a un imposible psicológico. Algo tiene que enlazar el deber con la acción. Y el caso es que Kant había visto la solución correcta. Se dio cuenta de que si los preceptos morales están fuera del sujeto sólo engancharán con la acción subjetiva por motivos poco de fiar: el miedo, el deseo, la patología sentimental, en una palabra. Pensó entonces que la solución estaba en convertir al sujeto en legislador, pero cargó el acento en los deberes y no en los derechos, con lo cual volvió a perder la relación con el deseo. Nadie quiere los deberes.

Los deberes nos seguirán pareciendo opresivos mientras no los consideremos obra nuestra. Pero el orbe moral lo proyectamos libremente, es nuestra obra, lo mejor que se nos ha ocurrido, lo más inteligente. Es urgente enlazar la moral con los sujetos que la hacen y la aceptan. Sin esta reconstrucción genealógica, los derechos y los deberes se reciben como imponentes osamentas de organismos muertos.

Ahora comprenderá el lector la urgencia de reactivar las evidencias, de explicar lo implícito de las evidencias. Muchos contenidos del mundo moral serán sin duda válidos, pero aunque lo sean se transformarán al pasar al nivel ético. ¿Por qué? Porque, al pensarlos, el sujeto no los aceptará como un mueble más de su herencia cultural, sino que tendrá razones para promulgarlos en una actitud legislativa constituyente. Cada vez que un ser humano se reconoce creador del orbe ético, renueva el pacto constituyente de nuestra dignidad humana.

Ocurre que muchas cosas se confabulan para ocultar nuestra actividad constituyente. Tendemos a olvidar el lazo que une nuestras creaciones con nuestra subjetividad. Tememos perdernos en lo subjetivo y por eso hablamos de la objetividad de la ciencia, del lenguaje, de las normas morales, como si fueran seres autónomos. La ciencia habita en el tercer mundo, liberada del científico. El lenguaje es una estructura que no necesita ni emisor ni receptor. La sociedad es una totalidad autónoma. Todas esas creaciones aspiran a ser, por lo visto, maravillosas caracolas debidamente limpiadas del bicho que las hizo, que somos nosotros. Pero si esto es verdad, los sujetos son accidentales, intercambiables, triviales. Rotas las escalas, el mundo ideal se separa por completo del ser humano. Aparece así la mitología, que es la sumisión a nuestras creaciones cuando hemos olvidado que somos sus autores. Entonces, *fiat justitia pereat mundum*. La justicia, desaforada, puede convertirse en asesina.

Es urgente contar de nuevo la historia de la subjetividad humana que crea, mantiene y a veces destroza esas admirables realidades. Husserl lo intentó con gran ánimo y puso de manifiesto que al hacerlo ganamos en comprensión sin perder objetividad. Los *derechos humanos* no quedan devaluados por concebirlos como proyectos inventados por la inteligencia humana. A los grandes teólogos escolásticos, por ejemplo a Tomás de Aquino, no les asustó decir que la ley natural era un *opus rationis* (*Sum. Theol*, I-II, q. 92, a. 2). Añadía que la razón humana descubre los derechos guiándose por las *inclinaciones* de la naturaleza humana. Se trata, pues, de ampliar racionalmente la evidencia que se tiene a través de la inclinación. «Todo aquello a lo que el hombre tiene inclinación natural es aprehendido por la razón como bueno, y por lo tanto como obra a conseguir» (I-II, 92, 2). A la ley natural pertenece todo aquello a lo que el hombre se inclina según la naturaleza (I-II, 94, 4).

Los derechos humanos no pierden nada si los concebimos como *proyectos inventados* por la inteligencia humana, porque *inventar* no es fantasear arbitrariamente, sino justificar con toda minuciosidad, mediante la inteligente ampliación de las evidencias sentimentales, la mejor posibilidad vital. Debo realizar el deber porque soy promulgador del *derecho* en que se funda. Si decido escribir una carta para comunicar una noticia tiene poco sentido preguntarme por qué debo escribir inteligiblemente. En esa discordia íntima sólo cabe decir: Porque he decidido comunicar la noticia. La energía motivadora procede de los derechos, puesto que aparecen como deseables. Los he inventado, y al convertirse en proyectos dan significado al resto de las acciones. Yo soy legislador de mis derechos y he de aceptar irremediablemente sus consecuencias, los deberes.

4

Lo sé: decir que las normas que hemos recibido son proyectos nuestros es una insensatez. Nos las han transfundido sin pedirnos la venia. Las hemos recibido *a bulto*, a la trágala, desconociendo gran parte de su contenido. Por eso es necesaria la reconstrucción ética de la moral. La ética es un proyecto constituyente universal, que pretende fundar un modelo de sujeto humano en el que todos los hombres se reconozcan. Pero como es de suponer que las morales históricas habrán acertado en muchas cosas, la ética será también un *proceso de apropiación del mundo moral*. Los valores, derechos, deberes, instituciones, sentimientos han de ser traídos a la luz de la evidencia antes de rechazarlos o aceptarlos. Ésta es la dinámica que asciende desde la moral hasta la ética. La ética, sin embargo, es un punto de tránsito, porque de ella arranca un dinamismo de vuelta al mundo histórico, que dará lugar a lo que he llamado *morales de la segunda generación*, que serán las verdaderamente nuestras, fundadas y aceptadas en la claridad. Ni siquiera serán nuestras, serán mías o tuyas, lector, porque la afirmación constituyente ha de hacerse en primera persona.

Así pues, mi proyecto moral será mío, y el del lector, del lector. Lo que ocurre es que hay proyectos solitarios y proyectos que por esencia tienen que ser mancomunados. El proyecto ético es de tanta envergadura que cuando el lector diseñe el suyo va a comprobar que me necesita, igual que yo le necesito a él. La creación del orbe ético y de las morales que lo especifican exige una participación universal, porque su fundamento es la afirmación de los derechos como poderes simbólicos, y este nivel no se mantiene mientras haya gentes empecinadas en mantenerse fuera de él. En el *Gorgias*, Sócrates dice que el hombre malo carece de habilidad para la *koinonein*, para convivir. Y Kierkegaard, con su poderosa imaginería, afirmaba que una de las características de lo diabólico es la *reserva*. Lector, nos hemos tropezado con el mal.

Mal natural es todo lo que nos causa sufrimiento, o supone un obstáculo para la realización de nuestros deseos. No es ése el mal de que hablo aquí, porque me refiero al ético, que podría definirse como todo lo que directa o indirectamente deteriora la estabilidad de la órbita de la dignidad, y nos empuja hacia la naturaleza, que es facticidad y violencia. El mal es siempre una degradación, un hundimiento. Por eso es la obra de una inteligencia fracasada. *Fracaso*, dice el *Diccionario*, es «una caída con estrépito y rompimiento, o hundimiento estrepitoso de algo». Lo que se destruye es la dignidad, puesto que se atenta contra un derecho. Cuando un violador convierte a una mujer en mera hembra de la especie, no está obrando innaturalmente. No creo que nuestros tatarantepasados tanzanos usaran muchas cortesías. El violador, pues, obra naturalmente, pero *in-moralmente*. El orbe de la dignidad es muy vulnerable, y una de las limitaciones de la creación es que resulta más difícil crear que destruir. Ésta es una asimetría triste pero inevitable.

El mal es ante todo la degradación de la órbita vital de la especie humana. Puede pensarse que no hay que dramatizar y que una violación de cualquier derecho produce sólo una microscópica alteración en el océano de la realidad. ¿Qué importancia tiene para la especie lo sucedido en la oscuridad de un callejón de un barrio de una gigantesca ciudad de un país perteneciente a un continente que está en el planeta Tierra, que es uno de los innumerables entes astronómicos? Si lo miramos sin altanerías antropocéntricas, ¿qué ha sucedido? Lo natural. Un macho con urgencias sexuales ha buscado una hembra. Que la hembra se resista es frecuente en algunas especies animales. ¿A qué viene tanto escándalo?

Es una pregunta muy oportuna. ¿A qué viene tanto escándalo? ¿A qué viene escandalizarse? ¿Qué ha sucedido? Que un pene se ha introducido en una vagina: para eso están. Pero ¿es realmente eso todo lo que ha sucedido? Para el violador, puede que sí, para el resto de los seres humanos que pretenden vivir en la órbita de la dignidad, no. Su conducta es un ataque contra el intento de mantenernos por encima de la naturaleza pura y dura. La órbita de la dignidad es inestable, vulnerable y continuamente vulnerada. Convendría ampliar el concepto de *crimen contra la humanidad*. Todo crimen es contra la humanidad porque ataca ese proyecto común que podríamos llamar la humanización de la humanidad. Al criminal, que se excluye voluntariamente del orbe de los derechos, no le ampara ningún derecho, y convendría que lo supiera. Lo único que le ampara es la tenacidad de los demás hombres en mantener un ideal de ser humano como dotado de derechos. Son los demás –las posibles víctimas– las que defienden contra él mismo la dignidad del criminal. Son sus posibles víctimas las que mantienen vigentes sus derechos. De aquí deriva la impresión de impotencia y fragilidad que dan muchas veces las instituciones propias del orbe de los derechos. Una democracia siempre parecerá inerme ante las acciones criminales, porque aspirará a mantener las formas éticas, y así estará en inferioridad de condiciones. Evidentemente, quien sale fuera de la ley lo hace para tener las manos libres.

Con esto llegamos a otra característica del mal: el mal es contagioso. Los filósofos escolásticos, que defendían una antología optimista, decían que el bien es *diffusivum sui*, el bien era de naturaleza expansiva. Es posible que sea así a nivel ontológico, pero no lo es a nivel ético. Ya he hablado de las redes comunicativas que unen a todos los hombres, pues todos estamos relacionados por interacciones múltiples. Una quiebra en un punto localizado del sistema produce ondas expansivas que pueden afectar a la totalidad. Imaginemos una sociedad donde todo el mundo fuera veraz. La aparición de una sola mentira produciría un seísmo interminable. Sería la ruptura definitiva de la inocencia. Descubierta la posibilidad de ser engañado, y también de engañar, se produciría un reajuste de todo el universo. Aparecería la desconfianza, se extenderían las cautelas, habría que vivir alerta, los hábiles en el engaño triunfarían, se alteraría el orden de las jerarquías, la realidad aparecería difractada, y los hombres dudarían acerca de su propia entidad. Es interesante que la experiencia religiosa haya apelado con frecuencia a un suceso único para explicar la invasión del mal. Un pecado original alteraba todas las relaciones de los hombres con la realidad y con ellos mismos. Son interesantes los comentarios de Paul Ricoeur en su obra *Finitud y culpabilidad* (Taurus, Madrid, 1982).

El mal radical consiste en desalojar a los seres humanos de la órbita de la dignidad. El ser humano, arrojado al mundo de la facticidad, se verá obligado a rebelarse contra esta situación y colaborará irremisiblemente a prolongar el caos violento como una enfermedad. La polémica clásica sobre la licitud de matar al tirano muestra lo trágico de la situación. Matar es siempre malo, pero el tirano obliga al asesinato, es decir, altera por completo la lógica de la dignidad, imponiendo una lógica perversa. Maquiavelo lo comprendió muy bien: «Una persona que siempre quisiera lo bueno fatalmente fracasaría, en medio de tantas personas que no son buenas. Por lo tanto, un soberano que desee imponerse tiene que educarse a fin de tener capacidad de no actuar exclusivamente de acuerdo con las leyes morales y saber hacer uso o no uso de ellas según lo requiera la necesidad.» Ésta es la lógica pervertida, que impulsa a toda la humanidad a buscar la eficacia. Es una lógica sin salida, un fracaso de la inteligencia.

5

Érase una vez un hombre muy curioso muy curioso que quería saber lo que era la inteligencia. Se internó por un espeso bosque de dentritas y axones, atravesó las llanuras soleadas de la ciencia, buscó las fuentesdelnilo de la creación, exploró como pudo la selva de los sentimientos, escaló los empinados cerros de la ética y una vez allí se preguntó: ¿Después de tanto caminar, me habré perdido?

Espero que no, por la cuenta que me tiene. Desde tan alto miradero, digo adiós a la inteligencia como facultad y doy la bienvenida a la inteligencia como creadora del mundo de la dignidad. Una se despide de la otra sin separarse del todo, como la madurez de la infancia.

La actividad inteligente ha estado siempre dirigida por un proyecto, cuya constante ampliación ha contemplado la historia. Primero fue sobrevivir, disputar a los animales un sitio bajo el sol. Eran tiempos inciertos en que ni los continentes estaban sosegados. Más tarde, le sobrevino el ansia de dominar la naturaleza, y encontrar para el hombre un lugar en los astros. Ahora, el gran proyecto ha de ser alcanzar la dignidad, transfigurar la realidad para hacerla habitable. Lo que no colabore a este propósito no es más que brillante calderilla.

La inteligencia creadora nos sitúa en una realidad que espera su última definición. Nuestra luz se transfunde a la opacidad de las cosas. Somos seres minúsculos con sueños de grandeza. También somos sorprendentes realizadores de sueños. Está claro que no somos admirables por lo que hemos sido, sino por lo que podemos ser. La mirada al pasado es siempre melancólica o arrepentida, aunque, pensándolo bien, ninguno de esos términos expresa lo que quiero decir, porque en castellano no hay una palabra para indicar la tristeza por la ocasión perdida, el arrepentimiento por lo no hecho. En francés y en inglés existe la palabra *regret.* Tengo sobre la mesa un reciente libro de Janet Landman, titulado *Regret. The Persistence of the Possible* (Oxford University Press, Nueva York, 1993). El título no me parece exacto. *Regret* es la pérdida de lo posible. La persistencia de lo posible se llama en todo caso *esperanza.* La historia humana consiste en un interminable *regret* y en una no menos interminable *esperanza.*

¿Es tan insensato pensar que el hombre pueda llegar a comportarse inteligentemente? No me hago ilusiones, porque conozco cuán cercana a nosotros está la selva todavía, y cuánta fuerza tienen los cantos de sirena del torpor. Pero también he admirado los fantásticos, expansivos, generosos fuegos de artificio de la inteligencia, iluminando la noche, y en su capacidad para convertir lo miserable en grandioso confío.

Si el lector mirara un gráfico del espectro electromágnetico, se sorprendería al ver, oprimida entre las radiaciones infrarrojas y ultravioletas, una estrecha franja que es la luz visible. Ahí está el breve dominio de nuestra mirada. Un pórtico tan pobre nos da paso, sin embargo, al apasionado vaivén de los colores. Los humildes acontecimientos físicos desaparecen para dejar paso a los dulces azules de Fra Angélico y a los alaridos carmín del Greco. Los educados ocres de Velázquez, y los negros de Goya alborotados y los amarillos de Van Gogh y los rosas neblinosos de Monet proceden de tan modestos orígenes y también este híspido mar que el viento carda a contraola y los árboles manchados de luz por un sol veleidoso.

La inteligencia humana funciona siempre así: expandiendo la

realidad, cambiando lo poco en mucho, dando más de lo que recibe, inventando posibilidades. Por todo ello es creadora y por todo ello la realidad se encuentra en expectativa de destino. Hölderlin lo cantó con su verbo solemne: «¿Qué sería del cielo y del mar y de las islas y de las estrellas y de todo lo que yace ante los ojos de los hombres, qué sería de este mundo armonioso si yo no le diese el tono, el lenguaje y el alma?»

La máxima creación de la inteligencia es una inteligencia que crea la dignidad mediante la racionalidad poética. Es por ello *creadora* en sentido estricto y no metafórico. Hace aparecer en la existencia lo que antes de ella no existía. Al hacerlo, consigue por fin definirse a sí misma.

NOTAS, COMENTARIOS Y OTRAS COSAS MÁS

M: Parece que hemos llegado al final de su argumento. Comenzamos en los terrenos de la moral, dimos el salto a la órbita de la dignidad, hemos analizado los derechos constituyentes, y en este capítulo explica usted lo que son los deberes y por qué hemos de cumplirlos. Aclara el lazo entre la teoría y la acción. Lo que sintoniza con nuestros deseos son los derechos y es lógico que tanto las obligaciones como los deberes carezcan de atractivo. Su valor carece de evidencia inmediata, por lo que es necesario andar un largo y áspero camino hasta otras evidencias donde fundarlo, que son precisamente los derechos. He leído *El crepúsculo del deber* de Gilles Lipovetsky (Anagrama, Barcelona, 1994), que habla de los *posdeberes.* Se aspira a una ética sin obligación ni sanción, que llama muy expresivamente *ética indolora.* Según lo cuenta, se vive una especie de bulimia ética. Incluso ha aparecido en EE.UU. la profesión de *consejero ético.* ¿Qué opina de todo esto?

A: Lo que proliferan son códigos de conducta en la empresa, en los hospitales, en los medios de comunicación, y eso es mejor que nada. Sin embargo, son sistemas exangües, porque cortan el cordón nutritivo con la órbita ética. Los códigos de la circulación se pueden convertir en un *ethical investment*, una inversión en ética que resulta beneficiosa. La moralidad de la empresa se convierte en un activo rentable. Son buenas medidas, pero de alcance tan reducido que no muestran la grandiosidad de la creación ética. Resultan impotentes para resolver los problemas de mayor envergadura.

M: Pienso lo mismo que usted. Creo que resultan útiles en situaciones muy bien estructuradas y poco dramáticas. Una cosa es un código interior a una empresa, y otra muy distinta atacar un problema general, como es el paro, o universal como son la miseria, la crueldad o la discriminación. Nos enfrentamos entonces con situaciones invertebradas, ubicuas y esquivas a la vez, donde no parece haber interlocutores capaces de entablar un diálogo. Ni siquiera se perciben con claridad las responsabilidades.

A: En esos casos, abrumadores por la desdicha que implican, es donde se manifiesta con toda aspereza la necesidad del salto a la órbita ética. Cualquiera puede esgrimir razones para desentenderse. Sólo la clara conciencia de nuestra situación en el mundo, de la precariedad de nuestra dignidad, puede dirigir nuestra racionalidad creadora hacia la afirmación lúcida y explícita del orbe de los derechos. Teníamos que grabarnos bien en la memoria una serie de normas lingüísticas básicas.

M: ¿Por ejemplo?

A: «No usarás la palabra *derecho* en vano.»

M: ¿Qué quiere decir?

A: Que cada vez que utilicemos la palabra *derecho* nos demos cuenta de que manejamos material explosivo. Afirmar o reclamar un derecho es un acto sumamente arriesgado, porque quien lo realiza se está comprometiendo tal vez más de lo que cree. La cháchara acerca de los derechos, incluido el parloteo legal, acaba devaluando lo que ha de ser la noción ética fundamental. Propondría, por ejemplo, que se eliminaran de la Constitución jaculatorias confusas como el «derecho al trabajo» o el «derecho a la vivienda», y no se volvieran a incluir hasta que todos los ciudadanos supieran que admitir ese derecho supone admitir los deberes necesarios para que se realice en la práctica. Separar una cosa de la otra es una pretensión tan disparatada como la de quien solicitaba que sólo se construyeran escaleras de bajada pero no de subida.

M: ¿Usted cree que sería posible alcanzar ese acuerdo?

A: Creo que sí. De hecho se ha conseguido en muchas ocasiones. La obsesión por objetivar los derechos ha ocultado miserablemente lo que son grandes creaciones éticas. Un afán de considerar todo progreso moral como la anulación de una injusticia, y no como la admirable creación de una justicia nueva, nos ha hecho desconfiar de nuestras propias posibilidades.

M: Me parece que está usted disparatando. ¿Así que usted no cree que la supresión de la esclavitud fuera la supresión de una injusticia?

A: En sentido estricto, creo que no lo fue. Y antes de fulminarme escuche mis razones. La esclavitud, es decir, el dominio del hombre por otro hombre más fuerte es un hecho natural. Ha existido en todas las civilizaciones e incluso hombres tan selectos como Aristóteles lo aceptaron como natural. No hay injusticia mientras no existe *creación de derechos*, para lo cual hemos de dar el salto a la órbita de la dignidad. Lo que Aristóteles no comprendió es que si el esclavo no tenía derechos para él, tampoco él tenía derechos para el esclavo. No vivieron en un sistema de derechos, sino en un sistema de arrogancias y de fuerzas. No hay por qué escandalizarse, ya que ése es el régimen normal de la vida. Sucede que la energía de la creación ética es tan poderosa que ha superado el nivel de la naturaleza para ascender, con todas las claudicaciones y dudas que usted quiera, al nivel de la dignidad. Es una creación de la que tenemos que sentirnos orgullosos. Ahora, cuando desde esos derechos que hemos asimilado tan bien que nos parecen naturales, volvemos la vista al pasado, nos espantamos ante tanta crueldad y la consideramos injusta, porque nos parece que nuestra concepción de los derechos es la única justificable. Y tenemos razón. El hecho de que percibamos los terribles fallos pasados corrobora la validez de los derechos que afirmamos. Pero no debemos olvidar que somos sus creadores y que debemos seguir manteniéndolos y ampliándolos.

M: Lo que usted pretende, entonces, es leer la historia de los progresos sociales o políticos como la historia de la creación ética, y no como la historia de las reparaciones.

A: Por la misma razón que la historia de la ciencia debe contarse como la creación incesante de conocimientos, y no como la anulación de la ignorancia. Ambas cosas van juntas, desde luego, pero es preciso exponer el dinamismo que produjo esa brillante sucesión de proezas para comprenderlas.

M: ¡Es el colmo! Todos nos sentimos convalecientes de la historia y usted viene a decirnos que deberíamos sentirnos orgullosos. Desde Leibniz no se ha visto un optimismo tan insensato.

A: Se está empeñando en no entenderme. Sólo digo que cerramos estúpidamente los ojos ante la grandeza de alguna de nuestras creaciones éticas. Por ejemplo, jaleamos mucho el arte de nuestro siglo, su inventiva, su genialidad, su novedad. Nos sentimos orgullosos de sus alardes. ¿Por qué no hacer lo mismo con la seguridad social, los servicios públicos de sanidad, las vacaciones pagadas, el subsidio de paro? Nadie podrá convencerme de que no son grandes creaciones del espíritu humano. Es una obra que no se ha hecho sola y que ha exigido y exige el esfuerzo de mucha gente. Sin embargo, en las naciones donde se ha establecido, previamente se ha conseguido el acuerdo que usted consideraba inverosímil. Éste es el punto central de mi argumentación. Tenemos que iluminar los contenidos implícitos de nuestros actos y nuestras afirmaciones. Al hacerlo, unas veces descubriremos fuerzas tenebrosas y otras veces energías deslumbrantes. Ambas cosas son nuestras y no conviene olvidarlo.

M: Está usted ampliando en exceso el ámbito de la ética. ¿Son los impuestos una creación ética también?

A: Son una técnica económica para llevar a la práctica una decisión ética. Seguro que usted piensa lo mismo que yo. Dígame, ¿qué son los impuestos?

M: La aportación individual de dinero para hacer frente a los gastos comunes de un Estado.

A: ¿Son, entonces, un pago por los servicios recibidos?

M: ¡Oiga, que yo no soy economista! Creo que no, porque si lo fueran cada ciudadano pagaría en proporción a los servicios recibidos, y no en proporción a sus rentas o a su riqueza. El taxista que usa mucho las calles públicas y acude a la seguridad social, tendría que pagar más que el millonario que vive sin salir de su palacio y pagando a sus médicos, lo que no parece justo.

A: Llegamos a una cuestión interesante: ¿Por qué no le parece justo?

M: Porque quien más tiene *debe* pagar más. ¡Vaya! ¡Un bonito ejemplo! Aquí tenemos un deber para el que tenemos que buscar el derecho que lo funda. ¿Cuál es?

A: En primer lugar, me reconocerá usted que a nadie le gusta pagar impuestos. Y también que, al hablar de ellos, se suele insistir exclusivamente en el aspecto coactivo. Convendría hacer a la gente una pregunta que yo le voy a hacer a usted, advirtiéndole primero de la transcendencia de su respuesta. ¿Quiere usted pagar impuestos?

M: Le veo venir. Como todo el mundo, yo le contestaría que no quiero pagar impuestos. Pero una vez que se nos hubiera concedido ese deseo, todos empezaríamos a llorar, pidiendo que no se nos privara de los beneficios que se pagan con esos impuestos. No tengo otro remedio que contestarle: Sí, quiero pagar impuestos. Y conste que me espanto de oírmelo decir.

A: Ése es el tipo de reflexión que todos deberíamos hacernos sobre múltiples asuntos de nuestra vida moral. Al poner al descubierto todas las implicaciones de una afirmación o de una negación, veríamos que cambia nuestro modo de considerar las cosas.

M: Es cierto que aceptamos muchas cosas como indiscutibles, y con mucha facilidad pasamos de lo *indiscutible* a lo *no discutido*, y de esto a lo *no pensado.*

A: Lo malo es que eso hace incomprensible el comportamiento ético. Llega a parecer que quienes obran bien son sumisos, resignados o impotentes, sin darnos cuenta de que son los grandes creadores del orbe de la dignidad, en el que todos queremos vivir. Por eso me empeño en desacreditar las falsas evidencias. ¿Qué se entiende, por ejemplo, por *justicia social?* No es nada que exista, no es una cosa, no es una propiedad de nadie. Si no queremos convertirla en una figura mitológica, hemos de admitir que es un proyecto nuestro, deseado, mantenido, y atenernos a las consecuencias.

M: Ahora que estamos a punto de despedirnos, me gustaría volver al comienzo del libro y repetir las mismas palabras para ver si suenan igual. ¿Recuerda usted ese cuento de Borges en el que un escritor contemporáneo reescribía *El Quijote?* Las frases eran idénticas, y sin embargo todo era diferente. Siglos de comentarios y lectores habían abierto un intervalo entre ambas versiones. Cada palabra moderna era la destilación de lo que significó para Cervantes, y para todos los que después la leyeron. Desde que comenzó usted este libro no han pasado tres siglos, pero sí doscientas páginas. ¿Suenan sus frases de manera diferente? «Vivir es como escribir: una sabia o torpe mezcla de determinismo e invención.» «Mantener un buen estilo en el escribir o en el vivir es un alarde de talento creador.» «Vivimos sosteniéndonos en vilo, a pulso, braceando, o *a lo Münchhausen.*» Eran frases bonitas, pero vacías. ¿Qué significan ahora?

A: Yo ya lo he explicado. Ahora le corresponde a usted, Marta, decirme si me he explicado.

M: Ha hablado de tantas cosas que tengo la impresión de haber escuchado dos discos al tiempo. O, para ser más exacta, como si hubiera oído una de esas piezas de música de cámara en que se entrecruzan varias melodías, brillan en la superficie, se ocultan, renacen. He visto un argumento minuciosamente justificado y un acompañamiento sentimental constante, que a veces ocupaba el primer plano. Supongo que es lo que usted llama la *racionalidad poética.* El ser humano es un *deseo inteligente*, una *sentimentalidad racional*, una *racionalidad poética*, que aspira a una *felicidad objetiva* experimentada como *felicidad subjetiva.* En todos los niveles aparecen las dos notas simultáneas: el conocimiento y el afecto. Con ambos se trenza la acción, que a su vez enlaza la *posibilidad* con la *realidad.* ¿Somos tan complicados? No hace falta que me conteste: sí, lo somos. A trancas y a barrancas vamos escribiendo nuestra vida, y lo hacemos con mejor o peor estilo. Buen estilo objetivo sería el que conduce a la creación del orbe de la dignidad. Buen estilo subjetivo es el que, además, nos permite disfrutar.

A: Y a todo esto, ¿qué pasa con el náufrago?

M: No sé si se salvará, pero al menos braceará con más energía.

La idea de creación tiene cierto poder anfetamínico. También lo tiene la noción de proyecto. No me siento tan animada como para creerme un proyectil horadando el futuro. Mis proyectos son más bien como mi perro. Cuando paseamos se adelanta, mirando atrás de vez en cuando, y si me retraso demasiado me espera con aire impaciente. Entre bromas y veras consigue que ande sin parar. Antes de despedirnos, ¿podría contarme cómo terminó la historia de María Eugenia y don Nepomuceno Carlos de Cárdenas?

A: Don Nepomuceno puso en práctica su plan. Sabía que el desinterés de sus esclavos por la libertad se basaba en un espejismo que él mismo había alentado. La benevolencia del señor de Cárdenas protegía a sus esclavos como un simulacro de derechos, y les impedía darse cuenta de la realidad. También ellos, a su manera, habían confundido los derechos con una cosa. Confiaban tanto en su amo que no creían que el mantenimiento de su bienestar dependiera de ellos. Don Nepomuceno decidió comportarse como un tirano a ver qué pasaba, y lo hizo con la excesiva precisión y eficacia que da el estar representando un papel.

M: ¿Y que pasó?

A: Que los esclavos acabaron por rebelarse y a punto estuvieron de linchar a Nicolás Butamba y de expulsar a don Nepomuceno.

M: ¿Y?

A: María Eugenia, esa prodigiosa encina trasplantada al trópico, actuó de mediadora e hizo un prodigio más: logró alcanzar un compromiso y llegó a ser una especie de presidenta constitucional del ingenio azucarero.

M: Bueno, ¿y de sus amores?

A: Eso se lo contaré en otro libro.

M: ¿Es una invitación?

A: Es sobre todo un deseo de no despedirme. Mis lectores saben que odio los adioses y que nunca me despido del todo. Lo que no sé es dónde nos encontraremos. Debería escribir la segunda parte de esta ética, la parte tenebrosa. He hablado de la inteligencia creadora, que es la inteligencia triunfante. Este libro tendría que completarse con un *Tratado de la in-*

teligencia fracasada que estudiaría la rutina, el error y la perversidad, pero por ahora no me siento con fuerzas. Tal vez nos encontremos antes en el *Diccionario de los sentimientos*, un sitio que le resultará sin duda familiar.

M: En fin, creo que por hoy hemos trabajado bastante. Podíamos hablar de otra cosa.

A: ¿Por ejemplo?

M: De poesía. Tengo aquí un poema de Walt Whitman, muy hermoso, que podría describir a su manera las aventuras del trabajo filosófico:

O we can wait no longer.
We too take ship O soul.
Joyous we too launch out on trackless seas.
Fearless for unknown shores on waves of ecstasy tos sail.
Amid the wafting winds.
Caroling free, singing our song of God.
Chanting our chant of pleasant exploration.[1]

A: Conozco el poema, Marta, y sé que te has comido un verso: *«Thou pressing me to thee, I thee to me, O soul».*[2]

M: Me lo he callado por si creías que me estaba insinuando. Los hombres sois tan especiales...

1. «Ah, ya no podemos aguardar más / también nosotros, oh alma, embarcaremos / y jubilosos, también nosotros nos haremos a la mar sin caminos / sin temor iremos por orillas ignotas. Sobre olas de éxtasis navegaremos / en medio de ágiles vientos / con libre canto entonaremos himnos a Dios / y con cantares celebraremos nuestra grata exploración.»

2. «Tú estrechada a mí y yo a ti, oh alma».

ÍNDICE